高等职业教育建设工程管理类专业系列教材
GAODENG ZHIYE JIAOYU JIANSHE GONGCHENG GUANLILEI ZHUANYE XILIE JIAOCAI

建设工程项目管理

JIANSHE GONGCHENG XIANGMU GUANGLI

主 编/汪雄进　唐少玉

副主编/李　红　杨少松　郭　云　张丽丽　王　颖

主 审/刘小庆

重庆大学出版社

内容提要

本书依据《建设工程项目管理规范》(GB/T 50326—2017)及实际工程需求,结合高职院校土木工程类专业学情特点编写而成。全书共 12 个项目,主要内容包括建设工程项目管理概论、基本建设程序、管理组织、合同管理、成本管理、进度管理、质量管理、职业健康安全与环境管理、资源管理、风险管理、信息管理、项目管理沙盘实训。

本书适合高职院校土木建筑大类专业的学生学习,也适合建设行业从业人员的业余自主学习,还可作为二级建造师考试辅导资料。

图书在版编目(CIP)数据

建设工程项目管理 / 汪雄进,唐少玉主编. --重庆:
重庆大学出版社,2020.8(2024.8 重印)
高等职业教育建设工程管理类专业系列教材
ISBN 978-7-5689-2206-7

Ⅰ. ①建… Ⅱ. ①汪…②唐… Ⅲ. ①基本建设项目
—项目管理—高等职业教育—教材 Ⅳ. ①F284

中国版本图书馆 CIP 数据核字(2020)第 097660 号

高等职业教育建设工程管理类专业系列教材

建设工程项目管理

主 编 汪雄进 唐少玉
副主编 李 红 杨少松 郭 云
 张丽丽 王 颖
主 审 刘小庆
策划编辑:刘颖果 林青山
责任编辑:林青山 姜 凤 版式设计:刘颖果
责任校对:万清菊 责任印制:赵 晟

*

重庆大学出版社出版发行
出版人:陈晓阳
社址:重庆市沙坪坝区大学城西路 21 号
邮编:401331
电话:(023)88617190 88617185(中小学)
传真:(023)88617186 88617166
网址:http://www.cqup.com.cn
邮箱:fxk@ cqup.com.cn(营销中心)
全国新华书店经销
重庆巍承印务有限公司印刷

*

开本:787mm×1092mm 1/16 印张:17 字数:438 千
2020 年 8 月第 1 版 2024 年 8 月第 6 次印刷
印数:12 001—15 000
ISBN 978-7-5689-2206-7 定价:43.00 元

前　言

　　"建设工程项目管理"作为土木工程类专业的一门核心课程,是学生学习项目管理理论知识和培养项目管理基本素质能力的重要途径,也是目前我国建造师执业资格考试的必考科目之一。目前,虽然项目管理方面的各类教材和书籍层出不穷,但是真正适合高职院校学生学习特点的教材并不多,尤其是适合高职院校工程造价专业需求的教材极为稀缺。

　　"建设工程项目管理"课程涉及的科目众多、知识类型烦琐,具有很强的理论性和综合性。为帮助学生建立起整个工程造价专业课程体系的知识框架,更好地认识各课程之间的关系及其重要性,本书将《建设工程项目管理规范》(GB/T 50326—2017)作为根本依据,以实际工程需求为导向,结合项目管理沙盘实训,重新整合编排各章节知识点,着力于完善相关知识体系,丰富教材内容,增加教材的趣味性和实践性,提高学生的学习兴趣及学习效果,力争形成一本适合高职院校工程造价专业教学需求的立体化教材。

　　本书由江西建设职业技术学院刘小庆教授担任主审,汪雄进副教授、唐少玉担任主编。全书共有 12 个项目,具体编写分工如下:项目 1 由江西建设职业技术学院汪雄进副教授编写,项目 2、项目 8 由江西建设职业技术学院唐少玉编写,项目 3、项目 9、项目 10 由江西建设职业技术学院李红副教授编写,项目 4 由江西建设职业技术学院王颖编写,项目 5、项目 6 由江西建设职业技术学院郭云、胡梦妮共同编写,项目 7 由江西建设职业技术学院张丽丽编写,项目 11、项目 12 由江西建设职业技术学院杨少松编写。

　　另外,在本书的编写过程中,江西建设职业技术学院李茜副教授,王斌高级工程师,戴宏赟、刘可敬、王平、王艳老师提出了许多宝贵的建议,为本书的顺利完成提供了无私的帮助,在此对各级领导和同事们的大力支持和帮助表示衷心的感谢! 同时,还要特别感谢广联达科技股份有限公司对项目管理沙盘课程的技术支持。

　　在本书编写过程中,参阅并吸收了大量资料和公开发表的有关人员的研究成果,已经尽可能详细地列出了各位专家、学者的研究成果和工作,在此对他们的工作、贡献表示衷心的感谢。

　　由于项目管理是一门不断发展的学科,加之作者水平有限,书中疏漏之处在所难免,敬请读者批评指正。

编　者

2020 年 3 月于南昌

目　录

项目 1
建设工程项目管理概论

北宋才子丁谓　一举三得修皇宫

《梦溪笔谈·权智》记：祥符中，禁火。时丁晋公主营复宫室，患取土远，公乃令凿通衢取土，不日皆成巨堑。乃决汴水入堑中，引诸道竹木排筏及船运杂材，尽自堑中入至宫门。事毕，却以斥弃瓦砾灰壤实於堑中，复为街衢。一举而三役济，计省费以亿万计。

图 1.1　北宋才子丁谓　一举三得修皇宫

北宋真宗祥符年间（998—1022 年），首都发生火灾，皇宫被烧为灰烬，损失惨重。当时的宰相丁谓受命主持宫室的修复重建工作，接旨后他对废墟进行勘察，发现此工程任务十分艰巨，存在 3 个难题：第一是取土困难；第二是运输困难；第三是清墟排放困难。他找到主要矛盾后，就征集解决方案。最后他从众多方案中综合出了一个最佳方案，这个方案最终使其成功，提前完成了皇宫修复工程（图 1.1）。

他首先吩咐民工在皇宫外面直接挖土自用，但挖的时候很有讲究：凿成一条大渠。泥土的需求解决了。其他建筑材料仍需要从外面运进，同样要浪费许多时间。这该怎么办？原来奥秘就在渠上。这条大渠不但又宽又深，而且走向是经过严格规划设计的——一头连接城内的汴河,一头直接通到皇宫里面的街道上。这是丁谓设想的第二步。接下来,他让民工将开封城内的汴河挖开,引水入渠。这样,外地采购的建筑材料就可以走水路,从汴河进入大渠,然后"快递"到建筑工地。寝宫修复重建完毕,皇宫也整饬一新,剩下的就是现场建筑垃圾的清理。丁谓让民工先坝住汴河,将渠水用尽,再将土石瓦砾、断梁残柱等统统倾倒进大渠,夯实抹平,恢复原来的平地,栽上树木,形成景观园区。

丁谓这个超常规的设想,不仅大大节省了人力、物力和财力,还提高了劳动效率,更好地保证了施工质量。其工程建设的过程,同现代项目管理思想极其吻合!丁谓主持的皇宫修建工程体现了中国古人高超智慧的管理实践,在解决一个问题的同时又为下一个问题的解决做好了铺垫,这使他用了很短的时间和很少的经费就修好了皇宫。他充分把握了各个要素之间的相生关系,运用"大道变河道""挖土来烧瓦""废墟填河道"这3个事件之间的联系,使整个工程系统向有序并且理想的方向发展,最终达到修复皇宫按期完成圣旨的效果。在这个过程中,系统的每一个环节都彼此相连,破坏其中任何一个事件,整个工程系统都会受到影响。

"丁谓工程"是我国古人在工程建设中利用系统思维最成功的范例之一,传承至今,这样的方法在现代工程建设中也非常普遍。从20世纪中的美国军方曼哈顿计划开始,发展到中国鲁布革水电工程,都是这种工程管理模式成功的典范,通常我们称之为现代项目管理。

【项目简介】

建设工程项目是最常见、最典型的工程项目类型。建设工程项目管理是项目管理在建设工程项目中的具体应用。加强建设工程项目管理不仅有利于提高建设工程的质量,还可以加快施工进度,节约工程建设成本,保证项目的顺利实施。本项目从基本概念、主要内容、基本方法等方面对建设工程项目管理展开框架性论述,主要包括以下3个方面的内容:建设工程项目管理的相关知识、建设工程项目管理的主要内容及建设工程项目管理的基本方法。

【学习目标】

(1)了解项目的基本概念及特点;

(2)了解建设工程项目的基本概念及特点;

(3)了解建设工程项目管理的基本概念及特点;

(4)掌握建设工程管理的内涵及任务;(重点)

(5)掌握建设工程项目管理的目标及任务;(重点、难点)

(6)了解建设工程项目管理的分类;

(7)掌握建设工程项目管理目标的动态控制。(重点、难点)

任务 1.1 建设工程项目管理的相关知识

1.1.1 项目的基础知识

1)项目的概念

"项目"(Project)一词已被广泛地应用于社会经济和文化生活的各个领域。具体来说,项目是指在一定的约束条件下(主要是限定资源、限定时间),

什么是项目

具有特定目标的一次性任务。项目包括很多内容：可以是建设一项工程，如建造一栋大楼、一座桥梁、一座水电站；也可以是完成某项科研课题，或研制一项设备，或举办一项活动，甚至是撰写一篇论文。

2）项目的特征

（1）项目具有一次性

项目的一次性（或单件性）是项目最显著的特征。任何项目从总体上看都是一次性的、不可重复的，都必然经历前期策划、批准、计划、实施、运行等过程，直到最后结束。项目的一次性，意味着一旦项目实施过程中出现较大失误，其损失将不可挽回。项目不同于工业生产的批量性和生产过程的重复性，每个项目都有自己的特点，每个项目都不同于别的项目，只有根据项目的具体特点和要求，有针对性地对项目进行科学管理，才能保证项目一次性成功。

项目的一次性是项目管理与企业管理最显著的区别之一。通常的企业管理工作，尤其是企业的职能管理工作是可循环、可继承的，如财务管理的重复性和经常性等；而项目管理却是一个独立的管理过程，它的组织、计划、控制都是一次性的。

（2）项目的目标性

任何项目都有一个与其他任务不完全相同的目标，都是为完成一定的目标而设立的，项目实施的过程实际上就是追求目标的过程。没有目标，就没有方向；没有明确的目标，就没有充足的动力。

（3）项目具有一定的约束性

围绕着项目目标，必然形成相应的约束条件，而且只能在相应的约束条件下才能完成目标。一般来说，项目的约束条件有限定的时间、限定的质量、限定的资金及其他条件的约束（技术、信息、地理条件、气候因素、空间条件、文化背景等）。

（4）项目的系统性

在现代社会中，一个项目一般由许多个个体组成，需要几十、几百甚至几千家单位共同协作，由成千上万个在时间、空间上相互影响和制约的活动构成。每一个项目在作为其子系统的母系统的同时，又是其更大的母系统中的子系统，这就要求在项目运作中必须全面、动态、统筹兼顾的分析处理问题，以系统的观念指导工作。

1.1.2　建设工程项目的基础知识

1）建设工程项目的概念

建设工程项目（Construction Project）是指为完成依法立项的新建、改建、扩建的各类工程（土木工程、建设工程及安装工程等）而进行的、有起止日期的、达到规定要求的一组相互关联的受控活动组成的特定过程，包括策划、勘察、设计、采购、施工、试运行、竣工验收和移交等，简称工程项目。例如，一座机场、一个住宅小区、一座水电站、一个隧道、一座桥梁、一条公路等。

什么是建设工程项目

2) 建设工程项目的类型

建设工程项目是指为人类生活、生产提供物质技术基础的各类建筑物和工程设施的统称。按照不同的规则，可将其分为不同种类。

（1）按自然属性分类

按自然属性分，可分为建筑工程、土木工程和机电工程3类，涵盖房屋建筑工程、铁路工程、公路工程、水利工程、市政工程、煤炭矿山工程、水运工程、海洋工程、民航工程、商业与物质工程、农业工程、林业工程、粮食工程、石油天然气工程、海洋石油工程、火电工程、水电工程、核工业工程、建材工程、冶金工程、有色金属工程、石化工程、化工工程、医药工程、机械工程、航天与航空工程、兵器与船舶工程、轻工工程、纺织工程、电子与通信工程和广播电影电视工程等。

（2）按建设性质分类

按建设性质分，可分为新建项目、扩建项目、改建项目、迁建项目、恢复项目。

①新建项目：指根据国民经济和社会发展的近远期规划，按照规定的程序立项，从无到有、"平地起家"的建设项目。现有企业、事业和行政单位一般不应有新建项目。有的单位如果原有基础薄弱需要再兴建的项目，其新增的固定资产价值超过原有全部固定资产价值（原值）3倍以上时，才可算新建项目。

②扩建项目：指现有企业、事业单位在原有场地内或其他地点，为扩大产品的生产能力或增加经济效益而增建的生产车间、独立的生产线或分厂的项目；事业和行政单位在原有业务系统的基础上扩充规模而进行的新增固定资产投资项目。

③改建项目：指企业为提高生产效率，改进产品质量或改变产品方向，对现有设施或工艺条件进行技术改造或更新的项目。

④迁建项目：指原有企业、事业单位，根据自身生产经营和事业发展的要求，按照国家调整生产力布局的经济发展战略的需要或出于环境保护等其他特殊要求，搬迁到异地而建设的项目。

⑤恢复项目：指原有企业、事业和行政单位，因在自然灾害或战争中使原有固定资产遭受全部或部分报废，需要进行投资重建来恢复生产能力和业务工作条件、生活福利设施等的建设项目。这类项目，不论是按原有规模恢复建设，还是在恢复过程中同时进行扩建，都属于恢复项目。但对尚未建成投产或交付使用的项目，受到破坏后，若仍按原设计重建的，原建设性质不变；如果按新设计重建的，则根据新设计的内容来确定其性质。

基本建设项目按其性质分为上述5类，一个基本建设项目只能有一种性质，在项目按总体设计全部建成以前，其建设性质是始终不变的。

（3）按建设规模分类

为适应对建设工程项目分级管理的需要，国家规定基本建设项目分为大型、中型、小型3类；更新改造项目分为限额以上和限额以下两类。具体划分标准，根据各个时期经济发展和实际工作中的需要而有所变化。现行的国家有关规定如下：

①按投资额划分的基本建设项目，属于生产性建设项目中的能源、交通、原材料部门的工程项目，投资额达到5 000万元以上为大中型项目；其他部门和非工业建设项目，投资额达到3 000万元以上为大中型建设项目。

②按生产能力或使用效益划分的建设项目，以国家对各行各业的具体规定作为标准。

③更新改造项目只按投资额标准划分,能源、交通、原材料部门投资额达到 5 000 万元及以上的工程项目和其他部门投资额达到 3 000 万元及以上的项目为限额以上项目,否则为限额以下项目。

（4）按项目用途分类

按项目用途分,可分为生产性建设项目和非生产性建设项目。

①生产性建设项目:指直接用于物质资料生产或直接为物质资料生产服务的建设工程项目。主要包括:工业建设,如工业、国防和能源建设;农业建设,如农、林、牧、渔、水利建设;基础设施建设,如交通、邮电、通信建设、地质普查、勘探建设等;商业建设,如商业、饮食、仓储、综合技术服务事业的建设。

②非生产性建设项目:指用于满足人民物质和文化、福利需要的建设和非物质资料生产部门的建设。主要包括:办公用房,如国家各级党政机关、社会团体、企业管理机关的办公用房;居住建筑,如住宅、公寓、别墅等;公共建筑,如科学、教育、文化艺术、广播电视、卫生、博览、体育、社会福利事业、公共事业、咨询服务、宗教、金融、保险等建设;其他建设,即不属于上述各类的其他非生产性建设。

（5）按投资效益分类

按投资效益分,可分为竞争性项目、基础性项目和公益性项目。

①竞争性项目:主要是指投资效益比较高、竞争性比较强的一般性建设项目。这类建设项目应以企业作为基本投资主体,由企业自主决策、自担投资风险。

②基础性项目:主要是指具有自然垄断性、建设周期长、投资额大而收益低的基础设施和需要政府重点扶持的一部分基础工业项目,以及直接增强国力的符合经济规模的支柱产业项目。对于这类项目,主要应由政府集中必要的财力、物力,通过经济实体进行投资;同时,还应广泛吸收地方、企业参与投资,有时还可吸收外商直接投资。

③公益性项目:主要包括科技、文教、卫生、体育和环保等设施,公、检、法等政权机关以及政府机关、社会团体办公设施,国防建设等。公益性项目的投资主要由政府用财政资金安排。

（6）按投资来源分类

按投资来源分,可分为政府投资项目和非政府投资项目。

（7）按项目实施主体分类

按项目实施主体分,可分为建设项目、工程勘察设计项目、工程监理项目、工程施工项目等,其相应的实施主体分别是建设单位、勘察设计单位、监理单位、施工单位。

3）建设工程项目的特点

建设工程项目具有项目的基本特征,具体表现在:

（1）建设工程项目的一次性

任何建设工程项目从总体上看都是一次性的、不重复的。它经历前期策划、批准、设计和计划、施工、运行的全过程,直到最后结束。即使在形式上极为相似的项目,例如两个生产相同产品、采用相同工艺的生产流水线车间,两栋建筑造型和结构形式完全相同的房屋,也必然存在着差异和区别,如实施的时间不同、环境不同、项目组织不同、风险不同,因此它们之间无法等同、无法替代。

（2）建设工程项目的约束性

任何建设工程项目都是在一定的时间、资金、资源的约束条件下进行的。从对时间的约束来看，建设工程项目的投资者总是希望尽快地实现项目的目标，发挥投资效益。房地产开发商总是希望所开发的项目早日建成，以便及时销售以获得投资效益。时间约束是对建设工程项目开始和结束时间的限制，形成建设工程项目的工期目标。从对资金的约束来看，任何建设工程项目必然有对财力的限制，投资者事先计划投入的资金形成了建设工程项目的费用目标。

（3）建设工程项目的目标性

任何建设工程项目都具有一个特定的目标，例如，要建设一所学校或一幢房屋，或建一条高速公路等。值得注意的是，这些目标只是一种对最终结果的简单描述，在实际建设过程中，特定的目标总是在建设工程项目的初期详细设计出来的，并在以后的项目活动中一步一步地实现。

（4）建设工程项目活动的系统性

建设工程项目的这一特征显而易见。一个建设工程项目从开始到终结，不仅包含着各个阶段，而且每一个阶段又包含着大量的不同活动。工程项目的建设过程就是不同专业的人员，如建筑师、结构工程师、咨询工程师等在不同的时间、不同的空间完成不同的活动（任务），这些活动（任务）的完成共同构成该工程项目的完成。

建设工程项目除了以上与一般项目具有相同的基本特征外，还存在着一些其他项目所没有的特征，具体如下：

（1）建设工程项目投资大

一个建设工程项目有少则几百万元，多则上千万元、数亿元的资金投入。例如，香港机场项目总投资为200亿港币，而举世闻名的我国三峡工程项目，其建设期间的静态投资达900亿元，著名的英吉利海峡隧道项目总投资更是高达120亿美元。

（2）建设周期长

建设工程项目规模大，技术复杂，涉及的专业面广，因此从项目的设想、建设到投入使用，少则几年，多则几十年。

（3）不确定性因素多，风险大

建设工程项目由于建设周期长，露天作业多，受外部环境影响大，因此不确定性因素多，风险大。例如，1997年发生的亚洲金融风暴，使货币大幅度贬值，许多国外建设工程项目的投资者受到极大的经济损失；1999年发生的伊拉克事件也不得不使许多在建项目停止，还使许多工程项目遭到了毁坏；天气也是造成不确定性的原因之一，如重庆江北机场一期工程建设中，大规模土方工程施工由于长时间的降雨被耽误了近两个月。

（4）项目参与人员多

建设工程项目是一项复杂的系统工程，参与人员众多。这些人员来自不同的参与方，他们往往涉及不同的专业，并在不同的层次工作，其主要人员包括业主、建筑师、结构工程师、机电工程师、项目管理人员（包括监理人员）、其他咨询人员等。此外，还涉及行使建设工程项目监督管理的政府建设行政主管部门以及其他相关部门的人员。

（5）建设工程项目的项目管理极其重要

建设工程项目投资大、建设周期长、不确定性因素多，以及参与人员多等特征，使得建设工程项目的管理尤为重要。高数额的资金如何在不同阶段有效地使用；如何将众多的建设工程项目参与人员进行有序的安排,使他们能依次安全地在不同的时间和不同的地点完成好自己的工作;怎样才能把成千上万吨建筑材料经济、安全地采集到现场,并安全、合理、不浪费地被使用……这一系列的问题必须通过有效的项目管理,即进行全面的组织、计划、协调和控制才能得以有效解决。

1.1.3　建设工程项目管理的基础知识

1)项目管理

项目管理是管理学的一个分支学科,对项目管理的定义:是指在项目活动中运用专门的知识、技能、工具和方法,使项目能够在有限资源(一定的时间、一定的费用)限定条件下,实现或超过设定的需求和期望(规定的质量要求)的过程。项目管理的主要内容包括范围、时间、成本、质量、人力资源、沟通、风险、采购等方面的管理。一般来说,项目管理可以分为三大类:信息项目管理、工程项目管理、投资项目管理。

2)建设工程项目管理

建设工程项目管理规范

建设工程项目是最常见、最典型的工程项目类型,建设工程项目管理是项目管理在建设工程项目中的具体应用。考虑到项目管理在我国建筑业界的率先推广和广泛应用的具体实践,目前可将建设工程项目管理定义为:在一定约束条件下,以建设工程项目为对象,为最优地实现建设工程项目目标,根据建设工程项目的内在规律,用系统工程的观点、理论和方法对建设工程项目从项目构思到项目完成(指项目竣工并交付使用)的全过程(包括项目建议书、可行性研究、项目决策、勘察设计、正式施工、竣工验收、运营维护等)进行的计划、组织、协调、控制和监督的系统管理活动。通常也简称为工程项目管理。

从建设工程项目管理的定义中可以看出,建设工程项目管理与施工管理不同,不能把它们混为一谈。建设工程项目管理的对象是具体的工程项目,管理的范围既可为全过程,也可为某一个或几个阶段;施工管理的对象虽然也是具体的工程项目,也具有一次性的特点,但管理的范围仅限于工程的施工阶段。一般情况下,建设工程项目管理包括施工管理,施工管理是工程项目管理的组成部分。广义的建设工程项目管理包括投资决策的有关管理工作;狭义的建设工程项目管理只包括项目立项以后,对项目建设实施的全过程管理。建设工程项目管理的主休是建设单位或受其委托的咨询(监理)单位,建设工程项目管理的对象是一个具体的建设工程项目。

建设工程项目管理具有以下特点:

(1)建设工程项目管理是一种一次性管理

这是由建设工程项目的单件性特征决定的。在建设工程项目管理过程中,一旦出现失误,很难有纠正的机会,只有遗憾。这一点和工厂的车间管理或企业管理有明显的不同。为避免遗憾的出现,项目经理(负责人)的选择、人员的配备和机构的设置就成为建设工程项目管理的首要问题。

(2)建设工程项目管理是一种全过程的综合性管理

建设工程项目的各个阶段既有明显的界限,又相互有机衔接,不可间断,这就决定了建设工程项目管理应该是建设工程项目生命周期全过程的管理。由于社会生产力的发展,社会分工不断扩大,建设工程项目生命周期的不同阶段,如勘察、设计、施工、采购等逐步由专业的企业或独立的部门去完成。在这种情况下,对建设工程项目管理就提出了更高的要求,更加需要全过程的综合管理。

（3）建设工程项目管理是一种创造性强的管理

项目管理在项目决策和实施过程中,必须从实际出发,结合项目的具体情况,因地制宜地处理和解决工程项目实际问题。因此,建设工程项目管理就是将前人总结的建设知识和经验,创造性地运用于工程管理实践。

3) 建设工程项目管理的历史和发展

我国最早的大型建设工程项目可以追溯到 2 000 多年前的万里长城,但是真正称得上中国项目管理的里程碑工作,是著名科学家华罗庚教授和钱学森教授分别倡导的统筹法和系统工程。直到 20 世纪 80 年代后期,我国才在建筑业和国内工程建设项目的管理体制和管理方法上做出许多重大改革,才开始借鉴和采用一些国际上先进的现代项目管理方法。最先开展现代项目管理实践的是我国的鲁布革水电站项目(图 1.2),它是利用世行贷款的项目,在 1984 年首先采用国际招标和项目工期、质量、造价等办法开展现代项目管理,结果是大大缩短了项目的工期,降低了项目造价,取得了明显的经济效益。此后,我国的建设部、电力部、化工部、煤炭部等政府部门在许多政府性项目上先后采用了承包商项目经理管理体制,我国财政部、农林部等政府部门也结合世行贷款开展了一些项目管理的培训。

图 1.2　鲁布革水电站

我国项目管理的发展大致经历了 5 个阶段。从 1982 年鲁布革水电站引进世行贷款并实行招投标开始,到 1986 年国务院推广鲁布革经验批准,为我国学习借鉴国际项目管理先进做法的探索研究阶段;从 1987 年五部委联合发文《关于第一批推广鲁布革工程管理经验试点企业有关问题的通知》,到 1993 年呼和浩特项目管理工作会议,为研究试点阶段;从 1994 年九江项目管理工作会议,到 1997 年西安项目管理工作会议,为全面总结推广阶段;从 1997 年西安项目管理工作会议到 2000 年,为完善和深化规范项目管理阶段;从 2001 年中国加入 WTO 至今,为创新发展阶段。

在知识与经济的全球化大背景下,市场竞争越发激烈,信息技术日新月异,建设工程项目管理正呈现出集成化、国际化、信息化的趋势。

(1)项目管理集成化

在项目组织方面,业主变自行管理模式为委托项目管理模式。由项目管理咨询公司作为业主代表或业主的延伸,根据其自身的资质、人才和经验,以系统和组织运作的手段和方法对项目进行集成化管理。为了确保项目的运行质量,必须以全面质量管理的观点控制项目策划、决策、设计和施工全过程的质量。项目进度控制不仅是项目实施(设计、施工)阶段的进度控制,而且是包括项目前期策划、决策在内的全过程控制。项目造价的寿命周期管理是将项目建设的一次性投资和项目建成后的日常费用综合起来进行控制的,力求项目寿命周期成本最低,而不是追求项目建设的一次性投资最省。

(2)项目管理国际化

随着经济全球化及我国经济的快速发展,在我国的跨国公司和跨国项目越来越多,我国的许多项目已通过国际招标、咨询等方式运作,我国企业走出国门在海外投资和经营的项目也在不断增加。特别是我国加入 WTO 后,行业壁垒下降,国内市场国际化,国内外市场全面融合,使得项目管理的国际化正成为趋势和潮流。

(3)项目管理信息化

伴随着网络时代和知识经济时代的到来,项目管理的信息化已成为必然趋势。欧美发达国家的一些工程项目管理中运用了计算机网络技术,开始实现项目管理网络化、虚拟化。此外,许多项目管理单位已开始大量使用项目管理软件进行项目管理,同时还从事项目管理软件的开发研究工作。借助于有效的信息技术,将规划管理中的战略协调、运作管理中的变更管理、商业环境中的客户关系管理等与项目管理的核心内容(造价,成本、质量、安全、进度,工期控制)相结合,建立基于 Internet 的工程项目管理信息系统,已成为提高建设工程项目管理水平的有效手段。

4)项目管理的专业化学科发展

近十年来,项目管理在专业化学科也有了明显的进展,主要反映在以下 3 个方面:

①项目管理知识体系(Project Management Body of Knowledge,PMBOK)在不断发展和完善中。美国 PMI(Project Management Institute)从 1984 年提出至今,数易其稿,并已将其作为该组织专业证书考试的主要内容。欧洲 IPMA(International Project Management Association)和其他各国的项目管理组织也纷纷提出了自己的体系。

②学历教育从学士、硕士到博士,非学历教育从基层项目管理人员到高层项目经理,形成了层次化的教育培训体系。

③对项目与项目管理的学科探索正在积极进行中,有分析性的,也有综合性的,有原理概念性的,也有工具方法性的。国际项目管理组织目前正在积极筹备建立有关国际机构与论坛,以求发展全球项目管理的专业化与标准化问题。世界各国关于项目管理的专业书籍大量涌现,有关学科发展问题的呼声也很高。

任务 1.2   建设工程项目管理的主要内容

1.2.1   建设工程管理的内涵及任务

1)建设工程管理的内涵

建设工程项目的全寿命周期包括项目的决策阶段、实施阶段和使用阶段(或称运营阶段,或称运行阶段)。"建设工程管理"(Professional Management in Construction)作为一个专业术语,其内涵涉及工程项目全过程(工程项目全寿命)的管理,它包括:决策阶段的管理,即 DM;实施阶段的管理,即项目管理 PM;使用阶段的管理,即设施管理 FM,如图 1.3 所示。

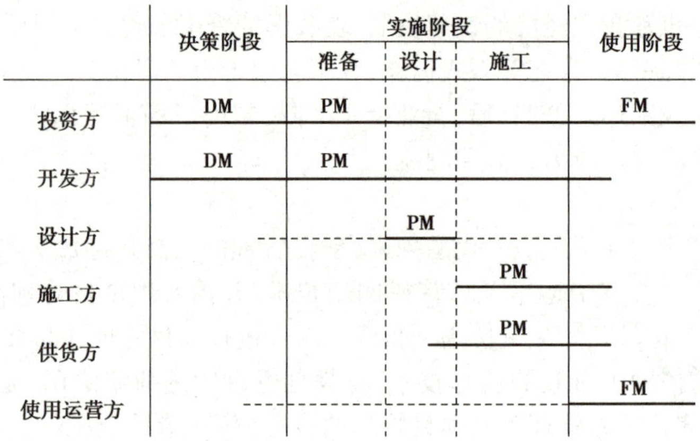

	决策阶段	实施阶段			使用阶段
		准备	设计	施工	
投资方	DM	PM			FM
开发方	DM	PM			
设计方			PM		
施工方				PM	
供货方				PM	
使用运营方					FM

图 1.3   建设工程管理内涵示意图(1)

建设工程管理不仅涉及项目全寿命期,而且涉及参与工程项目的各方对工程的管理,即包括投资方、开发方、设计方、施工方、供货方和使用运营方的管理,如图 1.4 所示。

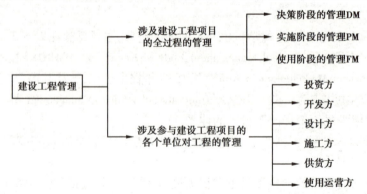

图 1.4   建设工程管理内涵示意图(2)

2)建设工程管理的任务

建设工程管理是一种增值服务工作,其核心任务是为工程的建设和使用增值,如图 1.5 所示。

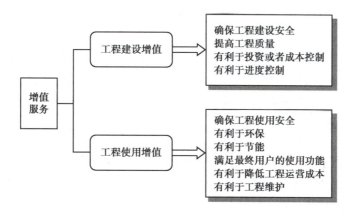

图 1.5　建设工程管理的核心任务

在工程实践中,人们往往重视通过管理为工程建设增值,而忽视通过管理为工程使用增值。如有些办公楼在设计时为节约投资,减少了必要的电梯的数量,这样就导致该办公楼在使用时人们等候电梯的时间太长。

1.2.2　建设工程项目管理目标及任务

建设工程项目管理是建设工程管理中的一个组成部分,建设工程项目管理的工作仅限于在项目实施期的工作。建设工程项目管理的内涵:自项目开始至项目完成,通过项目策划和项目控制,以使项目的费用目标、进度目标和质量目标得以实现。该定义的有关字段的含义如下:

①"自项目开始至项目完成"指的是项目的实施阶段,如图 1.6 所示。

②"项目策划"指的是目标控制前的一系列筹划和准备工作。

③"费用目标"对业主而言是投资目标,对施工方而言是成本目标。

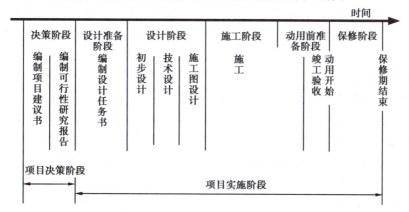

图 1.6　建设工程项目实施阶段的组成

由于项目管理的核心任务是项目的目标控制,因此按项目管理学的基本理论,没有明确目标的建设工程不是项目管理的对象。在工程实践意义上,如果一个建设项目没有明确的投资目标、没有明确的进度目标和没有明确的质量目标,就没有必要进行管理,也无法进行定量的目标控制。

1)建设工程项目管理的目标系统

建设工程项目管理的基本目标就是有效利用有限资源,用尽可能少的费用和尽可能快的速度建成该项目,使其实现预定的质量(功能)。因此,建设工程项目管理的目标系统主要由成本目标、进度目标、质量目标构成,对这三大目标的控制一般统称为项目管理中的三大控制,即成本控制、进度控制和质量控制。

建设工程项目管理三大目标(成本目标、进度目标、质量目标)是一个相互关联的整体,三大目标之间既存在着矛盾,又存在着统一(图1.7)。进行建设工程项目管理,必须充分考虑工程项目三大目标之间的对立统一关系,注意统筹兼顾,合理确定三大目标,防止发生盲目追求单一目标而冲击或干扰其他目标的现象。

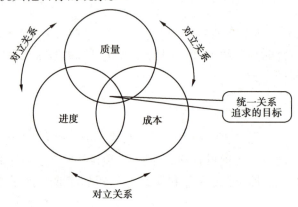

图 1.7 项目管理三大目标的对立统一关系

(1)三大目标之间的对立关系

在通常情况下,如果对工程质量有较高的要求,就需要投入较多的资金和花费较长的建设时间;如果要抢时间、争进度,以极短的时间完成工程项目,势必会增加投资或者使工程质量下降;如果要减少投资、节约费用,势必会考虑降低项目的功能要求和质量标准。所有这些都表明,工程项目三大目标之间存在着矛盾和对立的一面。

(2)三大目标之间的统一关系

在通常情况下,适当增加投资数量,为采取加快进度的措施提供经济条件,即可加快项目建设进度,缩短工期,使项目尽早动用,投资尽早回收,项目全寿命周期经济效益得到提高;适当提高项目功能要求和质量标准,虽然会造成一次性投资和建设工期的增加,但能够节约项目动用后的运营费和维修费,从而获得更好的投资经济效益;如果项目进度计划制订的既科学又合理,使工程进展具有连续性和均衡性,不但可以缩短建设工期,而且有可能获得较好的工程质量并降低工程费用。所有这一切都表明,工程项目三大目标之间存在着统一的一面。

2)建设工程项目管理的任务

建设工程项目管理活动贯穿建设工程项目的全过程,不同项目管理的具体任务也不尽相同,但是其任务的管理内容是相同的,主要为项目规划与决策、项目目标控制与组织协调。具体来说,主要有以下几个方面的工作内容:

①安全管理;

②成本管理；

③进度管理；

④质量管理；

⑤招投标与合同管理；

⑥资源管理；

⑦风险管理；

⑧信息管理；

⑨组织和协调。

其中，安全管理是项目管理中最重要的任务，因为安全管理关系人身的健康与安全，而成本管理、进度管理、质量管理和合同管理等主要只涉及物质利益。

1.2.3　建设工程项目管理的分类

一个建设工程项目往往由许多参与单位承担不同的建设任务和管理任务(如勘察、土建设计、工艺设计、工程施工、设备安装、工程监理、建设物资供应、业主方管理、政府主管部门的管理和监督等)，各参与单位的工作性质、工作任务和利益不尽相同，因此就形成了代表不同利益方的项目管理。

按建设工程项目不同参与方的工作性质和组织特征划分，项目管理有以下几种类型：

①业主方的项目管理；

②设计方的项目管理；

③施工方的项目管理；

④供货方的项目管理。

对于一个建设工程项目而言，业主方的项目管理往往是该项目的项目管理核心。

1)业主方的项目管理

业主方的项目管理服务于业主的利益，其项目管理的目标包括项目的投资目标、进度目标和质量目标。其中，投资目标指的是项目的总投资目标。进度目标指的是项目动用的时间目标，也即项目交付使用的时间目标，如工厂建成可以投入生产、道路建成可以通车、办公楼可以启用、旅馆可以开业的时间目标等。项目的质量目标不仅涉及施工质量，还包括设计质量、材料质量、设备质量和影响项目运行或运营的环境质量等。质量目标包括满足相应的技术规范和技术标准的规定，以及满足业主方相应的质量要求。

项目的投资目标、进度目标和质量目标之间既有矛盾的一面，也有统一的一面，它们之间是对立统一的关系。要加快进度往往需要增加投资，欲提高质量往往也需要增加投资，过度地缩短进度会影响质量目标的实现，这表现了目标之间关系矛盾的一面；但通过有效的管理，在不增加投资的前提下，也可缩短工期和提高工程质量，这反映了目标之间关系统一的一面。

业主方的项目管理工作涉及项目实施阶段的全过程，即在设计前的准备阶段、设计阶段、施工阶段、动用前准备阶段和保修期分别进行以下工作：

①安全管理；

②投资控制；

③进度控制；

④质量控制；

⑤合同管理；

⑥信息管理；

⑦组织和协调。

2）设计方的项目管理

设计方作为项目建设的参与方之一，其项目管理主要服务于项目的整体利益和设计方本身的利益。由于项目的投资目标能否得以实现与设计工作密切相关，因此设计方的项目管理目标包括设计的成本目标、设计的进度目标和设计的质量目标，以及项目的投资目标。

设计方的项目管理工作主要在设计阶段进行，但也涉及设计前的准备阶段、施工阶段、动用前准备阶段和保修期。设计方的项目管理的主要任务包括：

①与设计工作有关的安全管理；

②设计成本控制和与设计工作有关的工程造价控制；

③设计进度控制；

④设计质量控制；

⑤设计合同管理；

⑥设计信息管理；

⑦与设计工作有关的组织和协调。

3）供货方的项目管理

供货方作为项目建设的参与方之一，其项目管理主要服务于项目的整体利益和供货方本身的利益，其项目管理的目标包括供货方的成本目标、供货的进度目标和供货的质量目标。

供货方的项目管理工作主要在施工阶段进行，但也涉及设计准备阶段、设计阶段、动用前准备阶段和保修期。供货方的项目管理的主要任务包括：

①供货安全管理；

②供货方的成本控制；

③供货的进度控制；

④供货的质量控制；

⑤供货合同管理；

⑥供货信息管理；

⑦与供货有关的组织和协调。

4）施工方的项目管理

由于施工方是受业主方的委托承担工程建设任务，施工方必须树立服务观念，为项目建设服务，为业主提供建设服务；另外，合同也规定了施工方的任务和义务。因此，施工方作为项目建设的一个重要参与方，其项目管理不仅应服务于施工方本身的利益，也必须服务于项目的整体利益。项目的整体利益和施工方本身的利益是对立统一关系，两者有统一的一面，也有矛盾的一面。

施工方的项目管理目标应符合合同的要求，包括施工的安全管理目标、施工的成本目标、施工的进度目标和施工的质量目标。

如果采用工程施工总承包或工程施工总承包管理模式,施工总承包方或施工总承包管理方必须按工程合同规定的工期目标和质量目标完成建设任务。而施工总承包方或施工总承包管理方的成本目标是由施工企业根据其生产和经营情况自行确定的。分包方则必须按工程分包合同规定的工期目标和质量目标完成建设任务,分包方的成本目标是该施工企业内部自行确定的。

按照国际工程的惯例,当采用指定分包商时,不论指定分包商与施工总承包方,或与施工总承包管理方,或与业主方签订合同,由于指定分包商合同在签约前必须得到施工总承包方或施工总承包管理方的认可,因此施工总承包方或施工总承包管理方应对合同规定的工期目标和质量目标负责。

施工方的项目管理的主要任务包括:

①施工安全管理;

②施工成本控制;

③施工进度控制;

④施工质量控制,

⑤施工合同管理;

⑥施工信息管理;

⑦与施工有关的组织和协调等。

施工方的项目管理工作主要在施工阶段进行,但由于设计阶段和施工阶段在时间上往往是交叉的,因此施工方的项目管理工作也会涉及设计阶段。在动用前准备阶段和保修期施工合同尚未终止期间,还有可能出现涉及工程安全、费用、质量、合同和信息等方面的问题,因此施工方的项目管理也涉及动用前的准备阶段和保修期。

任务 1.3　建设工程项目管理的基本方法

世界上的事物,总是在不断地发生变化。如果用静止的眼光去看待不断发展变化的事物,就必然导致错误的判断。因此,我们做任何事情都不能只凭主观愿望,要根据客观情况的变化而灵活处理。

1.3.1　项目目标控制的基本类型

由于控制方式和方法的不同,控制可分为多种类型。按照事物的发展过程,可分为事前控制、事中控制和事后控制。按照是否形成闭合回路,可分为开环控制和闭环控制。按照纠正措施或控制信息的来源,可分为前馈控制和反馈控制。归纳起来,控制可分为两大类,即主动控制和被动控制。

1)主动控制(Active Control)

主动控制就是预先分析目标偏离的可能性,并拟定和采取各项预防性措施,以使计划目标得以实现。主动控制是一种面向未来的控制,它可以解决传统控制过程中存在的时滞影响,尽最大可能改变偏差已成为事实的被动局面,从而使控制更为有效。主动控制是一种前馈控制。当控制者根据已掌握的可靠信息预测出系统的输出将要偏离计划目标时,就制订纠正措施并向系统输入,以便使系统的运行不发生偏离。主动控制又是一种事前控制,在偏差发生前就采取控制措施。

2) 被动控制(Passive Control)

被动控制是指当系统按计划运行时,管理人员对计划值的实施进行跟踪,将系统输出的信息进行加工和整理,再传递给控制部门,使控制人员从中发现问题,找出偏差,寻求并确定解决问题和纠正偏差的方案,然后再回送给计划实施系统付诸实施,使得计划目标一旦出现偏离就能得以纠正。被动控制是一种反馈控制,是一种面向现实的控制。被动控制是一种十分重要的控制方式,而且是经常采用的控制方式。

对于项目管理人员而言,主动控制与被动控制的紧密结合是实现目标控制的有效方法。在建设工程项目管理过程中,为避免项目目标偏离的发生,不仅要重视事前的主动控制,即事前分析可能导致项目目标偏离的各种影响因素,并针对这些影响因素采取有效的预防措施;还应重视在项目实施过程中的被动控制,即定期进行项目目标的计划值和实际值的比较,当发现项目目标偏离时采取纠偏措施,如图1.8所示。

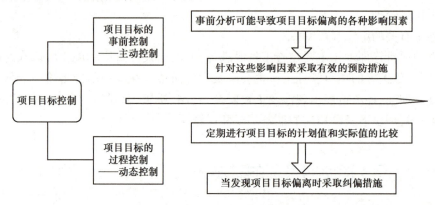

图1.8 项目的目标控制

1.3.2 动态控制原理

由于项目实施过程中主客观条件的变化是绝对的,不变则是相对的;在项目进展过程中平衡是暂时的,不平衡则是永恒的,因此在项目实施过程中必须随着情况的变化进行项目目标的动态控制。项目目标的动态控制是项目管理最基本的方法论。

动态控制原理

项目目标的动态控制原理图,如图1.9所示。

第1步,项目目标动态控制的准备工作:将项目的目标进行分解,以确定用于目标控制的计划值。

第2步,在项目实施过程中项目目标的动态控制包括:

①收集项目目标的实际值,如实际投资、实际进度等;

②定期(如每两周或每月)进行项目目标的计划值和实际值的比较;

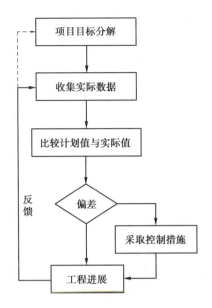

图 1.9　动态控制原理图

③通过项目目标的计划值和实际值的比较,如有偏差,则采取纠偏措施进行纠偏。

第 3 步,如有必要,则进行项目目标的调整,目标调整后再回到第 1 步。

1.3.3　项目目标动态控制的纠偏措施

项目目标动态控制的纠偏措施主要包括组织措施、管理措施、经济措施和技术措施。

①组织措施:分析因组织的原因而影响项目目标实现的问题,并采取相应的措施,如调整项目组织结构、任务分工、管理职能分工、工作流程组织和项目管理班子人员等。

②管理措施(包括合同措施):分析因管理的原因而影响项目目标实现的问题,并采取相应的措施,如调整进度管理的方法和手段、改变施工管理和强化合同管理等。

③经济措施:分析因经济的原因而影响项目目标实现的问题,并采取相应的措施,如落实加快工程施工进度所需的资金等。

④技术措施:分析因技术(包括设计和施工的技术)的原因而影响项目目标实现的问题,并采取相应的措施,如调整设计、改进施工方法和改变施工机具等。

需要特别注意的是,当项目目标失控时,人们往往首先思考的是采取什么技术措施,而忽略可能或应当采取的组织措施和管理措施。然而,实践证明组织是目标能否实现的决定性因素,我们应充分重视组织措施对项目目标控制的作用。

项目小结

建设工程项目管理的定义:在一定约束条件下,以建设工程项目为对象,为最优地实现工程建设项目目标,根据工程建设项目的内在规律,用系统工程的观点、理论和方法对建设工程项目从项目构思到项目完成的全过程进行的计划、组织、协调、控制和监督的系统管理活动。本项目从基础知识、内容和方法 3 个方面展开详细论述。

任务 1.1 是建设工程项目管理的相关知识。该部分首先从概念和特征两个方面详细介绍了项目的基础知识;然后论述了建设工程项目的概念、类型、构成及特点;最后比较了项目管理与建设工程项目管理的区别,并介绍了建设工程项目管理的历史和发展。

任务1.2是建设工程项目管理的主要内容。该部分主要从以下3个方面展开论述:①建设工程管理的核心任务是为工程的建设和使用增值。②建设工程项目管理的三大目标(成本目标、进度目标、质量目标)是对立统一的关系,其主要内容有安全管理、成本管理、进度管理、质量管理、招投标与合同管理、资源管理、风险管理、信息管理、组织和协调。其中,安全管理是项目管理中最重要的任务。③由于各参与单位的工作性质、工作任务和利益不尽相同,因此就形成了代表不同利益方的建设工程项目管理(业主方的项目管理、设计方的项目管理、施工方的项目管理、供货方的项目管理等),但对于一个建设工程项目而言,业主方的项目管理往往是该项目的项目管理的核心。

任务1.3是建设工程项目管理的基本方法。该部分主要阐述了动态控制原理,即在项目实施过程中必须随着情况的变化进行项目目标的动态控制,即定期进行项目目标的计划值和实际值的比较,当发现项目目标偏离时采取纠偏措施。

建设工程项目管理的质量直接关系到建设工程的建设质量,进而关系到建设企业的经济效益和市场竞争力,因此加强建设工程项目管理具有十分重要的意义。

练习题

一、单选题

1.建设工程管理的核心任务是(　　)。
A.节约成本　　　　　　　　　　B.加快进度
C.节能环保　　　　　　　　　　D.为工程的建设和使用增值

2.对于一个建设工程项目而言,(　　)往往是该项目的管理核心。
A.设计方的项目管理　　　　　　B.施工方的项目管理
C.业主方的项目管理　　　　　　D.监理方的项目管理

3.建设工程项目管理的核心任务是项目的(　　)。
A.成本控制　　　B.质量控制　　　C.进度控制　　　D.目标控制

4.开创我国建设工程管理体制改革的先河的项目是(　　)。
A.故宫　　　　　　　　　　　　B.青藏铁路
C.鲁布革水电站　　　　　　　　D.长江三峡

5.下列关于建设工程项目管理的说法中正确的是(　　)。
A.建设工程项目管理就是施工管理
B.建设工程项目管理的对象是参与这项工程的所有施工人员
C.施工方的项目管理的范围仅限于工程的施工阶段
D.以上都不对

二、多选题

1.项目管理中的三大控制是指(　　)。
A.人员控制　　　　　　　　　　B.成本控制
C.进度控制　　　　　　　　　　D.材料控制

E.质量控制

2.建设工程项目管理的三大目标有(　　　),三者相互联系,既对立又统一。

　　A.发展目标　　　　　　　　　　B.成本目标

　　C.进度目标　　　　　　　　　　D.利润目标

　　E.质量目标

3.建设工程项目管理目标动态控制的纠偏措施有很多,以下论述中不属于经济措施的有
(　　　)。

　　A.调整项目管理班子人员　　　　B.改进施工方法和改变施工机具

　　C.调整进度管理的方法和手段　　D.强化合同管理

　　E.落实加快工程施工进度所需的资金

4.由于各参与单位的(　　　)不尽相同,形成了代表不同利益方的项目管理。

　　A.工作性质　　　　　　　　　　B.工作地点

　　C.工作任务　　　　　　　　　　D.工作时间

　　E.利益

5.关于项目目标动态控制的说法,正确的是(　　　)。

　　A.动态控制首先应将目标分解,制订目标控制的计划值

　　B.当目标的计划值和实际值发生偏差时应进行纠偏

　　C.在项目实施过程中对项目目标进行动态跟踪和控制

　　D.目标的计划值在任何情况下都应保持不变

　　E.如有必要,可进行项目目标的调整

三、简答题

1.简述建设工程项目的特点。

2.简述建设工程项目管理的特点。

3.简述建设工程管理与建设工程项目管理的区别。

4.简述建设工程项目管理目标动态控制的主要程序。

5.谈谈动态控制思想在生活中的应用,并分析为什么。(提示:可以结合成语、典故、名言、
案例等进行解析)

项目 2
建设工程项目基本建设程序

【情境导入】

万达长白山违建别墅群

2017年4月20日,吉林省白山市抚松县政府发布了两则关于长白山国际度假区别墅整改(西区)和长白山万达别墅拆除(东区)项目公开招标的公告。拆除原因要追溯到2017年的一次环境督查。

2009年12月以前,长白山松谷高尔夫球场、白桦高尔夫球场和森林别墅所在的位置还是成片的绿色林地,但是从2011年开始,这里就陆续被开发,露出了大片黄斑。2017年8月,中央第一环境保护督察组进驻吉林省,发现长白山国际滑雪中心项目在实施过程中,违反国家要求擅自建设两座高尔夫球场和93栋别墅,并长期违规运营。10月1日,高尔夫球场所在的抚松县政府下达取缔函,要求松谷球场和白桦球场消除高尔夫球场一切特征,原有土地按照规划恢复原批复用途。

事实上,早在2004年,国务院就下发通知,要求停止新建高尔夫球场,国家发改委、国土资源部(现自然资源部)等部委也随后多次下文,将高尔夫球场和别墅类房地产开发等列入限制用地目录,禁止此类建设项目开发。央视报道称,国家林业局(现国家林业局和草原局)在当时出具的使用林地审核同意书上,写明建设项目为冬季两项和运动员公寓,并明确注明"不得随意更改设计和建设国家禁止供地的高尔夫球场、别墅类房地产等内容"。最后,由于种种原因,那一届冬季运动会的分赛场并没有落到长白山,但报批的这两个项目却变成了高尔夫球场和别墅群,如图2.1所示。

图2.1　万达长白山别墅群

对于长白山国际旅游度假区内高尔夫球场和别墅群违规建设、运营问题,中央环境保护督察组已责成有关部门进一步深入调查,按有关规定严肃问责。由于监管不力,抚松县已有国土、林业、住建、经济开发区 4 位负责人受到处理。这给行业带来的影响与警示是巨大的,政府监管不力,企业"胡作非为",终将受到法律的严厉制裁。

【项目简介】

建设工程项目基本建设程序是建设工程必须遵循的基本秩序,在我国建设工程的实施过程中必须被执行。因此,掌握我国建设工程项目基本建设程序,熟悉建设程序各阶段的主要任务是非常必要的。本项目将建设工程项目基本建设程序划分为决策阶段、实施阶段和使用阶段 3 个主要阶段,并据此展开详细论述。本项目主要包括以下 4 个方面的内容:建设工程项目基本建设程序概述、决策阶段、实施阶段和使用阶段。

【学习目标】

(1)了解建设工程项目基本建设程序的概念和特点;

(2)理解建设工程项目基本建设程序的意义;(重点)

(3)掌握决策阶段可行性研究的定义和基本内容;

(4)掌握实施阶段的主要内容;(重点)

(5)理解使用阶段的意义。(重点、难点)

任务 2.1 建设工程项目基本建设程序概述

一般来说,工程项目建设基本程序包括 3 个方面:一是工程项目活动客观上包含的工作类型;二是工程项目建设全过程中性质不同的各阶段的划分;三是在工程项目建设过程中各阶段、各项工作之间的联系。

1)基本概念

建设工程项目基本建设程序是指工程项目从策划、评估、决策、设计、施工到竣工验收、投入生产或交付使用的整个建设过程中,各项工作必须遵循的先后工作次序。工程项目基本建设程序是工程项目建设过程客观规律的反映,是建设工程项目科学决策和顺利进行的重要保证。

我国工程基本建设主要程序有决策阶段、实施阶段和使用阶段三大阶段,而这几个大的阶段中每一阶段又都包含着许多环节。比如项目建议书阶段、可行性研究阶段、勘察设计阶段、建设准备阶段、正式建设阶段、生产准备阶段、竣工验收阶段、项目后评价阶段,如图 2.2 所示。这几个大的阶段中每一个阶段都包含着许多环节。

2)工程项目建设程序的特点

工程项目的建设过程,就是固定资产和生产能力或使用效益的形成过程,根据这一发展过程的客观规律,构成了工程项目建设程序的主要内容。一般来说,要经过规划、可行性研究、勘察、设计、施工、验收等若干大的阶段,每个大的阶段又都包含着许多环节。这些阶段和环节各有其不同的工作内容,它们相互之间联系在一起,并有其客观的先后顺序。所谓按程序办事,不仅仅是遵照其先后顺序,更重要的是注意各阶段工作的内在联系,确定各阶段工作的深度和标准,以便为下一阶段工作的开展提供有利条件,才能使整个建设过程的周期有缩短的可能性。

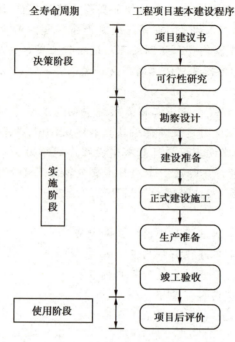

全寿命周期 　　　工程项目基本建设程序

图 2.2　建设工程项目基本建设程序

任务 2.2　决策阶段

决策阶段又称为建设前期工作阶段,主要包括项目建议书和可行性研究两项工作内容。

2.2.1　项目建议书

1)项目建议书的概念

项目建议书(又称为项目立项申请书或立项申请报告)由项目筹建单位或项目法人根据国民经济的发展、国家和地方中长期规划、产业政策、生产力布局、国内外市场、所在地的内外部条件,就某一具体新建、扩建项目提出的项目的建议文件,是对拟建项目提出的框架性的总体设想。它要从宏观上论述项目设立的必要性和可能性,将项目投资的设想变为概略的投资建议。

2)项目建议书的内容

项目建议书是基本建设程序中最初阶段的工作,是对拟建项目的框架性设想,也是政府选择项目和可行性研究的依据。其主要内容一般应包括以下几个方面:
①建设项目提出的必要性和依据;
②拟建规模和建设方案;
③建设的主要内容;
④建设地点的初步设想情况、资源情况、建设条件、协作关系等的初步分析;

⑤投资估算和资金筹措及还贷方案；
⑥项目进度安排；
⑦经济效益和社会效益的估计；
⑧环境影响的初步评价。

3）编制项目建议书的基本要求

（1）关于投资建设的必要性和依据

阐明拟建项目提出的背景、拟建地点，提出或出具与项目有关的长远规划或行业、地区规划资料，说明项目建设的必要性。

（2）关于拟建项目规模和建设地点的初步设想

说明（初步确定）产品的年产值、一次建成规模和分期建设的设想（改扩建项目还需说明原有生产情况的条件），以及对拟建项目规模经济合理性的评价；分析项目拟建地点的自然条件和社会条件，论证建设地点是否符合地区布局的要求。

（3）关于资源、交通运输以及其他建设条件和协作关系的初步分析

拟利用的资源供应的可行性和可靠性；主要协作条件情况、项目拟建地点水电及其他公用设施情况、地方材料的供应情况分析；对于技术引进和设备进口项目应说明主要原材料、电力、燃料、交通运输、协作配套等方面的要求，以及已具备的条件和资源落实情况。

（4）关于主要工艺技术方案的设想

主要生产技术和工艺，如拟引进国外技术，应说明引进的国别以及国内技术与之相比存在的差距、技术来源、技术鉴定及转让等情况；主要专用设备来源，如拟采用国外设备，应说明引进理由以及拟引进设备的国外厂商的概况。

（5）关于投资估算和资金筹措的设想

投资估算可根据掌握数据的情况进行详细估算，也可按单位生产能力或类似企业情况进行估算或匡算。投资估算中应包括建设期利息、投资方向调节税和考虑一定时期内的涨价影响因素（即涨价预备金），流动资金可参考同类企业条件及利率，说明偿还方式，测算偿还能力。对于技术引进和设备进口项目，应估算项目的外汇总用汇额以及其用途、外汇的资金来源与偿还方式，以及国内费用的估算和来源。

（6）关于项目建设进度的安排

建设前期工作的安排，应包括涉外项目的询价、考察、谈判、设计等；项目建设需要的时间和生产经营时间。

（7）关于经济效益和社会效益的初步估算（可能的话应含初步的财务分析和国民经济分析）

计算项目全部投资的内部收益率、贷款偿还期等指标以及其他必要的指标，进行盈利能力、偿还能力初步分析；项目的社会效益和社会影响的初步分析。

（8）有关的初步结论和建议

对于技术引进和设备进口的项目建议书，还应有邀请外国厂商来华进行技术交流的计划、出国考察计划，以及可行性分析工作的计划（如聘请外国专家指导或委托咨询的计划）等附件。

4)项目建议书的审批

项目建议书按要求编制完成后,按照建设总规模和限额的划分审批权限报批。属中央投资、中央和地方合资的大中型和限额以上项目的项目建议书需报送国家投资主管部门(发改委)审批。属省政府投资为主的建设项目需报省投资主管部门(发改委)审批;属市(州、地)政府投资为主的建设项目需报市(州、地)投资主管部门(发改委)审批;属县(市、区)政府投资为主的建设项目需报县(市、区)投资主管部门(发改局)审批。

①大中型基本建设项目、限额以上更新改造项目,委托有资格的工程咨询、设计单位初评后,经省、自治区、直辖市、计划单列市计委及行业归口主管部门初审后,报国家计委审批。其中特大型项目(总投资4亿元以上的交通、能源、原材料项目,2亿元以上的其他项目),由国家计委审核后报国务院审批。总投资在限额以上的外商投资项目,项目建议书分别由省计委、行业主管部门初审后,报国家计委会同外经贸部等有关部门审批;超过1亿美元的重大项目,上报国务院审批。

②小型基本建设项目、限额以下更新改造项目由地方或国务院有关部门审批。小型项目中总投资1 000万元以上的内资项目、总投资500万美元以上的生产性外资项目、300万美元以上的非生产性利用外资项目,项目建议书由地方或国务院有关部门审批。总投资1 000万元以下的内资项目、总投资500万美元以下的非生产性利用外资项目,若项目建设内容比较简单,也可直接撰写可行性研究报告。

2.2.2 可行性研究

1)可行性研究的概念

可行性研究是指根据国民经济长期发展规划、地区发展规划和行业发展规划的要求,对拟建工程项目在技术上是否可行、经济上是否合理,进行全面分析、系统论证、多方案比较和综合评价,以确定某一项目是否需要建设、是否可能建设、是否值得建设,并为编制和审批设计任务书提供可靠依据的工作。

2)可行性研究报告的主要内容

由经过国家资格审定的适合本项目的等级和专业范围的规划、设计、工程咨询单位承担项目可行性研究,并形成报告。可行性研究报告一般包括以下基本内容:总论;建设规模和建设方案;市场预测和确定的依据;建设标准、设备方案、工程技术方案;原材料、燃料供应、动力、运输、供水等协作配合条件;建设地点、占地面积、布置方案;项目设计方案;节能、节水措施;环境影响评价;劳动安全卫生与消防;组织机构与人力资源配置;项目实施进度;投资估算;融资方案;财务评价;经济效益评价;社会效益评价;风险分析;研究结论与建议等。总论,一般包括:报告编制依据(项目建议书及其批复文件,国民经济和社会发展规划,行业发展规划,国家有关法律、法规、政策等);项目提出的背景和依据(项目名称、承办法人单位及法人、项目提出的理由与过程等);项目概况(拟建地点、建设规划与目标、主要条件、项目估算投资、主要技术经济指标);问题与建议。详细内容可课外了解青藏铁路,如图2.3所示。

图 2.3　青藏铁路

3)可行性研究报告的报批

项目建设筹建单位提交书面报告附可行性研究报告文本、其他附件(如建设用地规划许可证、工程规划许可证、土地使用手续、环保审批手续、拆迁评估报告、可行性研究报告的评估论证报告、资金来源和筹措情况等手续)上报原项目审批部门审批。

可行性研究报告经批准后,不得随意修改和变更。如果在建设规模、建设方案、建设地区或建设地点、主要协作关系等方面有变动以及突破投资控制数时,应经原批准机关同意重新审批。经过批准的可行性研究报告,是确定建设项目、编制设计文件的依据。

可行性研究报告批准后即国家、省、市(地、州)、县(市、区)同意该项目进行建设,何时列入年度计划,要根据其前期工作的进展情况以及财力等因素进行综合平衡后决定。

任务 2.3　实施阶段

立项后,工程建设项目就到了实施阶段。工程建设项目实施阶段的主要工作包括勘察设计、建设施工、竣工验收等阶段性工作。

2.3.1　勘察设计阶段

1)勘察阶段

勘察阶段应与工程设计阶段相适应,一般分为初步勘察和详细勘察,对工程地质条件复杂或具有特殊要求的大型建设项目,还应进行施工勘察。

(1)初步勘察

初步勘察应满足厂址选择和初步设计的要求,应进行的基本工作有:初步查明地质构造、岩石和土壤的物理力学性质、地下水埋藏条件和冻结深度;查明场地不良地质现象的成因、分布范围、对场地稳定性的影响程度及其发展趋势。

（2）详细勘察

详细勘察应符合施工图设计的要求，应进行的基本工作有：查明地质结构、岩石和土壤的物理力学性质，对地基的稳定性及承载能力作出评价；提供不良地质问题防治工程所需的计算参数及资料；查明地下水的埋藏条件和侵蚀性、渗透性、水位变化幅度及规律；判定地基岩石、土和地下水在建筑物施工和使用中可能产生的变化和影响，并提出防治办法与建议。

2）设计阶段

设计阶段是建设项目进行全面规划和具体描述实施意图的过程，是工程建设的灵魂，是处理技术与经济关系的关键性环节，是保证建设项目质量和控制建设项目造价的关键性阶段。

可行性研究报告经批准的建设项目应委托或通过招标投标选定设计单位，按照批准的可行性研究报告的内容和要求进行设计，编制设计文件。根据建设项目的不同情况，设计过程一般划分为两个阶段，即初步设计阶段和施工图设计阶段，重大项目和技术复杂项目，可根据不同行业的特点和需要，增加技术设计阶段。

（1）初步设计阶段

项目筹建单位应根据可行性研究报告审批意见，委托或通过招标投标择优选择有相应资质的设计单位进行初步设计。初步设计是根据批准的可行性研究报告和必要而准确的设计基础资料，对设计对象进行通盘研究，阐明在指定的地点、时间和投资控制数额内，拟建工程在技术上的可能性和经济上的合理性。通过对设计对象作出的基本技术规定，编制项目的总概算。如果初步设计提出的总概算超过可行性研究报告确定的总投资估算 10%以上或其他主要指标需要变更时，需要重新报批可行性研究报告。

初步设计主要内容包括：设计依据、原则、范围和设计的指导思想；自然条件和社会经济状况；工程建设的必要性；建设规模、建设内容、建设方案，以及原材料、燃料和动力等的用量及来源；技术方案及流程、主要设备选型和配置；主要建筑物、构筑物、公用辅助设施等的建设；占地面积和土地使用情况；总体运输；外部协作配合条件；综合利用、节能、节水、环境保护、劳动安全和抗震措施；生产组织、劳动定员和各项技术经济指标；工程投资及财务分析；资金筹措及实施计划；总概算表及其构成；附图、附表及附件。

初步设计文件完成后，应报规划管理部门审查，并报原可行性研究报告审批部门审查批准。初步设计文件经批准后，总平面布置、主要工艺过程、主要设备、建筑面积、建筑结构、总概算等不得随意修改、变更。经过批准的初步设计，是设计部门进行施工图设计的重要依据。

（2）技术设计阶段

技术设计是根据已经批准的初步设计编制的，进一步解决初步设计中的各种重大技术问题，确定建筑结构、设备的技术要求，并根据需要对初步设计作出合理修改，以使工程项目设计更精确、更完备、更具体的文件和图纸。

技术设计是初步设计的深化，其主要内容包括：确定结构和设备的布置；进行结构和设备的计算；修正建设方案；进行主要的建筑细部和构造设计；确定主要建筑材料、建筑构件、设备管道的规格及施工要求等。其详细程度能据以估算建筑造价，确定施工方法。因此，它是进行施工图设计的基础，也是编制预算及订立施工合同的依据。

（3）施工图设计阶段

施工图设计为工程设计的一个阶段，在初步设计、技术设计两阶段之后。这一阶段主要通过图纸，把设计者的意图和全部设计结果表达出来，作为施工的依据。它是设计和施工工作的桥梁。对于工业项目，施工图设计应包括建设项目各分部工程的详图和零部件、结构件明细表，以及验收标准方法等。对于民用建筑工程，施工图设计应形成所有专业的设计图纸，含图纸目录、说明和必要的设备、材料表，并按照要求编制工程预算书。施工图设计文件应满足设备材料采购、非标准设备制作和施工的需要。

施工图设计文件必须通过政策性审查和技术性审查后方可使用。政策性审查未通过的工程，不予以技术性审查；没有勘察审查的工程，不予以施工图审查；没有施工图审查的工程，不得办理施工许可。施工图审查是施工图设计文件审查的简称，是指建设主管部门认定的施工图审查机构按照有关法律、法规，对施工图涉及公共利益、公众安全和工程建设强制性标准的内容进行的审查。国务院建设行政主管部门负责全国的施工图审查管理工作。省、自治区、直辖市人民政府建设行政主管部门负责组织本行政区域内施工图审查工作的具体实施和监督管理工作。

2.3.2　建设施工阶段

1）建设施工准备

施工准备工作是建筑施工管理的一个重要组成部分，是组织施工的前提，是顺利完成建设工程任务的关键。按施工对象的规模和阶段，可分为全场性和单位工程的施工准备。全场性施工准备指的是大中型工业建设项目、大型公共建筑或民用建筑群等带有全局性的部署，包括技术、组织、物资、劳动力和现场准备，是各项准备工作的基础。

项目在开工建设之前要切实做好以下准备工作：征地、拆迁和场地平整，完成施工用水、电、路等工作，即"三通一平"；修建临时生产和生活设施；组织设备、材料订货，做好开工前准备（包括计划、组织、监督等管理工作的准备，以及材料、设备、运输等物质条件的准备；准备必要的施工图纸）；办理工程质量监督手续；办理施工许可证；审计机关在项目开工前，对项目的资金来源是否正当、落实，项目开工前的各项支出是否符合国家的有关规定，资金是否按有关规定存入银行专户等进行审计。

2）正式建设施工

正式建设施工是指工程建设实施阶段的生产活动，是各类建筑物的建造过程，也可以说是把设计图纸上的各种线条，在指定的地点变成实物的过程。它包括从破土动工到工程竣工验收的全部生产过程。这个过程中将要进行施工组织设计与管理、土方工程、基础工程、钢筋工程、模板工程、脚手架工程、混凝土工程、砌体工程、钢结构工程、结构安装工程等工作。

建设工程具备了开工条件并取得施工许可证后方可开工。建设项目经批准开工建设，项目即进入建设实施阶段。项目新开工时间，是指建设项目设计文件中规定的任何一项永久性工程（无论生产性或非生产性）第一次正式破土开槽开始施工的日期。不需要开槽的工程，以建筑物的正式打桩作为正式开工。公路、水库需要进行大量土石方工程的，以开始进行土方、石方工程作为正式开工。

3)生产准备

生产准备的内容有很多,不同类型的项目对生产准备的要求也各不相同,但从总的方面看,对于生产性建设项目,在其竣工投产前,建设单位应适时地组织专门班子或机构,有计划地做好生产准备工作,包括招收、培训生产人员;组织有关人员参加设备安装、调试、工程验收;落实原材料供应;组建生产管理机构,健全生产规章制度等。生产准备是由建设阶段转入经营的一项重要工作。

2.3.3 竣工验收阶段

竣工验收是工程建设过程的最后一环,是全面考核基本建设成果、检验设计和工程质量的重要步骤,也是基本建设转入生产或使用的标志。当建设项目按设计文件规定的内容和施工图纸的要求全部建成,经过负荷试运转满足技术要求时,应及时组织验收。

竣工验收一般由项目批准单位或委托项目主管部门组织。竣工验收委员会或验收组由环保、劳动、统计、消防及其他有关部门组成,建设单位、施工单位、勘察设计单位参加验收工作。验收委员会或验收组负责审查工程建设的各个环节,听取各有关单位的工作报告,审阅工程档案资料并实地察验建设工程和设备安装情况,并对工程设计、施工和设备质量等方面作出全面的评价。不合格的工程不予验收;对遗留问题提出具体解决意见,限期落实完成。

任务 2.4 使用阶段

使用阶段也称为后评价阶段,主要是指在工程项目竣工投产、生产运营一段时间后(一般为2~3年),对项目的立项决策、设计施工、竣工投产、生产经营等全过程进行系统评价的一项技术经济活动。工程建设的使用阶段意味着工程建设已全部完成,并且依据有关法规规定履行了必需的工作程序。工程建设施工阶段与工程建设使用阶段的界限标志是工程通过竣工验收。在此之前,原则上为工程建设施工阶段;在此之后,工程正式投入使用。

项目后评价通过对项目的实施过程、结果及其影响进行调查研究和全面系统回顾,与项目决策时确定的目标以及技术、经济、环境、社会指标进行对比,确定项目预期的目标是否达到、项目或规划是否合理有效、项目的主要效益指标是否实现;通过分析评价找出成败的原因,总结经验教训,并通过及时、有效的信息反馈,为提高未来新项目的决策水平和管理水平提供项目决策借鉴;同时,后评价也可为项目实施运营中出现的问题提出改进建议,从而达到提高投资效益的目的。基于项目后评价理论的发展,通常项目后评价应包括项目效益后评价和项目管理后评价两个方面的内容。

项目效益后评价是项目后评价理论的重要组成部分。它以项目投产后实际取得的效益(经济、社会、环境等)及其隐含在其中的技术影响为基础,重新测算项目的各项经济数据,得到相关的投资效果指标,然后将它们与项目前期评估时预测的有关经济效果值(如净现值NPV、内部收益率 IRR、投资回收期等)、社会环境影响值(如环境质量值 IEQ 等)进行对比,评价和分析其偏差情况及其原因,吸取经验教训,从而为提高项目的投资管理水平和投资决策服务。项目效益后评价具体包括经济效益后评价、项目的环境影响和社会影响后评价、项目可持续性后评价及项目综合后评价。

传统的项目管理后评价是以项目竣工验收和项目效益后评价为基础,结合其他相关资料,对项目整个生命周期中各阶段的管理工作进行评价。其目的是通过对项目各阶段管理工作的实际情况进行分析研究,形成项目管理情况的总体概念。通过分析、比较和评价,了解目前项目管理的水平。通过吸取经验和教训,以保证更好地完成以后的项目管理工作,促使项目预期目标更好地完成。项目管理后评价包括项目的过程后评价、项目综合管理后评价及项目管理者评价。

项目小结

本项目将建设工程项目基本建设程序划分为决策阶段、实施阶段和使用阶段3个主要阶段,并据此展开详细论述。

任务2.1是建设工程项目基本建设程序概述。工程项目基本建设程序是指工程项目从策划、评估、决策、设计、施工到竣工验收、投入生产或交付使用的整个建设过程中,各项工作必须遵循的先后工作次序。工程项目基本建设程序是工程项目建设过程客观规律的反映,是建设工程项目科学决策和顺利进行的重要保证。我国工程基本建设主要程序有决策阶段、实施阶段和使用阶段三个大的阶段而这几个大的阶段中每一个阶段都包含着许多环节。

任务2.2是决策阶段。决策阶段又称为建设前期工作阶段,主要包括项目建议书和可行性研究两项工作内容。项目建议书是基本建设程序中最初阶段的工作,是对拟建项目的框架性设想,也是政府选择项目和可行性研究的依据。可行性研究主要是对拟建工程项目在技术上是否可行、经济上是否合理,进行全面分析、系统论证、多方案比较和综合评价,以确定某一项目是否需要建设、是否可能建设、是否值得建设,并为编制和审批设计任务书提供可靠依据的工作。

任务2.3是实施阶段。工程建设项目实施阶段的主要工作包括勘察设计、建设施工、竣工验收3个方面的阶段性工作。其中,根据建设项目的不同情况,设计阶段一般划分为初步设计、技术设计和施工图设计3个阶段;建设施工阶段主要包括建设施工准备、正式建设施工和生产准备;竣工验收阶段主要从竣工验收的范围、标准、程序和组织等方面展开介绍。

任务2.4是使用阶段。使用阶段也称为后评价阶段,主要是指在工程项目竣工投产、生产运营一段时间后(一般为2~3年),对项目的立项决策、设计施工、竣工投产、生产经营等全过程进行系统评价的一项技术经济活动,主要包括项目效益后评价和项目管理后评价两个方面。

建设工程项目基本建设程序的各个阶段和环节有其不同的工作内容,它们互相之间联系在一起,并有其客观的先后顺序。所谓按程序办事,不仅仅是遵照其先后顺序,更重要的是注意各阶段工作的内在联系,确定各阶段工作的深度和标准,以便为下一阶段工作的开展提供有利条件,才能使整个建设过程的周期有缩短的可能性。

练习题

一、单选题

1.建设工程管理的发展趋势是(　　)。

A.组合管理　　　　　　　　　　B.实施管理

C.全寿命管理　　　　　　　　　D.开发管理

2.编制项目建议书属于建设工程项目全寿命周期（　　）。

A.决策阶段的工作　　　　　　　B.实施阶段的工作

C.设计阶段的工作　　　　　　　D.施工阶段的工作

3.编制可行性研究报告属于建设工程项目全寿命周期（　　）。

A.决策阶段的工作　　　　　　　B.实施阶段的工作

C.设计阶段的工作　　　　　　　D.建设准备阶段的工作

4.我国工程项目基本建设程序的第一阶段是（　　）。

A.可行性研究阶段　　　　　　　B.项目建议书阶段

C.设计阶段　　　　　　　　　　D.建设准备阶段

5.我国工程项目基本建设程序主要包括（　　）。

①项目建议书阶段；②可行性研究报告阶段；③初步设计阶段；④施工图设计阶段；⑤建设准备阶段；⑥建设实施阶段；⑦竣工验收阶段；⑧使用阶段。

A.②①③④⑤⑥⑦⑧　　　　　　B.②①④③⑤⑥⑦⑧

C.①②③④⑤⑥⑦⑧　　　　　　D.①②④③⑤⑥⑦⑧

二、多选题

1.关于建设工程项目管理的说法,正确的有（　　）。

A."项目开始至项目完成"包括项目的决策、实施阶段

B.同一项目的目标内涵对项目的各参与单位来说是相同的

C.项目决策阶段的主要任务是确定项目的定义

D.项目实施阶段的主要任务是实现项目的目标

E.项目实施阶段就是施工阶段

2.土地开发的内容就是达到"三通一平",即（　　）。

A.通水　　　　　B.通气　　　　　　C.通电

D.通路　　　　　E.场地平整

3.根据不同行业的特点和需要,重大项目和技术复杂项目的设计过程一般划分为（　　）。

A.初步设计　　　　　　　　　　B.建筑外观设计

C.室内装修设计　　　　　　　　D.施工图设计

E.技术设计

4.可行性研究是指根据国民经济长期发展规划、地区发展规划和行业发展规划的要求,对拟建工程项目在（　　）,进行全面分析、系统论证、多方案比较和综合评价,为编制和审批设计任务书提供可靠依据的工作。

A.时间上是否合适　　　　　　　B.技术上是否可行

C.质量上是否可靠　　　　　　　D.安全上是否可控

E.经济上是否合理

5.工程建设项目实施阶段的主要工作包括（　　）等阶段性工作。

A.勘察设计　　　　　　　　　　B.施工安装

C.建设准备   D.竣工验收

E.生产准备

三、简答题

1.简述工程项目建设程序的基本概念。

2.简述工程项目的基本建设程序。

3.结合生活中的案例谈谈可行性研究的意义。

项目 3
建设工程项目管理组织

【情境导入】

沙漠里的敦煌奇迹：装配式建造+EPC 工程总承包

丝绸之路（敦煌）国际文化博览会主要场馆工程，由中建股份采用装配式建造+EPC 工程总承包模式建造。历时 8 个月，在戈壁荒滩上，建成敦煌大剧院（图 3.1）、国际酒店、国际会展中心（图 3.2）等 26 万 m^2 的建筑群和一条 32 km 的景观大道，总投资 43 亿元。

24 小时完成大剧院项目用地征调，3 天完成国际酒店 1 000 亩（1 亩≈666.67 m^2）土地征调，22 天完成鸣沙山景观大道 5 个乡镇 45 个村的土地征调；敦煌大剧院用 42 天完成方案设计到土建施工图的全部图纸，用 58 天完成装饰、舞台机械、灯光音响、景观、泛光照明等各专业施工详图；项目先后邀请 80 余名专家进行 50 多场论证，参与设计人员 320 余名，完成 34 个专业，25 000 多份图纸设计，编制施工方案 182 份；工人进场安全教育 1.5 万人次，安全技术交底 2.5 万人次，发放劳动用品 6 万余件……一组组敦煌数字造就出令业界震惊的敦煌奇迹。

30 年前，中国建筑实现三天一层楼——深圳速度；30 年后，中国建筑实现一天完成

图 3.1　敦煌大剧院

图 3.2　敦煌国际会展中心

1 000 m²——敦煌速度。敦煌奇迹的实现离不了敦煌模式——EPC 管理,"大兵团"集中作战。在敦煌文博会主要场馆中,中建八局牵头整合调度中建科技、中建上海院、中建装饰、中建钢构、中建物资、中建电子、中建安装等多家系统内专业优势力量,设计、采购、施工共同办公、深度融合、无缝对接,建立"树状"管理模式;以设计管理部、施工管理部和采购管理部为主体的指挥部为"根",建立进度、质量、安全保障制度;以设计总承包和施工总承包为"干",强化沟通协调,实现设计施工无缝衔接,最大限度地缩短了施工周期;以专业分包和劳务大包为"枝叶",全方位整合施工资源,制订统一的施工进度计划和项目整体管理目标。通过高效组织协调,同步推进,全力释放了 EPC 总承包模式的潜力,将不可能完成的工程难题变成现实,创造了敦煌奇迹。

【项目简介】

　　系统的目标决定系统的组织,反过来组织在系统目标的实现过程中又起着决定性作用。对于建设工程项目管理者而言,一个建设工程项目就是一个系统,因此项目管理的组织是各项管理目标能否实现的决定性因素。本项目从建设工程项目组织的概念、组织工具、工程承发包模式、项目经理部及项目经理等方面展开论述,主要包括以下 4 个方面的内容:建设工程项目管理组织概述、项目管理组织工具、常见建设工程项目承发包模式、项目经理部及项目经理。

【学习目标】

　　(1)了解建设工程项目组织及系统的基本概念、系统的目标与组织的关系;

　　(2)掌握常见的项目管理组织工具;(重点、难点)

　　(3)掌握常见的建设工程项目承发包模式及各自的合同结构图、特点;(重点、难点)

　　(4)了解项目经理部及项目经理。

任务 3.1　建设工程项目管理组织概述

3.1.1　系统与组织

任何一个建设项目都可看成一个系统。不同的项目也就是不同的系统。而系统目标要想得以实现，就必然受到组织、人、方法与工具的影响，尤其是组织起到决定性的作用。

"组织"有两种含义。第一种含义是作为名词出现的，指组织机构。组织机构是按一定领导体制、部门设置、层次划分、职责分工、规章制度和信息系统等构成的有机整体，是社会人的结合形式，它要完成一定的任务，并为此而处理人和人、人和事、人和物的关系。第二种含义是作为动词出现的，指组织行为（活动），即通过一定权力和影响力，为达到一定目标，对所需资源进行合理配置，处理人和人、人和事、人和物关系的行为（活动）。

一般来说，组织由管理层次、管理跨度、管理部门和管理职能四要素构成，呈上小下大的形式，四大因素密切相关、相互制约。

3.1.2　项目管理组织的作用

项目管理组织的根本作用是通过组织活动，汇聚和放大项目管理组织内部成员的力量，保证目标的实现。项目管理组织的作用主要体现在以下几个方面：

（1）组织机构是项目管理的组织保证

一个好的组织机构可以有效地完成项目管理目标，有效地应对环境的变化，有效地供给组织成员生理、心理和社会需要，形成组织力，使组织系统正常运转，产生集体思想和集体意识，完成项目管理任务。

（2）形成一定的权力系统以便进行集中统一指挥

组织机构的建立，首先是以法定的形式产生权力。权力是工作的需要，是管理地位形成的前提，是组织活动的反映。没有组织机构，便没有权力，也没有权力的运用。

（3）形成责任制和信息沟通体系

责任制是项目组织中的核心问题。一个项目管理组织能否有效地运转，取决于是否有健全的岗位责任制。项目管理组织的每个成员都应肩负一定责任，责任是项目管理组织对每个成员规定的一部分管理活动和生产活动的具体内容。

信息沟通是组织力形成的重要因素。信息产生的根源在组织活动之中，下级（下层）以报告的形式或其他形式向上级（上层）传递信息；同级不同部门之间为了相互协作而横向传递信息。越是高层领导，越需要信息，越要深入下层获得信息。原因在于领导离不开信息，有了充分的信息才能进行有效决策。

综上所述，可以看出组织机构非常重要，在项目管理中是一个焦点。一个项目经理建立了理想有效的组织系统，他的项目管理就成功了一半。

3.1.3　建设工程项目管理组织建立流程

根据合同法、招投标法等相关法律法规，以及建设项目法人责任制和建设监理制度等，确定项目各参建单位之间的相互关系。各参建单位应根据工程特点和合同关系尽早建立本单位的项目管理组织。小的项目可由一个人负责,大的项目应由一个小组甚至一个集团负责。项目管理组织的建立一般具有以下流程。组织设计流程如图 3.3 所示。

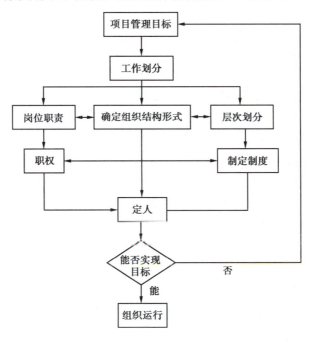

图 3.3　组织设计流程

（1）确定工程项目管理目标

为了工程项目顺利实施和工程项目的整体效益,项目管理目标应由项目效益目标确定,主要体现在工期、质量、成本三大目标之中。

（2）确定工作内容

根据项目管理目标确定完成目标所必须完成的工作,并对这些工作进行分类和组合。在进行分类和组合时,应以便于目标实现为目的,考虑项目的规模、性质、复杂程度以及组织人员的技术业务水平、组织管理水平等因素。

（3）选择组织结构形式,确定岗位职责、职权

根据项目的性质、规模、建设阶段的不同可以选择不同的组织结构形式以适应项目管理的需要。组织结构形式的选择应考虑有利于项目目标的实现、有利于决策的执行、有利于信息的沟通,根据组织结构形式和例行性工作确定部门和岗位以及它们的职责,并根据职权一致的原则确定他们的职权。

（4）设计组织运行的工作程序和信息沟通的方式

以规范化程序的要求确定各部门的工作程序,规定它们之间的协作关系和信息沟通方式。

（5）人员配备

按岗位职务的要求和组织原则,选配合适的管理人员,关键是各级部门的主管人员,人员配备是否合理直接关系到组织能否有效运行,组织目标能否实现,根据授权原理将职权授予相应的人员。

任务 3.2　项目管理组织工具

组织工具是组织论的应用手段,用图或表等形式表示各种组织关系,它包括项目结构图、组织结构图(管理组织结构图)、合同结构图、工作流程图、工作任务分工表、管理职能分工表。

项目结构图、组织结构图和合同结构图的区别,见表3.1。

表 3.1　项目结构图、组织结构图和合同结构图的区别

组织关系	表达的含义	图中矩形框的含义	矩形框连接的表达
项目结构图	对一个项目的结构进行逐层分解,以反映组成该项目的所有工作任务(该项目的组成部分)	一个项目的组成部分	直线
组织结构图	反映一个组织系统中各组成部门(组成元素)之间的组织关系(指令关系)	一个组织系统中的组成部分(工作部门)	单向箭线
合同结构图	反映一个建设项目参与单位之间的合同关系	一个建设项目的参与单位	双向箭线

组织结构模式反映了一个组织系统中各子系统之间或各元素(各工作部门或各管理人员)之间的指令关系。指令关系指的是哪一个工作部门或哪一位管理人员可以对哪一个工作部门或哪一位管理人员下达工作指令。

组织分工反映了一个组织系统中各子系统或各元素的工作任务分工和管理职能分工。组织结构模式和组织分工都是一种相对静态的组织关系。

工作流程组织则可反映一个组织系统中各项工作之间的逻辑关系,是一种动态关系。物质流程组织对于建设工程项目而言,指的是项目实施任务的工作流程组织,如设计的工作流程组织可以是方案设计、初步设计、技术设计、施工图设计,也可以是方案设计、初步设计(扩大初步设计)、施工图设计;施工作业也有多个可能的工作流程。

3.2.1　项目结构分析

项目结构图(Project Diagram,或称 WBS——Work Breakdown Structure)是一个组织工具,它通过树状图的方式对一个项目的结构进行逐层分解,以反映组成该项目的所有工作任务,如图 3.4 所示的项目结构图中,矩形表示工作任务(或第一层、第二层子项目等),矩形框之间的连接用连线表示。建设工程项目结构分解并没有统一的模式,每项工程建设项目均应考虑各自的特点进行结构分解。对于群体工程,可以参考以下方式进行结构分解:

①项目进展的总体部署;

②项目的组成;

③有利于项目实施任务(设计、施工和物资采购)的发包;

④有利于项目实施任务的进行;

⑤有利于项目目标的控制;

⑥结合合同结构;

⑦结合项目管理的组织结构等。

图 3.5 为基于质量、施工组织设计的项目结构图。

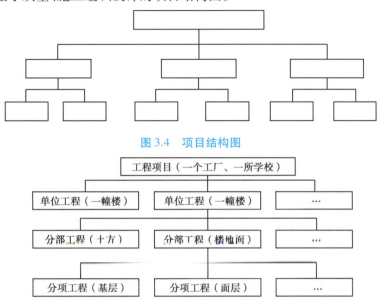

图 3.4　项目结构图

图 3.5　基于质量、施工组织设计的项目结构图

3.2.2　组织结构模式

组织结构模式,是指一个组织以什么样的结构方式去处理层次、跨度、部门设置和上下级关系。高效率的组织机构的建立是项目管理取得成功的组织保证。组织结构图(图 3.6)也是一个重要的组织工具,反映一个组织系统中各组成部门(组成元素)之间的组织关系(指令关系)。在组织结构图中,矩形框表示工作部门,上级工作部门对其直接下属工作部门的指令关系用单向箭线表示。施工单位在实施工程项目的管理过程中,常用的组织结构形式有直线式组织结构、职能式组织结构、矩阵式组织结构和事业部式组织结构。

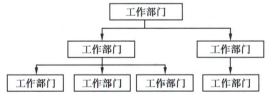

图 3.6　组织结构图

1)直线式组织结构

在直线式组织结构中,每一个工作部门只能对其直接的下属部门下达工作指令,每一个工作部门也只有一个直接的上级部门,因此,每一个工作部门只有唯一的指令源,避免了由于矛盾的指令而影响组织系统的运行,如图 3.7 所示。直线式组织结构的特点、优缺点及适用范围见表 3.2。

直线式组织
结构模式

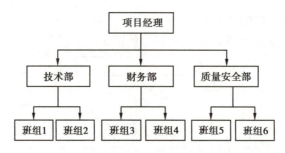

图 3.7　直线式组织结构

表 3.2　直线式组织结构的特点、优缺点及适用范围

项目	内容
特点	各种职能按垂直系统直线排列,不设职能机构,有利于统一指挥管理
优点	组织结构简单,权力集中,命令统一,职责分明,决策迅速,隶属关系明确
缺点	横向协调难,对项目经理的综合素质要求较高
适用范围	中小型项目

2)职能式组织结构

职能式组织结构是一种传统的组织结构形式。在职能式组织结构中,一个工作部门可能有多个矛盾的指令源。如图 3.8 所示的职能式组织结构中,项目经理可以对技术部、财务部、质量安全部下达指令;技术部、财务部、质量安全部可以对班组 1、班组 2、班组 3 下达指令。班组 1、班组 2、班组 3 有多个指令源。职能式组织结构的特点、优缺点及适用范围见表 3.3。

职能式组织结构模式

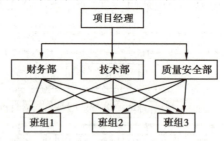

图 3.8　职能式组织结构

表 3.3　职能式组织结构的特点、优缺点及适用范围

项目	内容
特点	按职能原则建立的项目组织并不会打乱现行的建制,把项目委托给企业某一专业部门或委托给某一施工队,由被委托的部门(施工队)领导负责项目的组织和实施
优点	①人才作用发挥较充分,人事关系容易协调 ②从接受任务到组织运转启动,时间较短 ③职责明确,职能专一,关系简单 ④项目经理无须专门训练便可进入状态

续表

项目	内容
缺点	①不能适应大型复杂项目或涉及多个部门的项目,因而局限性较大 ②由于下级人员受多头领导,如果上级指令相互矛盾,将使下级人员在工作中无所适从 ③不利于精简机构
适用范围	小型的或单一的、专业性较强而不需涉及众多部门的工程项目

3)矩阵式组织结构

矩阵式组织结构是一种较新型的组织结构模式。在矩阵式组织结构最高指挥者(部门)下设纵向和横向两种不同类型的工作部门。纵向工作部门如人、财、物、产、供、销的职能管理部门,横向工作部门如生产车间等。一个施工企业,如采用矩阵式组织结构模式,则纵向工作部门可以是计划管理、技术管理、合同管理、财务管理和人事管理部门等,而横向工作部门可以是项目部(图3.9)。矩阵式组织结构的特点、优缺点及适用范围见表3.4。

矩阵式组织
结构模式

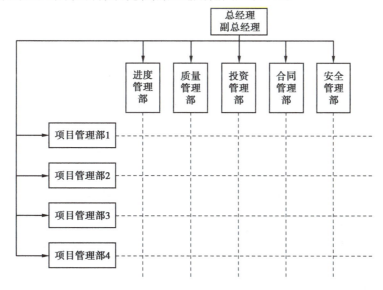

图 3.9　矩阵式组织结构

表 3.4　矩阵式组织结构的特点、优缺点及适用范围

项目	内容
特点	既有纵向的职能领导系统,也有横向的项目领导系统
优点	①能根据工作任务的实际情况灵活地组建与之相适应的管理机构,具有较大的机动性和灵活性 ②实现了集权与分权的最优结合,有利于调动各类人员的工作积极性,使建设工程项目管理工作顺利进行

续表

项目	内容
缺点	①双重领导,项目组织中的成员既要接受项目经理的领导,又要接受企业中原职能部门的领导,如果处理不当,就会造成矛盾,产生扯皮现象。要防止这一问题产生,必须加强项目经理和职能部门负责人之间的沟通,还要有严格的规章制度和详细的计划,使工作人员尽可能明确在不同时间内应当干的工作 ②矩阵式组织对企业管理水平、项目管理水平、领导者的素质、组织机构的办事效率、信息沟通渠道的畅通均有较高要求,因此要精干组织、分层授权、疏通渠道、理顺关系
适用范围	对环境变化迅速反应的企业,大型、复杂的工程项目

4)事业部式组织结构

事业部式组
织结构模式

事业部式项目管理组织在企业内作为派往项目的管理班子,对企业外具有独立法人资格。图 3.10 是事业部式组织结构示意图。事业部式组织结构的特点、优缺点及适用范围见表 3.5。

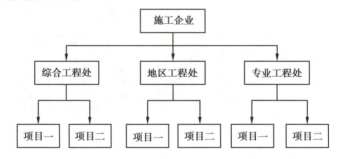

图 3.10　事业部式组织结构

表 3.5　事业部式组织结构的特点、优缺点及适用范围

项目	内容
特点	事业部对企业内来说是职能部门,对企业外来说享有相对独立的经营权,有相对独立的利益和市场
优点	有利于延伸企业的经营职能,扩大企业的经营业务,便于开拓企业的业务领域,还有利于迅速适应环境变化以加强项目管理
缺点	企业对项目经理部的约束力减弱,协调指导的机会减少,故有时会造成企业结构松散,必须加强制度约束,加大企业的综合协调能力
适用范围	在一个地区有长期的市场或拥有多种专业施工能力的大型施工企业

3.2.3　工作流程图

工作流程图用图的形式反映一个组织系统中各项工作之间的逻辑关系。工作流程图用矩形框表示工作,箭线表示工作之间的逻辑关系,菱形框表示判别条件;也可用以描述工作流程组织。工作流程图是一个重要的组织工具,如图 3.11 所示的设计变更流程图。设计变更在工程实施过程中时有发生,设计变更可能由业主方提出,也可能由施工方或设计方提出。一般设计变更的处理涉及监理工程师、总监理工程师、设计单位、施工单位和业主方。

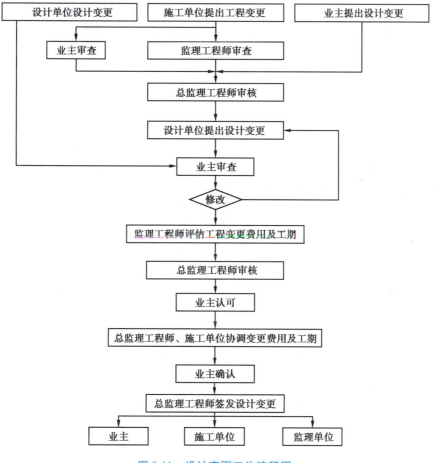

图 3.11　设计变更工作流程图

3.2.4　工作任务分工表

每一个建设项目都应编制项目管理任务分工表,这是一个项目组织设计文件的一部分。在编制项目管理任务分工表前,应结合项目的特点,对项目实施各阶段的费用(投资或成本)控制、进度控制、质量控制、合同管理、信息管理和组织与协调等管理任务进行详细分解。

在工作任务分工表(表 3.6)中应明确各项工作任务由哪个工作部门(或个人)负责,由哪些工作部门(或个人)配合或参与。在项目进展过程中,根据需要对工作任务分工表进行调整。

表3.6 工作任务分工表

工作任务	工作部门						
	项目经理部	投资控制部	进度控制部	质量控制部	合同控制部	信息控制部	

3.2.5 管理职能分工表

管理职能分工表是用表的形式反映项目管理班子内部项目经理、各工作部门和各工作岗位对各项工作任务的项目管理职能分工(表3.7)。表中用拉丁字母表示管理职能,其中 P 代表计划职能,D 代表决策职能,E 代表执行职能,C 代表检查职能。

表3.7 管理职能分工表

序号	设计阶段任务		业主方	项目管理方	工程监理方
1	进度	设计进度目标规划	DC	PE	
2		设计进度目标控制	DC	PEC	
3	投资	投资目标分解	DC	PE	
4		设计阶段投资控制	DC	PE	
5	质量	设计质量控制	DC	PE	
6		设计认可与批准	DE	PC	

任务 3.3 常见建设工程项目承发包模式

建设工程项目承发包是一种商业行为,交易双方为项目业主和承包商,双方签订承包合同,明确双方各自的权利与义务,承包商为业主完成工程项目的全部或部分项目建设任务,并从项目业主处获取相应的报酬。

建设工程项目承发包模式确定了合同的结构,合同结构的确立也就决定了工程项目的管理组织,决定了工程项目各参与方的项目管理的工作内容和任务。由于建设工程项目投资大、建设周期长、参与单位众多,因此,建设工程项目承发包模式的选择必须综合考虑各种因素。

建设工程项目承发包模式是工程项目管理的组织方式,这种管理方式的选择取决于工程项目的规模、特点、业主的管理能力和工程建设条件等方面,以下为几种常见的工程项目承发包模式。

3.3.1 平行承发包模式

平行承发包模式是指业主将建设工程项目的设计、施工及设备和材料的采购等任务分别发包给多个设计、施工单位和材料设备供应商,并分别与他们签订合同的模式。平行承发包模式下各承包商之间的关系是平行的。平行承发包模式的合同结构如图 3.12 所示。平行承发包模式的特点、优缺点及适用范围见表 3.8。

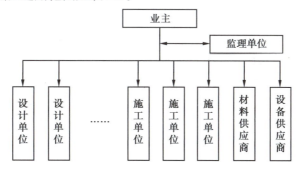

图 3.12　平行承发包模式的合同结构

表 3.8　平行承发包模式的特点、优缺点及适用范围

项目	内容
特点	业主将工程项目的设计、施工和设备材料采购的任务分解后分别发包给若干个设计、施工单位和材料设备供应商,并分别与他们签订合同
优点	①将任务分解后发包,在设计和施工阶段有可能形成搭接关系,可以缩短工期 ②任务细分可减少工作的不确定性,从而减少风险补偿和管理费用
缺点	①合同数量多,造成业主合同管理困难 ②系统内部界面增多,业主组织协调管理工作量增大 ③工程招标任务大,需控制多项合同价格,从而增加工程造价控制的难度
适用范围	具有较强管理和协调能力的业主

3.3.2　工程总承包模式

工程总承包模式是指从事工程总承包的企业受业主委托,按照合同约定对工程项目的勘察、设计、采购、施工、试运行(竣工验收)等实行全过程或若干阶段的承包。

建设项目工程总承包管理规范

建设项目工程总承包的基本出发点是借鉴工业生产组织的经验,实现建设生产过程的组织集成化,以克服由于设计与施工的分离致使投资增加,以及克服由于设计与施工的不协调而影响建设进度等弊病。建设项目工程总承包的主要意义并不在于总价包干和"交钥匙",其核心是通过设计与施工过程的组织集成,促进设计与施工的紧密结合,以达到为项目建设增值的目的。

建设项目工程总承包主要有以下两种方式:

①设计-施工总承包(Design-Build):指工程总承包企业按照合同约定,承担工程项目设计和施工,并对承包工程的质量、安全、工期、造价全面负责。

②设计采购施工总承包(EPC——Engineering,Procurement,Construction):指工程总承包企业按照合同约定,承担工程项目的设计、采购、施工、试运行服务等工作,并对承包工程的质量、安全、工期、造价全面负责。设计采购施工总承包已在我国石油和石化等工业建设项目中

得到成功应用,设计采购施工总承包的合同结构如图 3.13 所示。

工程总承包的特点、优缺点及适用范围见表 3.9。

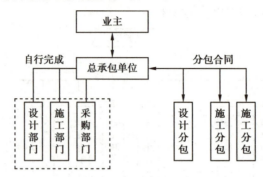

图 3.13　EPC 模式合同结构图

表 3.9　工程总承包的特点、优缺点及适用范围

项目	内容
特点	工程总承包企业按照合同约定对工程项目的质量、工期和造价等向业主负责。总承包单位可依法将承包工程中的部分工程发包给具有相应资质的分包单位,但是除总承包合同中约定的外,必须经业主认可。分包单位按分包合同的约定对总承包单位负责,总承包单位和分包单位就分包工程对业主承担连带责任
优点	①业主只负责整体的、原则的、目标的管理和控制,总承包商更能发挥主观能动性,能运用其先进的管理经验为业主和承包商自身创造更多的效益 ②提高了工作效率,减少了协调工作量;设计变更少,工期较短 ③由于采用的是总价合同,基本上不用再支付索赔及追加项目费用;项目的最终价格和要求的工期具有更大程度的确定性
缺点	①业主不能对工程进行全程控制 ②总承包商对整个项目的成本工期和质量负责,加大了总承包商的风险,总承包商为了降低风险获得更多的利润,可能通过调整设计方案来降低成本,也可能影响长远意义上的质量 ③由于采用的是总价合同,承包商获得业主变更令及追加费用的弹性很小
适用范围	主要集中在几个专业工程领域,如石化、化工、电力、冶金等

3.3.3　项目管理承包模式

项目管理承包(Project Management Consultant,PMC)是指项目管理承包商代表业主对工程项目进行全过程、全方位的项目管理,包括进行工程的整体规划、项目定义、工程招标、选择 EPC 承包商,并对设计、采购、施工、试运行进行全面管理,一般不直接参与项目的设计、采购、施工和试运行等阶段的具体工作。PMC 模式组织结构如图 3.14 所示。PMC 模式体现了初步设计与施工图设计的分离,施工图设计进入技术竞争领域,只不过初步设计是由 PMC 完成的。项目管理承包的优缺点及适用范围见表 3.10。

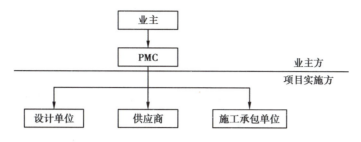

图 3.14　PMC 模式组织结构

表 3.10　项目管理承包的优缺点及适用范围

项目	内容
优点	①可以充分发挥管理承包商的专业技能,统一协调和管理项目设计与施工,减少矛盾 ②有利于建设项目投资的节省 ③该模式可以对项目的设计进行优化,可以实现项目生命期内的成本最低
缺点	①业主参与工程的程度低,变更权利有限,协调难度大 ②业主方很大的风险在于能否选择一个高水平的项目管理公司
适用范围	①项目投资在 1 亿美元以上的大型项目 ②缺乏管理经验的国家和地区的项目,引入 PMC 可确保项目的成功建成,同时帮助这些国家和地区提高项目管理水平 ③利用银行或国外金融机构、财团贷款或出口信贷而建设的项目 ④工艺装置多而复杂,业主对这些工艺不熟悉的庞大项目

任务 3.4　项目经理部及项目经理

3.4.1　项目经理部

1) 项目经理部的概念

项目经理部是项目管理组织必备的管理层,由项目经理领导,接受组织职能部门的指导、监督、检查、服务和考察,并加强对现场资源的合理使用和动态管理。项目经理部自项目启动前建立,在项目竣工验收、审计完成后解体。

项目经理部由项目经理、项目副经理及其他技术和管理人员组成。项目经理部各类管理人员的选聘,先由企业人事部门推荐,或由本人自荐,经项目经理与企业法定代表人或企业管理组织协商同意后按组织程序聘任。对企业紧缺的少数专业技术管理人员,也可向社会公开招聘。中型以上项目应配备专职技术、财务、合同预算、材料等业务人员,他们除直接接受项目经理的领导、按岗位责任制实施项目管理外,还应按岗位工作标准的要求,接受主管职能部门的业务指导和监督。

2)项目经理部的性质

项目经理部隶属于企业,是施工项目管理的中枢,就一个项目的各方面活动对企业全面负责。对于建设单位而言,是目标的直接责任者,是直接监督控制的对象;对于项目内部成员来说,是项目独立利益的代表和保证者,是项目的最高管理者。其性质可归纳为以下 3 个方面:

(1)相对独立性

项目经理部作为企业的下属单位,在行政上是隶属关系;但在利益上,与企业属于经济承包或其他经济责任关系。

(2)综合性

项目经理部一方面是企业的一级经济组织,其职责是各种经济活动管理,同时又要负责一定的政工管理。管理职能包括计划、组织、控制、协调、指挥等多方面;而且,管理业务包括横向的人力、财务、生产、经营,也包括纵向的项目寿命周期全过程。

(3)单体性和临时性

项目经理部仅是企业一个项目的责任单位,随项目的立项而成立,随项目的终结而解体。

3)项目经理部的作用

项目经理部是施工项目管理的工作班子,置于项目经理的领导之下。为了充分发挥项目经理部在项目管理中的主体作用,必须对项目经理部的机构设置予以特别重视,设计好、组建好、运转好,从而发挥其应有的功能。

①负责施工项目从开工到竣工全过程的施工生产经营的管理,对作业层负有管理与服务的双重职责。因此,作业层的工作质量取决于项目经理的工作质量。

②为项目经理的决策提供信息依据,当好参谋,同时又要执行项目经理的决策意图,向项目经理全面负责。

③项目经理部作为组织体,应完成企业所赋予的基本任务,即项目管理任务。凝聚管理人员的力量,调动其积极性,促进管理人员的合作;协调部门之间、管理人员之间的关系,发挥每个人的岗位作用,为共同目标进行工作;影响和改变管理人员的观念和行为,使个人的思想、行为变为组织文化的积极因素;实行责任制,搞好管理;沟通部门之间,项目经理部与作业队之间、与公司之间、与环境之间的关系。

④项目经理部是代表企业履行工程承包合同的主体,对项目产品和建设单位全面、全过程负责,使每个施工项目经理部成为市场竞争的主体成员。

3.4.2 项目经理部的设立

1)项目经理部的设置规模

国家对项目经理部的设置规模无具体规定。目前企业是根据施工项目管理的实践经验,按项目的使用性质和规模进行设置的。一般 1 万 m^2 以上的公共建筑,工业建筑、住宅建筑及其他工程项目投资在 500 万元以上的,均实行项目管理。一般单位将项目经理部分为三级:

一级施工项目经理部:建筑面积 15 万 m^2 以上群体工程;10 万 m^2 以上单体工程;投资 8 000 万元以上的各类工程项目。

一级施工项目经理部:建筑面积 15 万 m² 以下,10 万 m² 以上的群体工程;面积 10 万 m² 以下,5 万 m² 以上的单体工程;投资 8 000 万元以下 3 000 万元以上的各类工程项目。

三级施工项目经理部:建筑面积 10 万 m² 以下 2 万 m² 以上的群体工程;面积 5 万 m² 以下,1 万 m² 以上的单体工程;投资 3 000 万元以下 500 万元以上的各类工程项目。

2)项目经理部的人员配备

项目经理部一般设置 5 个部门:经营核算部门、工程技术部门、物资设备部门、监控管理部门、测试计量部门。现场项目经理部人员及主要职责见表 3.11。

表 3.11　项目经理部人员及主要职责

序号	项目职务	主要职责
1	项目经理	组建项目经理部组织机构,确定各部门岗位,设置人员构成,明确岗位责任;领导建立适应项目需要的各种规章制度;领导组织编制施工组织设计、质量阶段性检验计划;负责项目安全、质量、工程成本及资金回收第一责任人
2	项目副经理	施工过程、现场管理工作的组织者与指挥者,负责领导项目工程部及安全员的工作,组织项目生产过程中生产要素的协调
3	项目总工(技术负责人)	在日常工作中可执行项目经理职权,但其工作要对项目经理负责,重大事宜或业主重要指令,及时向项目经理请示
4	施工员	从事施工组织策划、施工技术与管理,以及施工进度、成本、质量和安全控制等工作的专业人员
5	质量员	从事施工质量策划、过程控制、检查、监督、验收等工作
6	材料员	从事施工材料的计划、采购、检查、统计、核算等工作
7	机械员	从事施工机械的计划、安全使用监督检查、成本统计及核算等工作
8	资料员	从事施工信息资料的收集、整理、保管、归档、移交等工作
9	安全员	严格执行国家的各项安全和消防条例及实施细则,贯彻公司的工程现场消防保卫管理规定和工程安全生产管理规定,协助项目经理搞好施工现场安全工作
10	标准员	从事工程建设标准实施组织、监督、效果评价等工作
11	劳务员	从事劳务管理计划、劳务人员资格审查与培训、劳动合同与工资管理、劳务纠纷处理等工作

3.4.3　项目经理部的解体

1)项目经理部解体的条件

项目经理部是一次性并具有弹性的现场生产组织机构,工程完工后,项目经理部应及时解体,同时做好善后处理工作。项目经理部解体的条件如下:

①工程已经交工验收,并已经完成竣工结算。

②与各分包单位已经结算完毕。

③已协助企业与发包人签订了“工程质量保修书”。

④"项目管理目标责任书"已经履行完毕,并经承包人审计合格。

⑤各项善后工作已与企业主管部门协商一致并办理了有关手续。

2)解体程序及善后工作

项目经理部解体后由企业工程管理部门接管,负责质量返(维)修、工程余款结算与回收,一般实行专款专用、单独核算。

①项目竣工交付验收自签字之日起 15 天内,项目经理部提出解体申请,同时提出善后留用和解体人员名单,批准后执行。

②解聘工作业务人员时,要提前发给两个月的岗位效益工资,并给予有关待遇。

③解体前要成立善后小组(主任工程师、技术、预算、财务、材料各 1 人),处理剩余材料、工程款回收、财务账目移交、与甲方的遗留问题,一般为 3 个月。

④考虑项目保修问题,解体前要由相关部门按竣工时间和质量等级确定保修费和预留金。

3.4.4　项目经理

1)项目经理责任制

项目经理责任制是"以项目经理为责任制的施工项目管理目标责任制制度"。它是施工项目管理的制度之一,是成功进行施工项目管理的前提和基本保证。根据我国《建设项目工程总承包管理规范》的要求,建设项目工程总承包要实行项目经理负责制。

2)施工单位项目经理的职责

施工单位项目经理的主要职责:搞好工程施工现场的组织管理和协调工作,控制工程成本、工期和质量,按时竣工交验。其具体内容包括:

①代表企业实施施工项目管理,贯彻执行国家法律、法规、方针、政策和强制性标准,执行企业的管理制度,维护企业的合法权益。

②履行"项目管理目标责任书"规定的任务。

③组织编制项目管理实施规划。

④对进入现场的生产要素进行优化配置和动态管理。

⑤建立质量管理体系和安全管理体系并组织实施。

⑥在授权范围内负责与企业管理层、劳务作业层、各协作单位、发包人、分包人和监理工程师等的协调,解决项目中出现的问题。

⑦按"项目管理目标责任书"处理项目经理部与国家、企业、分包单位以及职工之间的利益分配。

⑧进行现场文明施工管理,发现和处理突发事件。

⑨参与工程竣工验收,准备结算资料,进行分析总结,接受审计。

⑩处理项目经理部的善后工作。

⑪协助企业进行项目的检查、鉴定和评奖申报。

3)施工单位项目经理应具有的权限

①参与企业进行的施工项目投标和签订施工合同。

②经授权组建项目经理部,确定项目经理部的组织结构,选择、聘任管理人员,确定管理人员的职责,并定期进行考核、评价和奖惩。

③在企业财务制度规定的范围内,根据企业法定代表人授权和施工项目管理的需要,决定资金的投入和使用,决定项目经理部的计酬办法。

④在授权范围内,按物资采购程序性文件的规定行使采购权。

⑤根据企业法定代表人授权或按照企业的规定选择、使用作业队伍。

⑥主持项目经理部工作,组织制定施工项目的各项管理制度。

⑦根据企业法定代表人授权,协调和处理与施工项目管理有关的内部与外部事项。

4)项目经理的素质

项目经理是决定项目管理成败的关键人物,是项目实施的最高决策者、管理者、协调者和责任者,因此必须由具有相关专业执业资格的人员担任。项目经理必须具备以下素质:

①具有较高的技术、业务管理水平和实践经验。

②有组织领导能力,特别是管理人的能力。

③政治素质好,作风正派,廉洁奉公,政策性强,处理问题能把原则性、灵活性和耐心结合起来。

④具有一定的社交能力和交流沟通能力。

⑤工作积极热情,精力充沛,能吃苦耐劳。

⑥决策准确、迅速,工作有魄力,敢于承担风险。

⑦具有较强的判断能力、敏捷思考问题的能力和综合概括的能力。

项目小结

项目管理组织的根本作用是通过组织活动,汇聚和放大项目管理组织内部成员的力量,保证目标的实现。本项目从概念、组织工具、工程承发包模式、项目经理部及项目经理4个方面展开详细论述。

任务3.1是建设工程项目管理组织概述。该部分主要介绍了组织的概念及作用,并简要介绍了建设工程项目管理组织建立流程。

任务3.2是项目管理组织工具。该部分首先介绍了项目结构图、组织结构图、工作流程图、工作任务分工表、管理职能分工表5种组织工具;然后重点介绍了4种基本的组织结构模式:直线式组织结构、职能式组织结构、矩阵式组织结构和事业部式组织结构。

任务3.3是常见建设工程项目承发包模式。该部分重点阐述了平行承发包、工程总承包及项目管理承包3种常见的承发包模式以及各个承发包模式的优缺点、适用范围及各自的组织结构。

任务3.4是项目经理部及项目经理。该部分主要介绍了项目经理部的性质、作用、设立与解体;项目经理的职责、权限及项目经理应具备的素质等内容。

练习题

一、单选题

1.下列影响建设工程项目管理目标实现的因素中,起决定性作用的是(　　　)。

A.组织　　　　　　B.方法　　　　　　C.工具　　　　　　D.环境

2.某建设工程项目的规模不大,参与单位不多,为提高管理效率,避免出现矛盾指令,宜采用(　　)模式。

A.直线式组织结构　　　　　　　　　　B.事业部式组织结构

C.矩阵式组织结构　　　　　　　　　　D.职能式组织结构

3.在建设工程项目管理组织中,(　　)具有较大的机动性和灵活性,有利于调动各类人员的工作积极性,但是稳定性差,尤其是业务人员的工作岗位频繁调动。

A.矩阵式组织结构　　　　　　　　　　B.直线式组织结构

C.职能式组织结构　　　　　　　　　　D.事业部式组织结构

4.业主将全部工程任务或者某个阶段的工作任务委托给一个施工单位作为总包单位,然后由该总包单位根据需要将施工任务的一部分分包给其他分包商,这种施工任务委托的模式是(　　)。

A.施工总承包　　　B.施工总承包管理　　　C.平行承包　　　　D.工程指挥部

5.某工程公司任命王某为电子厂生产基地建设项目经理。王经理为此组建了项目团体,运用工作任务分工表进行了任务分工。这种分工表可以明确表示(　　)。

A.工作任务及其责任者　　　　　　　　B.决策职能及其责任者

C.筹划职能及其责任者　　　　　　　　D.监督职能及其责任者

6.某建设项目的组织设计文件编制过程中,为了区分业主方和代表业主利益的项目管理方以及工程建设监理公司等相关方的管理职能,可使用的组织工具是(　　)。

A.工作任务分工表　　　　　　　　　　B.项目组织结构图

C.项目结构图　　　　　　　　　　　　D.管理职能分工表

7.在某大学新校区建设中,总承包的项目经理在开工前组织有关人员对项目结构进行了逐层分解。这项工作所采用的组织工具是(　　)。

A.项目组织结构图　　　　　　　　　　B.项目结构图

C.工作流程图　　　　　　　　　　　　D.合同结构图

8.项目结构图、组织结构图、工作任务分工表、管理职能分工表和工作流程图是常用的组织工具,其中能反映组织系统中动态关系的组织工具是(　　)。

A.工作流程图　　　　　　　　　　　　B.组织结构图

C.项目结构图　　　　　　　　　　　　D.工作任务分工表

9.某施工企业项目经理在组织项目施工中,为了赶工期,施工质量控制不严,造成某分项工程返工,使其施工项目受到一定的经济损失。施工企业对项目经理的处理主要是(　　)。

A.追究法律责任　　　　　　　　　　　B.追究经济责任

C.追究社会责任　　　　　　　　　　　D.取消建造师资格

10.对建设工程项目施工负有全面管理责任的是(　　)。

A.企业法定代表人　　　　　　　　　　B.项目经理

C.项目总工程师　　　　　　　　　　　D.总监理工程师

二、多选题

1.关于直线式组织结构的说法,正确的有(　　)。

A.每个工作部门的指令源是唯一的

B.高组织层次部门可以向任何低组织层次下达指令

C.在特大组织系统中,指令路径会很长

D.可以避免相互矛盾的指令影响系统运行

E.适用大型工程项目

2.下图示意了一个直线式组织结构模式,该图所反映的组织关系有( )。

A.B2 接受 A 的直接指挥　　　　　B.A 可以直接向 C21 下达指令

C.A 必须通过 B2 向 C22 下达指令　D.B2 对 C21 有直接指挥权

E.B1 有权对 C23 下达指令

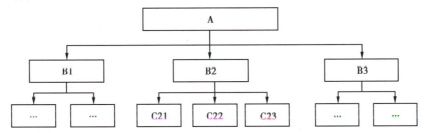

3.下列关于项目经理部描述正确的是( )。

A.项目经理部是施工现场管理的一次性且具有弹性的施工生产经营管理机构

B.项目经理部随项目的开始而产生,随项目的完成而解体

C.项目经理部是施工项目管理的核心

D.项目经理部是企业的常设机构

E.项目经理部是一个独立的法人

4.下列对有关组织工具含义的表述中,正确的有( )。

A.项目结构图是反映项目所有工作任务的组织工具

B.组织结构图是反映一个组织系统中各组成元素之间指令关系的组织工具

C.工作流程图是反映组织系统中各项工作之间逻辑关系的组织工具

D.合同结构图是反映项目参与单位之间隶属关系的组织工具

E.工作任务分工表是用表的形式明确各工作部门或工作岗位对工作任务的管理职能分工

5.某工厂建设项目的总承包商,在项目组织设计中运用了项目结构图、组织结构图、任务分工表、管理职能分工表和工作流程图等组织工具,其中反映相对静态的组织关系的组织工具有( )。

A.工作流程图　　　　　　　　　B.组织结构图

C.管理职能分工表　　　　　　　D.工作任务分工表

E.项目结构图

三、案例分析题

某承包商承接一教学楼的施工任务,拟建施工项目经理部。若该项目经理部由项目经理、技术负责人、质量安全负责人、造价负责人、施工员、质量安全员和造价员各 1 名组成,根据所学知识该项目经理部采用哪种组织结构形式比较合适? 填写下图,这种组织结构的特点是什么?

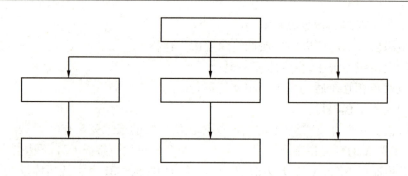

项目 4
合同管理

【情境导入】

建设工程领域中的"阴阳合同"

A房地产开发公司将其开发的某小区住宅楼工程进行公开招标,招标前A房地产开发公司与B建筑工程公司先行就合同的实质性内容进行了谈判,2014年3月双方就谈判内容订立了《某小区住宅楼建设工程施工合同》。后B建筑工程公司在公开招标中中标,并于2014年8月与A房地产开发公司订立了中标合同,该中标合同对工程项目性质、工程工期、工程质量、工程价款、支付方式及违约责任均作了详细约定,并将中标合同向相关建设行政主管部门进行备案。2015年底该工程竣工并验收合格。但双方对于用哪一份合同作为工程款结算的依据存在争议,2016年3月B建筑工程公司诉至法院。审理过程中,A房地产开发公司认为,应按标前合同支付工程款,理由是标前合同是双方真实意思表示,且已经实际履行,而中标合同只是作为备案用途,不能用于工程结算。而B建筑工程公司认为,应按中标合同支付工程款,理由是中标合同是按照招投标文件的规定签订的,且已向有关部门备案,应作为结算依据。法院认定,因A房地产开发公司与B建筑工程公司违反招投标法的强制性规定,涉嫌串标,故标前合同和中标合同均认定无效,双方当事人应按实际履行的合同结算工程款。

在建设工程领域中,存在大量的"阴阳合同",又称"黑白合同",是指当事人就同一标的工程签订两份或两份以上实质性内容相异的合同。通常"阳合同"是指发包方与承包方按照《中华人民共和国招标投标法》的规定,依据招投标文件签订的在建设工程管理部门备案的建设工程施工合同。"阴合同"则是承包方与发包方为规避政府管理,私下签订的建设工程施工合同,未履行规定的招投标程序,且该合同未在建设工程行政管理部门备案。

案例中B建筑工程公司认为,中标合同已向有关部门备案,应作为结算依据。根据最高人民法院《关于审理建设工程施工合同纠纷案件适用法律问题的解释》第二十一条规定,当事人就同一建设工程另行订立的建设工程施工合同与经过备案的中标合同实质性内容不一致的,应当以备案的中标合同作为结算工程价款的根据。但适用本条规定的前提是备案的中标合同为有效合同。而本案中,A房地产开发公司与B建筑工程公司在招投标前已经对招投标项目的实质性内容达成一致,构成恶意串标,并且签订了标前合同("阴合同"),后又违法进行招投标并另行订立中标合同("阳合同"),这一行为违反了《中华人民共和国招投标法》第四十三条、第五十五条的强制性规定,因此中标无效,从而必然导致因此签订的标前合同和中标合同均无效,故本案并不适用《关于审理建设工程施工合同纠纷案件适用法律问题的解释》第二十一条规定。因此,标前合同("阴合同")与备案的中标合同("阳合同")均因违反法律、行政法规的强制性规定被认定为无效时,应按照当事人实际履行的建设工程合同结算工程价款。

【项目简介】

合同是当事人或当事双方之间设立、变更、终止民事关系的协议,其目的是规范双方的交易活动,进而为交易双方的利益提供有效保障。建设工程合同是合同的一个重要类型,其签订不仅能够促进建设工程整体效益的提高,还能在一定程度上推动建设工程市场的健康化、合理化进程,因此,非常有必要对建设工程合同管理进行深入学习,使合同管理工作更好地服务于工程建设实践。本项目从合同的概念、订立、履行等方面展开论述,主要包括以下4个方面的内容:招标与投标、合同的基础知识、建设工程合同和工程索赔。

【学习目标】

(1)了解招标程序;

(2)了解投标程序;

(3)了解合同的法律关系;

(4)了解合同的代理制度和担保制度;

(5)了解合同的订立、履行、变更、转让和终止;

(6)掌握合同计价方式;(重点、难点)

(7)掌握建设工程合同示范文本;(重点)

(8)掌握工程索赔的程序。(重点)

任务 4.1 招标与投标

4.1.1 招投标概述

1)招投标的概念

招投标是市场经济条件下进行大宗货物买卖、工程建设项目的发包与承包,以及其他项目的采购与供应时所采用的一种商品交易方式。

工程建设招标是指建设单位(业主)就拟建的工程发布招标公告,用法定方式吸引工程项目的承包单位参加竞争,进而通过法定程序从中选择条件优越者来完成工程建设任务的一种法律行为。

工程建设投标是指经过特定审查而获得投标资格的建设项目承包单位,按照招标文件的要求,在规定的时间内向招标单位提交投标文件,争取中标的法律行为。

2)施工招标的方式

建设工程施工招标是指招标人就建设项目的施工任务发出招标信息或投标邀请,由投标人根据招标文件的要求,在规定的期限内提交包括施工方案和报价、工期等内容的投标文件,并经开标、评标和定标等程序,从中择优选定施工承包人的活动。

根据《中华人民共和国招标投标法》(以下简称《招标投标法》)的规定,招标分为公开招标和邀请招标两种方式。

（1）公开招标

公开招标也称无限竞争性招标，是指招标人在指定的报刊、电子网络或其他媒体上发布招标公告，吸引众多的企业单位参加投标竞争，招标人从中择优选择中标单位的招标方式。按规定应该招标的建设工程项目，一般应采用公开招标方式。

公开招标的优点是招标人有较大的选择范围，可在众多的投标人中选择报价合理、工期较短、技术可靠、资信良好的中标人。但是公开招标的资格审查和评标的工作量比较大，耗时长、费用高，且有可能因资格预审把关不严导致鱼目混珠的现象发生。

（2）邀请招标

邀请招标也称有限竞争性招标，招标人事先经过考察和筛选，将投标邀请书发给某些特定的法人或者组织，邀请其参加投标。

邀请招标的优点：目标集中，招标的组织工作量比较小。其缺点：由于参加的投标单位较少，竞争性较差，使招标单位对投标单位的选择余地较少，如果招标单位在选择邀请单位前所掌握的信息资料不足，就很难发现最适合承担该项目的承包商。

根据相关法律法规规定，国有资金占控股或者主导地位的依法必须进行招标的项目，应当公开招标；但有下列情形之一的，经批准可以进行邀请招标：

①项目技术复杂、有特殊要求或受自然地域环境限制，只有少量几家潜在投标人可供选择的；

②涉及国家安全、国家秘密或者抢险救灾，适宜招标但不宜公开招标的；

③采用公开招标方式的费用占项目合同金额的比例过大；

④法律、法规规定不宜公开招标的。

4.1.2　建设工程项目施工招标程序

建设工程项目施工招标程序是指在建设工程项目施工招标活动中，按照一定的时间、空间顺序运作的次序、步骤和方式。

公开招标的程序为：建设工程项目报建—核准招标方式和招标范围—编制招标文件—发布招标公告或发出投标邀请书—资格预审—发放招标文件—现场勘察—标前会议—投标文件的接收—开标—评标—定标—签订合同，如图4.1所示。

1）建设工程项目报建

工程项目的立项批准文件或年度投资计划下达后，建设单位必须按规定向招投标管理机构报建。工程项目报建的内容主要包括工程名称、建设地点、投资规模、资金来源、当年投资额、工程规模、结构类型、发包方式、计划开竣工日期、工程筹建情况等。建设单位填写《建设工程报建登记表》，连同应交验的立项批准等文件资料一并报招投标管理机构审批。

2）核准招标方式和招标范围

审查招标人报送的书面材料，核准招标人的自行招标条件和招标范围。对符合规定的自行招标条件的，招标人可自行办理招标事宜。任何单位和个人不得限制其自行办理招标事宜，也不得拒绝办理工程建设有关手续。认定招标人不符合规定的自行招标条件的，在批复可行性研究报告时，要求招标人委托招标代理机构办理招标事宜。

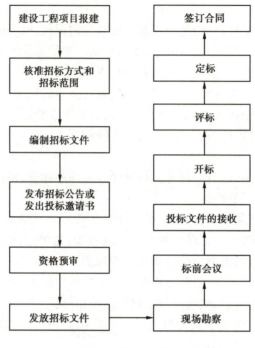

图 4.1　招标流程图

3)编制招标文件

招标文件包括以下内容:投标须知;招标项目的性质、数量;招标工程的技术要求和设计文件;招标的价格要求及其计算方式;评标的标准和方法;交货、竣工或提供服务的时间;投标人应提供的有关资料和资信证明文件;投标保证金的数额或其他形式的担保;投标文件的编制要求;投标文件的格式及附录;提交投标文件的方式、地点和截止时间;开标、评标的日程安排;拟签订合同的主要条款、合同格式及合同条件;要求投标人提交的其他材料。

4)发布招标公告或发出投标邀请书

实行公开招标的,招标人应通过国家指定的报刊、信息网络或者其他媒介发布招标公告。任何认为自己符合招标公告要求的施工单位都有权报名并索取资格审查文件,招标人不得以任何借口拒绝符合条件的投标人报名;采用邀请招标的,招标人应向 3 个以上具备承担招标工程的能力、资信良好的施工单位发出投标邀请书。

招标公告和投标邀请书均应载明招标人的名称和地址,招标工程的性质、规模、资金来源,项目的实施地点、质量要求、开工竣工日期,对投标人的要求,投标报名时间和报名截止时间以及获取资格预审文件、招标文件的办法等事项。

5)资格预审

招标人可根据招标工程的需要,对投标申请人进行资格审查,也可委托工程招标代理机构对投标申请人进行资格预审。资格预审文件包括资格预审须知和资格预审申请书。投标申请人应在规定的时间内向招标人报送资格预审申请书和资格证明材料。经资格预审后,招标人应向资格预审合格的投标申请人发出资格预审合格通知书,告之获取招标文件的时间、地点和方法,并同时向资格预审不合格的投标申请人告之资格预审结果。

6)发放招标文件

招标人应在招标文件发出的同时将招标文件报招投标管理机构备案;招投标管理机构发现招标文件有违反法律、法规内容的,应自收到备案材料之日起 3 日内责令招标人改正,招标日程可以顺延;招标人应在招标公告、投标邀请书或资格预审合格通知书中载明获取招标文件的办法。

7)现场勘察

招标人根据项目具体情况可以安排投标人和标底编制人员进行勘察现场。勘察现场的目的在于了解工程场地和周围环境情况,以获取投标人认为有必要的信息,并据此做出关于投标策略和投标报价的决定。

8)标前会议

标前会议也称为投标预备会或招标文件交底会,是招标人按投标须知规定的时间和地点召开的会议。标前会议上,招标人除了介绍工程概况以外,还可对招标文件中的某些内容加以修改或补充说明,以及对投标人书面提出的问题和会议上即席提出的问题给以解答。会议结束后,招标人应将会议纪要用书面通知的形式发给每一个投标人。

9)投标文件的接收

投标人根据招标文件的要求,编制投标文件,并进行密封和标记,在投标截止时间前按规定的地点递交至招标人。招标人接收投标文件并将其秘密封存。

10)开标

开标应在招标文件确定的提交投标文件截止时间的同一时间,按照招标文件规定的地点公开进行。

开标由招标单位主持,并邀请所有投标单位的法定代表人或其代理人和评标委员会全体成员参加。建设行政主管部门及工程招标投标监督管理机构依法实施监督。

招标单位可以编制标底,也可以不编制标底。需要编制标底的工程,由招标单位或者由其委托具有相应能力的单位编制;不编制标底的,实行合理低价中标。

对编制标底的工程,招标单位可规定在标底上下浮动一定范围内的投标报价为有效,并在招标文件中写明。在开标时,如果仅有少于 3 家的投标报价符合规定的浮动范围,招标单位可采用加权平均的方法修订规定,或者宣布实行合理低价中标,或者重新组织招标。

11)评标

评标由评标委员会负责。评标委员会的负责人由招标单位的法定代表人或者其代理人担任。评标委员会总人数应为不少于 5 人的基数。其中招标人、招标代理以外的技术、经济等方面的专家不得少于评标委员会总人数的 2/3;招标人应采取必要的措施,保证评标在严格保密的情况下进行;评标委员会可要求投标人对投标文件中含义不明确的内容做必要的澄清或者说明,但是澄清或者说明不得超出投标文件的范围或改变投标文件的实质性内容。评标委员会应按招标文件确定的评标标准和方法,对投标文件进行评审和比较;设有标底的,应参考标底。招标人根据评标委员会提出的书面评标报告和推荐的中标候选人确定中标人。评标委员会经评审,认为所有投标都不符合招标文件要求的,可否决所有投标。在确定中标人前,招标人不得与投标人就投标价格、投标方案等实质性内容进行谈判。

评标结束后,评标委员会应当编制评标报告,评标报告须经评标委员会全体成员签字确认。评标报告应包括下列主要内容:

①招标情况:包括工程概况、招标范围和招标的主要过程。

②开标情况:包括开标的时间、地点,参加开标会议的单位和人员等。

③评标情况:包括评标委员会的组成人员名单,评标的方法、内容和依据,对各投标文件的分析论证及评审意见。

④对投标单位的详评结果排序,并提出中标候选人的推荐名单。

12) 定标

①招标单位应依据评标委员会的评标报告,并从其推荐的中标候选人名单中确定中标单位,也可授权评标委员会直接定标。

②在评标委员会提交评标报告后,招标单位应在招标文件规定的时间内完成定标。定标后,招标单位须向中标单位发出《中标通知书》。《中标通知书》的实质内容应与中标单位投标文件的内容一致。

13) 签订合同

①自《中标通知书》发出之日 30 日内,招标单位应与中标单位签订合同,合同价应与中标价一致;合同的其他主要条款,应与招标文件、《中标通知书》一致。

②中标后,除不可抗力外,中标单位拒绝与招标单位签订合同的,招标单位可以不退还其投标保证金,并可要求赔偿相应的损失;招标单位拒绝与中标单位签订合同的,应双倍返还其投标保证金,并赔偿相应的损失。

③中标单位与招标单位签订合同时,应按照招标文件的要求,向招标单位提供履约保证。履约保证可采用银行履约保函(一般为合同价的 5%~10%),或者其他担保方式(一般为合同价的 10%~20%)。招标单位应向中标单位提供工程款支付担保。

④招标人与中标人签订合同后 5 个工作日内,应当向中标和未中标的投标人退还投标保证金。

【例 4.1】 背景:某工程设计已完成,施工图纸完备,施工现场已完成"三通一平"工作,已具备开工条件。在招投标过程中,发生了如下事项:

1.招标阶段:招标代理机构采用公开招标方式代理招标,编制了标底(800 万元)和招标文件。要求工程总工期为 365 天。按国家工期定额规定,该工程工期应为 400 天。

通过资格预审,参加投标的共有 A,B,C,D,E 5 家施工单位。开标结果是这 5 家投标单位的报价均高出标底价近 300 万元,这一异常引起了招标人的注意。为了避免招标失败,业主提出由代理机构重新复核标底。复核标底后,确认是因工作失误,漏算了部分工程项目,致使标底偏低。在修正错误后,招标代理机构重新确定了新的标底。A、B、C 3 家单位认为新的标底不合理,向招标人提出要求撤回投标文件。

由于上述问题导致定标工作在原定的投标有效期内一直没有完成。为早日开工,该业主更改了原定工期和工程结算方式等条件,指定了其中一家施工单位中标。

2.投标阶段:A 单位为不影响中标,又能在中标后取得较好收益,在不改变总报价基础上对工程内部各项目报价进行了调整,提出了正式报价,增加了所得工程款的现值。

D 单位在对招标文件进行估算后,认为工程价款按季度支付不利于资金周转,决定在按招标文件要求报价之外,另建议业主将付款条件改为预付款降到 5%,工程款按月支付。

E 单位首先对原招标文件进行了报价,又在认真分析原招标文件的设计和施工方案的基础上提出了一种新方案(缩短了工期,且可操作性强),并进行了相应报价。

【问题】

1.上述招标工作存在哪些问题?

2.A,B,C 3 家投标单位要求撤回投标文件的做法是否正确?为什么?

3.如果招标失败,招标人可否另行招标?投标单位的损失是否应由招标人赔偿?为什么?

4.在投标期间,A,D,E 3 家投标单位各采用了哪些报价技巧?

【分析】

问题 1:招标工作存在以下问题:①开标以后,又重新确定标底;②在投标有效期内没有完成定标工作;③更改招标文件的合同工期和工程结算条件;④直接指定中标单位。

问题 2:A,B,C 3 家投标单位要求撤回投标文件的做法不正确,投标是一种要约行为。

问题 3:招标人可以重新组织招标,但不应给投标单位赔偿。招标属于要约邀请。

问题 4:A,D,E 3 家投标单位采用了不平衡报价法、多方案报价法和增加建议方案法。

4.1.3　建设工程项目施工投标程序

建设工程投标人取得投标资格并愿意参加投标,其参加投标一般要经过以下几个程序,如图 4.2 所示。

1)投标申请

符合招标公告要求的施工单位都有权报名并索取资格审查文件,招标人不得以任何借口拒绝符合条件的投标人报名。

2)接受资格预审

资格预审是投标人能否进行投标的第一关。详细内容见建设工程项目施工招标程序,在此不再赘述。

3)研究招标文件

(1)分析招标文件

投标单位取得投标资格,获得招标文件之后的首要工作就是认真

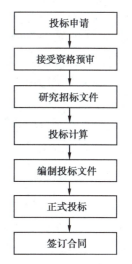

图 4.2　投标流程图

仔细地研究招标文件,充分了解其内容和要求,以便有针对性地安排投标工作。其重点应放在投标者须知、合同条件、设计图纸、工程范围以及工程量清单上,最好有专人或小组研究技术规

范和设计图纸,弄清其特殊要求。

因为投标时段一般比较短,不摸清施工合同条件,不能做到心中有数。所以相对于不熟悉的施工合同条件,投标人投标报价要高一些,在这种情况下,对通用和专用合同条款都应全面进行评估,对不清楚的问题进行归纳和统计,待标前会或现场踏勘时去解决。

（2）现场踏勘

现场踏勘是指招标人组织投标人对招标工程的自然、地质、经济和社会条件进行现场考察。这些都是工程施工的制约因素,必然会影响工程成本,是投标报价所必须考虑的,所以在报价前必须了解清楚。

（3）核实工程量

有的招标文件中提供了工程量清单,尽管如此,投标者还是需要进行复核,因为这直接影响投标报价以及中标的机会。例如,当投标人大体上确定了工程总报价以后,可适当采用报价技巧如不平衡报价法,对某些工程量可能增加的项目提高报价,而对某些工程量可能减少的项目降低报价。

对单价合同,尽管是以实测工程量结算工程款,但投标人仍应根据图纸仔细核算工程量,当发现相差较大时,投标人应向招标人要求澄清。

对总价固定合同,更要特别引起重视,工程量估算的错误可能带来无法弥补的经济损失,因为总价合同是以总报价为基础进行结算的,如果工程量出现差异,可能对施工方极为不利。

对总价合同,如果业主在投标前对争议工程量不予更正,而且是对投标者不利的情况,投标者在投标时要附上声明:工程量表中某项工程量有错误,施工结算应按实际完成量计算。

承包商在核算工程量时,还要结合招标文件中的技术规范弄清工程量中每一细目的具体内容,避免出现在计算单位、工程量或价格方面的错误与遗漏。

（4）编制施工方案

施工方案是报价的基础和前提,也是招标人评标时要考虑的重要因素之一。有什么样的方案,就有什么样的人工、机械与材料消耗,就会有相应的报价。因此,必须弄清分项工程的内容、工程量、所包含的相关工作、工程进度计划的各项要求、机械设备状态、劳动与组织状况等关键环节,据此制订施工方案。

施工方案应由投标单位的技术负责人主持制订,主要应考虑施工方法、主要施工机具的配置、各工种劳动力的安排及现场施工人员的平衡、施工进度及分批竣工的安排、安全措施等。施工方案的制订应在技术、工期和质量保证等方面对招标人有吸引力,同时又有利于降低施工成本。

4）投标计算

投标计算是指投标人对招标工程施工所要发生的各种费用的计算。在进行投标计算时,必须先根据招标文件复核或计算工程量。作为投标计算的必要条件,应预先确定施工方案和施工进度。此外,投标计算还必须与采用的合同计价形式相协调。

5）编制投标文件

投标人应按照招标文件的要求编制投标文件。投标文件应对招标文件提出的实质性要求和条件作出响应。投标文件不完备或投标没有达到招标人的要求,在招标范围以外提出新的要求,均被视为对招标文件的否定,不会被招标人所接受。投标人必须为自己所投出的标书负责,如果中标,必须按照投标文件中阐述的方案来完成工程,这其中包括质量标准、工期与进度计划、报价限额等基本指标以及招标人提出的其他要求。

6)正式投标

投标人按照招标人的要求完成标书的准备与填报之后,就可以向招标人正式提交投标文件。招标人所规定的投标截止日就是提交标书最后的期限。投标人在投标截止日之前所提交的投标是有效的,超过该日期就会被视为无效投标。在招标文件要求提交投标文件的截止时间后送达的投标文件,招标人可以拒收。

招标人或者招标代理机构收到投标文件后,应签收保存,并应采取措施确保投标文件的安全,以防失密。投标人报送投标文件后,在截止日之前,允许投标人撤回投标文件,可对其修改补充。修改或补充的内容作为投标文件的组成部分。

7)签订合同

投标人必须按招标文件规定的时间和地点派人出席开标会议。中标后,应在《中标通知书》发出之日 30 日内,与招标单位签订书面合同。

【例 4.2】　背景:某院校决定投资 1.5 亿元兴建一幢现代化教学楼,其中土建工程采用公开招标的方式选定施工单位,但招标文件对省内的投标人与省外的投标人提出了不同的要求,并明确了投标保证金的数额。该校委托某建筑事务所为该项工程编制标底。2015 年 10 月 6日招标公告发出后,共有 A,B,C,D,E,F 6 家省内的建筑单位参加投标。招标文件规定,2015年 10 月 30 日为提交投标文件的截止时间,2015 年 11 月 3 日举行开标会。其中,E 单位在2015 年 10 月 30 日提交了投标文件,但 2015 年 11 月 1 日才提交投标保证金。开标会由该省建委主持。结果,某事务所编制的标底高达 6 200 万元,所有投标人的投标报价均在 5 200 万元以下,与标底相差 1 000 万元,引起了投标人的异议。同时,D 单位向该校提出撤回投标文件的要求。为此,该校请求省内建委对原标底进行复核。2016 年 1 月 28 日,复核报告证明该事务所擅自更改招标文件中的有关规定,多算漏算多项材料价格,并夸大工程量,导致标底额与原标底额相差近 1 000 万元。由于上述问题久拖不决,使中标书在开标 3 个月后一直未能发出。为了能早日开工,该院在获得省建委的同意后,更改了中标金额和工程结算方式,确定了某公司为中标单位。

【问题】

1.上述招标程序中,有哪些不妥之处? 请说明理由。

2.E 单位的投标文件应如何处理? 为什么?

3.对 D 单位撤回投标文件的要求应如何处理? 为什么?

4.问题久拖不决后,该校能否要求重新招标? 为什么?

5.如果重新进行招标,给投标人造成的损失能否要求该校赔偿? 为什么?

【分析】

1.在上述招标投标程序中,不妥之处如下:

不妥之处 A:在公开招标中,对省内的投标人与省外的投标人提出了不同的要求。

理由:因为公开招标应平等地对待所有的投标人,不允许对不同的投标人提出不同的要求。

不妥之处 B:提交投标文件的截止时间与举行开标会的时间不是同一时间。

理由:按照《招标投标法》的规定,开标应在招标文件确定的提交投标文件截止时间的同一时间公开进行。

不妥之处C:开标会由该省建委主持。

理由:开标应由招标人或招标代理人主持,省建委作为行政管理机关只能监督招投标活动,不能作为开标会的主持人。

不妥之处D:中标书在开标3个月后一直未能发出。

理由:评标工作不宜久拖不决,如果在评标中出现无法克服的困难,应及早采取其他措施(如宣布招标失败)。

不妥之处E:更改中标金额和工程结算方式,确定某省某公司为中标单位。

理由:如果不宣布招标失败,则招标人和中标人应按照招标文件和中标人的投标文件订立书面合同,招标人和中标人不得再行订立背离合同实质性内容的其他协议。

2.E单位的投标文件应被认为是无效投标而拒绝。因为投标文件规定的投标保证金是投标文件的组成部分,对未能按照要求提交投标保证金的投标(包括期限),招标单位将视为不响应投标而予以拒绝。

3.对D单位撤回投标文件的要求,应没收其投标保证金。因为投标行为是一种要约,在投标有效期内撤回其投标文件,应视为违约行为。因此,招标单位可以没收D单位的投标保证金。

4.问题久拖不决后,该校可以要求重新进行招标。理由如下:

①一个工程只能编制一个标底。如果在开标后(即标底公开后)再复核标底,将导致具体的评标条件发生变化,实际上属于招标单位的评标准备工作不够充分。

②问题久拖不决,使得各方面的条件发生变化,再按照最初招标文件中设定的条件订立合同是不公平的。

5.如果重新进行招标,给投标人造成的损失不能要求该校赔偿。虽然重新招标是招标人的准备工作不够充分导致的,但并非属于欺诈等违反诚实信用的行为。而招标在合同订立中仅仅是要约邀请,对招标人不具有合同意义上的约束力,招标并不能保证投标人中标,投标的费用应由投标人自己承担。

4.1.4　电子招投标

1)电子招投标的概念

由于招投标工作程序复杂、数据量大,传统的管理方式逐渐不适应工作的需要。在招标、投标、开标、评标、定标等各环节运用计算机技术,建立规范严格的操作流程已成为招投标管理工作的发展方向。

尤其是在工程量清单计价模式下,由于市场价、管理费、利润的全面放开,实行企业自主报价,对招投标特别是评标带来新的要求,评审的工作量和难度均比以前大幅度增加,人工评标已不能适应工作的需要。因此,采用以电子标书技术为基础,运用科学的方法,通过计算机辅助,完成招投标、评标工作显得尤为重要。

2)电子招投标流程

(1)选择合适的交易平台

该交易平台包括:自行建立或联合建设;租赁使用;招投标交易场所建设的交易平台。

（2）办理注册登记

通过选定的交易平台入口客户端,在国家招标投标公共服务平台免费办理主体和项目的实名注册登记,产生唯一的主体和项目身份注册编码。

（3）编制和发售招标文件

招标人或其委托的招标代理机构应在资格预审公告、招标公告或者投标邀请书中载明潜在投标人访问电子招标投标交易平台的网络地址和方法。依法必须进行公开招标项目的上述相关公告应在电子招标投标交易平台和国家指定的招标公告媒介同步发布。

（4）编制和递交投标文件

投标文件编制合成应采用交易平台提供的专用工具软件,严格按照招标文件约定的内容和格式编制合成投标文件以及相应分段或整体加密或整体解密方法。否则,可能造成交易平台拒收投标文件或者无法解密,导致投标无效。

（5）开标

通过互联网以及交易平台,在线完成数据电文形式投标文件的拆分解密,展示唱标内容并形成开标记录。

（6）评标

依法组建的评标委员会通过交易平台的电子评标功能模块进行评标,推荐中标候选人及其排序,编写完成数据电文形式的评标报告工作。

评标委员会对投标文件提出的需要澄清和说明的问题,以及投标人的澄清答复均应通过交易平台交互数据电文,评标全过程应进行摄像录音。

评标委员会完成评标后,通过交易平台辨析和签署形成数据电文形式的评标报告,并通过交易平台提交给招标人。

（7）中标候选人公示与中标

依法必须进行招标的项目,招标人或招标代理机构应在交易平台及其注册的公共服务平台上公示评标结果,包括招标项目名称,标段编号,中标候选人名称、排序、投标报价等信息,公示时间不应少于 3 日。

（8）合同签订与履行

招标人应通过交易平台以数据电文形式与中标人签订合同。

3）电子评标

电子评标适用于建设工程招投标项目、政府采购招投标项目,如图 4.3 所示。评委可在异地采用远程电子评标的方式评标。电子评标系统的优点主要有以下几个方面:

①电子评标有利于招投标的公开、公平、公正,大

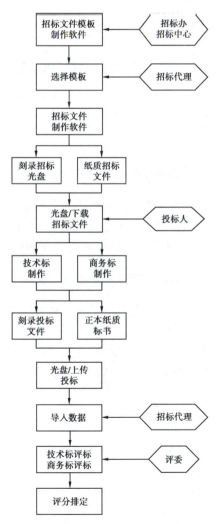

图 4.3　电子评标流程图

大减少人为因素的干扰,是对原有招投标评标方式的一次突破,从制度上防止腐败的发生。

②电子评标有利于节约投标单位的投标成本和投标工作量。一般只需提供一份正本标书及刻录在光盘上的电子标书,大大降低投标单位废标的可能性。

③电子评标有利于简化评委评标过程。商务标的报价由电脑自动分析,技术标的评分要点自动定位。对原来手工评标难以处理的不合理报价、错误计算等能够自动报警;可以直观对比各个投标单位的清单价格、技术措施;自动出具评标报告,评委填写关键点后,自动生成报告。

④电子评标有利于监管机构的监督。评标内容全程数字化,招标文件、投标文件、评标过程、评标结果能够长期保存,随时查询。

⑤电子评标有利于建立高水平的专家队伍。评标专家的各次评标结果需集中保存在数据库中,这样可以加强对专家的考核管理,也为交易中心客观、量化地评价专家的能力和评标准确性提供了依据。

⑥电子评标有利于节约招投标中心的成本。一些重大项目,需要经异地评委来评议,通过电子评标的异地评标功能,评委在异地的指定地点即可参加评标,节约评委专家来回地接送、住宿、招待等费用,也节约了评委专家的时间,提高了评标的效率。

任务 4.2　合同的基础知识

4.2.1　合同法律关系

1)法律关系与合同法律关系

法律关系是指由法律规范所确认和调整的人与人之间的权利和义务关系。合同法律关系是指由合同法律规范调整的当事人在民事流转过程中形成的权利义务关系。合同法律关系由主体、客体和内容 3 个不可缺少的部分组成。

2)合同法律关系的主体、客体和内容

合同法律关系的主体是指合同法律关系的参加者或当事人,即参与合同法律关系,依法享有权利、承担义务的当事人,包括自然人、法人和其他组织。合同法律关系的客体是指合同法律关系主体的权利和义务所指向的对象,包括物、财、行为、智力成果等。合同法律关系的内容是指合同条款所规范的合同法律关系主体的权利和义务。

4.2.2　代理制度

1)代理的概念

代理是一种法律关系,在代理关系中,代替他人进行一定法律行为的人称为代理人;由代理人代为行使法律行为的人称为被代理人;与代理人进行法律行为的人称为第三人。代理关系中的三方当事人之间构成 3 种法律关系:代

代理制度

理人与被代理人之间的委托关系;代理人与第三人之间的关系;被代理人与第三人之间的权利义务关系。

2)代理的特征

代理人只能在代理授权范围内以被代理人的名义实施经济法律行为,被代理人对代理人的法律行为承担民事责任。因此代理具有以下法律特征:

①代理行为必须是有法律意义的行为。代理进行的活动本身必须是法律行为,是能够产生某种法律后果的行为,如履行债务、租赁、借贷、法人登记等。而代替整理资料、校译文稿则不属于法律上的代理。

②代理行为是代理人以被代理人的名义实施的法律行为。代理人的任务仅仅是代替被代理人进行法律行为,维护被代理人的合法权益。代理人在与第三人实施法律行为时,应始终以被代理人的名义进行活动。代理行为所产生的法律后果只能由被代理人承担。

③代理人在授权范围内可根据自己的意志独立地进行活动。代理人与传达人和中间人有所区别。代理要独立表达自己的意思,因此代理人必须有行为能力。

④代理人的行为所产生的法律后果直接由被代理人承担。代理行为的法律后果既包括代理人行为所产生的权利义务,也包括民事责任的承担。只要代理人没有无权代理行为或违法行为,代理行为引起的法律后果,不论对被代理人是否有利,都要由被代理人承担。但是,代理人与第三人串通损害被代理人利益,所产生的经济责任不能由被代理人承担。

3)代理的种类

根据代理权发生的依据不同,代理的种类有委托代理、法定代理和指定代理 3 种。

(1)委托代理

委托代理是委托代理人按照被代理人的委托行使代理权,与第三人实施法律行为而产生的代理关系。授权委托是委托代理关系产生的前提。委托代理关系中,代理人以被代理人的单方委托范围和权限作为实施代理法律行为的依据。因此,委托代理是一种单方的法律行为,仅凭被代理人的授权意思表示即可产生代理授权的法律行为。

委托代理关系需要通过委托合同明确代理人与被代理人的权利义务关系。授权委托书中应载明代理人的姓名、代理事项、代理权限和时间,并由委托人签名。由于委托书授权内容不明确而产生的法律后果,由被代理人承担。

(2)法定代理

法定代理是指代理人依照法律的直接规定实施法律行为而产生的代理关系,法定代理与被代理人主观意思没有关系,不需要被代理人的委托,是以一定关系的存在作为依据的,如婚姻关系、血缘关系及组织关系等。

(3)指定代理

指定代理是指代理人按照人民法院或指定单位的指定实施法律行为而产生的代理关系。指定代理主要针对无行为能力人、限制行为能力人,在他们没有法定代理人或法定代理人担任代理有争议的情况下,由指定单位指定而产生的。被指定的人无正当理由一般不得拒绝担任代理人。

4.2.3　担保制度

合同的担保是指法律规定或由当事人双方协商约定的确保合同按约履行所采取的具有法律效力的一种保证措施。我国担保法规定的担保方式为保证、抵押、质押、留置和定金。

1) 保证

保证是指保证人和债权人约定,当债务人不履行债务时,保证人按照约定履行债务或者承担责任的行为。

具有代为清偿债务能力的法人、其他组织或公民可作为保证人,但下列人不可作为保证人:国家机关不得作为保证人,但经国务院批准为使用外国政府或国际经济组织贷款进行转贷的除外;学校、幼儿园、医院等以公益为目的的事业单位、社会团体不得作为保证人;企业法人的分支机构、职能部门不得作为保证人,但企业法人的分支机构有法人书面授权的,可在授权范围内提供保证。

保证的方式有一般保证和连带责任保证两种。一般保证是指当事人在保证合同中约定,债务人不能履行债务时,由保证人承担保证责任的保证方式。连带责任保证是指当事人在保证合同中约定,保证人与债务人对债务承担连带责任的保证方式。

2) 抵押

抵押是指债务人或第三人不转移对抵押财产的占有,将该财产作为债权的担保。当债务人不履行债务时,债权人有权依法以该财产折价或以拍卖、变卖该财产的价款优先受偿。

3) 质押

质押分为动产质押和权利质押。动产质押是指债务人或者第三人将其动产移交债权人占有,将该动产作为债权的担保。债务人不履行债务时,债权人有权依照法律规定以该动产折价或者以拍卖、变卖该动产的价款优先受偿。债务人或者第三人为出质人,债权人为质权人,移交的动产为质物。权利质押是指以可转让的权利为标的物的质押。

4) 留置

留置是指债权人按照合同约定占有债务人的动产,债务人不按照合同约定的期限履行债务的,债权人有权依照法律规定留置该财产,以该财产折价或以拍卖、变卖该财产的价款优先受偿。留置担保范围包括主债权及利息、违约金、损害赔偿金、留置物保管费用和实现留置权的费用。

5) 定金

定金是合同当事人约定一方向对方给付定金作为债权的担保。债务人履行债务后,定金应当抵作价款或者收回。给付定金的一方不履行约定债务的无权请求返还定金;收受定金的一方不履行约定债务的,应当双倍返还定金。当事人约定以交付定金作为订立主合同担保的,给付定金的一方拒绝订立主合同的,无权要求返还定金;收受定金的一方拒绝订立合同的,应当双倍返还定金。

定金应当以书面形式约定。当事人在定金合同中应当约定交付定金的期限。定金合同从实际交付定金之日起生效。定金的数额由当事人约定,但不得超过主合同标的额的 20%。

建设工程合同的担保一般采用定金的形式。在投标时需缴纳投标保证金,施工单位中标签订合同前需缴纳履约保证金。施工合同也可约定在建设单位不能履行付款义务时,承包商有权留置建筑物。

4.2.4　合同的订立

当事人订立合同,应当具有相应的民事权利能力和民事行为能力。订立合同,必须以依法订立为前提,使当事人双方订立的合同成为双方履行义务、享有权利、受法律约束和请求法律保护的契约文书。

当事人依法可以委托代理人订立合同。所谓委托代理人订立合同是指当事人委托他人以自己的名义与第三人签订合同,并承担由此产生的法律后果的行为。

1)合同的形式

合同的形式指协议内容借以表现的形式。合同形式由合同的内容决定并为其服务。合同的形式有书面形式、口头形式和其他形式。

（1）书面形式

书面形式是指合同书、信件和数据电文(包括电报、电传、传真、电子数据交换和电子邮件)等可以有形地表现所载内容的形式。法律、行政法规规定采用书面形式的,应当采用书面形式。当事人约定采用书面形式的,应当采用书面形式。建设工程合同应当采用书面形式。

（2）口头形式

口头形式是指当事人以对话的方式达成的协议。一般用于数额较小或现金交易的事项。

（3）其他形式

其他形式包括特定形式和默示形式。

2)合同订立的程序

合同订立的过程是指当事人双方通过对合同条款进行协商达成协议的过程。合同订立采取要约、承诺方式。

（1）要约

要约是希望和他人订立合同的意思表示。要约应符合以下规定:内容具体确定;一经受要约人承诺,要约人即受该意思表示的约束。也就是说,要约必须是特定人的意思表示,必须是以缔结合同为目的,必须具备合同的主要条款。

在建设工程合同的订立过程中,投标人的投标文件是要约。

（2）承诺

承诺是受要约人同意要约的意思表示。除根据交易习惯或者要约表明可以通过行为作出承诺的之外,承诺应当以通知的方式发出。承诺具有以下条件:承诺必须由受要约人作出;承诺只能向要约人作出;承诺的内容应与要约的内容一致;承诺必须在承诺期限内发出。

综上所述,当事人签订合同一般经过要约和承诺两个步骤,但实践中往往是通过要约→新要约→新新要约→……→承诺多个环节最后达成的。在建设工程合同的订立过程中,招标人发出中标通知书的行为是承诺。因此,中标通知书必须由招标人向投标人发出,并且其内容应与招标文件、投标文件的内容一致。

3)合同的成立

承诺生效时合同成立。

(1)合同成立的时间

当事人采用合同书形式订立合同的,自双方当事人签字或者盖章时合同成立。当事人采用信件、数据电文等形式订立合同的,可在合同成立之前要求签订确认书,签订确认书时合同成立。

(2)合同成立的地点

承诺生效的地点为合同成立的地点。采用数据电文形式订立合同的,收件人的主营业地为合同成立的地点;没有主营业地的,其经常居住地为合同成立的地点。当事人另有约定的即按照其约定。当事人采用合同书形式订立合同的,双方当事人签字或者盖章的地点为合同成立的地点。

(3)合同成立的其他情形

合同成立的其他情形还包括:法律法规规定或者当事人约定采用书面形式订立合同,当事人未采用书面形式但一方已经履行主要义务,对方接受的;采用合同书形式订立合同,在签字或者盖章之前,当事人一方已经履行主要义务,对方接受的。

4.2.5　合同的履行

合同的履行是指合同生效后,当事人双方按照合同约定的标的数量、质量、价款履行期限、履行地点和履行方式等,完成各自应承担的全部义务的行为。

1)合同履行的基本原则

(1)全面履行

当事人订立合同不是目的,只有全面履行合同,才能实现当事人所追求的法律后果,使其预期目的得以实现。如果当事人所订立的合同有关内容约定不明确,《中华人民共和国合同法》允许当事人协议补充。如果当事人不能达成协议的,按照合同有关条款或交易习惯确定。如果按此规定仍不能确定的,则按《中华人民共和国合同法》规定处理。

(2)诚实信用

当事人行使权利、履行义务应当遵循诚实信用原则。

诚实信用原则要求合同当事人在履行合同的过程中维持合同双方的合同利益平衡,以诚实、真诚、善意的态度行使合同权利、履行合同义务,不对另一方当事人进行欺诈、不滥用权利。诚实信用原则还要求合同当事人在履行合同约定的主义务的同时,履行合同履行过程中的附随义务。

(3)实际履行

合同当事人应严格按照合同规定的标的完成合同义务,而不能用其他标的代替。鉴于客观经济活动的复杂性和多变性,在具体执行该原则时,还应根据实际情况灵活掌握。

2)合同履行的一般规定

合同生效后,当事人就质量、价款或者报酬、履行地点等内容没有约定或者约定不明确的,可以协议补充;不能达成补充协议的,按照合同有关条款或者交易习惯确定,依照上述基本原则和方法仍不能确定合同有关内容的,应当按照下列方法处理:

①质量要求不明确的,按照国家标准、行业标准履行;没有国家标准、行业标准的,按照通常标准或者符合合同目的的特定标准履行。

②价款或者报酬不明确的,按照订立合同时履行地的市场价格履行;依法应当执行政府定价或者政府指导价的,按照规定履行。

③履行地点不明确,给付货币的,在接受货币一方所在地履行;交付不动产的,在不动产所在地履行;其他标的,在履行义务一方所在地履行。

④履行期限不明确的,债务人可以随时履行,债权人也可以随时要求履行,但应当给对方必要的准备时间。

⑤履行方式不明确的,按照有利于实现合同目的的方式履行。

⑥履行费用的负担不明确的,由履行义务一方负担。

4.2.6　合同的变更、转让和终止

1)合同的变更

合同的变更是指合同依法成立后,在尚未履行或尚未完全履行时,当事人双方依法对合同的内容进行修订或调整所达成的协议。例如,对合同约定的数量质量标准、履行期限、履行地点和履行方式等进行变更。合同变更一般不涉及已履行的部分,只对未履行的部分进行变更,因此,合同变更不能在合同履行后进行,只能在完全履行合同之前进行。

《合同法》规定,当事人协商一致,可以变更合同。因此,当事人变更合同的方式类似订立合同的方式,经过提议和接受两个步骤。要求变更合同的一方首先提出建议,明确变更的内容及变更合同引起的后果处理,另一当事人对变更表示接受。这样双方当事人对合同的变更达成协议。一般来说,书面形式的合同,变更协议也应采用书面形式。

应当注意的是,当事人对合同变更只是一方提议而未达成协议时,不产生合同变更的效力;当事人对合同变更的内容约定不明确的,同样也不产生合同变更的效力。

2)合同的转让

合同的转让是指当事人一方将合同的权利或义务全部或部分转让给第三人,由第三人接受权利或承担义务的法律行为。合同转让可以部分转让,也可以全部转让。随着合同的全部转让,原合同当事人之间的权利和义务关系消灭,与此同时,在未转让一方当事人和第三人之间形成新的权利和关系。

《合同法》规定合同的转让包括合同权利的转让、合同义务的转让及合同权利和义务一并转让 3 种情况。

(1)合同权利的转让

合同权利的转让也称债权让与,是合同债权人将合同中的权利全部或部分转让给第三人

的行为。转让合同权利的当事人称为让与人,接受转让的第三方称为受让人。

债权人转让权利的,应当通知债务人。未经通知的,该转让对债务人不发生效力。除非受让人同意,债权人转让权利的通知不得撤销。

《合同法》规定不得转让的情形包括:根据合同性质不得转让;按照当事人约定不得转让;依照法律规定不得转让。

(2)合同义务的转让

合同义务的转让也称债务转让,是合同债务人将合同的义务全部或部分地转移给第三人的行为。《合同法》规定了债务人转让合同义务的条件:债务人将合同的义务全部或部分转让给第三人,应当经债权人同意。

(3)合同权利和义务一并转让

合同权利和义务一并转让是指当事人一方将债权债务一并转让给第三人,由第三人接受这些债权债务的行为。

3)合同的终止

合同的终止是指合同当事人之间的合同关系因某种原因不复存在,合同确立的权利义务关系消灭。

(1)合同已按照约定履行

合同生效后,当事人双方按照约定履行自己的义务,实现了自己的全部权利,订立合同的目的已经实现,合同确立的权利义务关系消灭,合同因此而终止。

(2)合同解除

合同生效后,当事人一方不得擅自解除合同。但在履行过程中,有时产生某些特定情况,应当允许解除合同。《合同法》规定合同解除有两种情况:一种是协议解除。当事人双方通过协议可以解除原合同规定的权利和义务关系。另一种是法定解除。合同成立后,没有履行或者没有完全履行,当事人一方可以行使法定解除权使合同终止。

为了防止解除权的滥用,《合同法》规定了十分严格的条件和程序,属下列情形之一的,当事人可以解除合同:因不可抗力致使不能实现合同目的;在履行期限届满之前,当事人一方明确表示或者以自己的行为表示不履行主要债务;当事人一方迟延履行主要债务,经催告后在合理期限内仍未履行;当事人一方迟延履行债务或者有其他违约行为致使不能实现合同目的;法律规定的其他情形。

(3)合同解除的法律后果

依据《最高人民法院关于审理建设工程施工合同纠纷案件适用法律问题的解释》,具有下列情形之一的,发包人请求解除建设工程施工合同的,应予支持:明确表示或者以行为表明不履行合同主要义务的;合同约定的期限内没有完工,且在发包人催告的合理期限内仍未完工的;已经完成的建设工程质量不合格,并拒绝修复的;将承包的建设工程非法转包、违法分包的。

依据《最高人民法院关于审理建设工程施工合同纠纷案件适用法律问题的解释》,发包人具有下列情形之一,致使承包人无法施工,且在催告的合理期限内仍未履行相应义务,承包人请求解除建设工程施工合同的,应予支持:未按约定支付工程价款的;提供的主要建筑材料、构配件和设备不符合强制性标准的;不履行合同约定义务的。

　　《合同法》规定合同解除后,尚未履行的,终止履行;已经履行的根据履行情况和合同性质,当事人可以要求恢复原状、采取其他补救措施,并有权要求赔偿损失。合同终止后,虽然合同当事人的合同权利义务关系不复存在了,但合同责任并不一定消灭,因此合同中结算和清理条款不因合同的终止而终止,仍然有效。

4.2.7　违约责任

　　违约责任是指合同当事人违反合同约定,不履行义务或者履行义务不符合约定所承担的责任。《合同法》规定,当事人一方不履行合同义务或者履行合同义务不符合约定的应当承担继续履行、采取补救措施或者赔偿损失等违约责任。

1)违约责任的特点

　　(1)以有效合同为前提

　　与侵权责任和缔约过失责任不同,违约责任必须以当事人双方事先存在的有效合同关系为前提。

　　(2)以合同当事人不履行或者不适当履行合同义务为要件

　　只有合同当事人不履行或者不适当履行合同义务时,才应承担违约责任。

　　(3)可由合同当事人在法定范围内约定

　　违约责任主要是一种赔偿责任,因此可由合同当事人在法律规定的范围内约定。

　　(4)一种民事赔偿责任

　　首先,它是由违约方向守约方承担的民事责任,无论是违约金还是赔偿金,均是平等主体之间的支付关系。其次,违约责任的确定通常应以补偿守约方的损失为标准。

2)违约责任的承担方式

　　(1)继续履行

　　继续履行是要求违约人按照合同的约定,切实履行所承担的合同义务。包括两种情况:一是债权人要求债务人按合同的约定履行合同;二是债权人向法院提出起诉,由法院判决强迫违约一方具体履行其合同义务。当事人违反金钱债务,一般不能免除其继续履行的义务。《合同法》规定,当事人一方未支付价款或者报酬的,对方可以要求其支付价款或者报酬。当事人违反非金钱债务的,除法律规定不适用继续履行的情形外,也不能免除其继续履行的义务。当事人一方不履行非金钱债务或者履行非金钱债务不符合规定的,对方可以要求履行,但有下列规定之一的情形除外:法律上或者事实上不能联系;债务的标的不适合强制履行或者履行费用过高;债权人在合理期限内未要求履行。

　　(2)采取补救措施

　　采取补救措施是指在当事人违反合同后,为防止损失发生或者扩大,由其依照法律或者合同的约定而采取的修理、更换、重做、退货、减少价款或者报酬等措施。采用这种违约责任主要是对发生质量不符合约定的情况。《合同法》规定,质量不符合约定的应当按照当事人的约定承担违约责任。对违约责任没有约定或者约定不明确,依照《合同法》第六十一条的规定仍不能确定的,受损害方根据标的性质以及损失的大小,可以合理选择要求对方承担修理、更换、重做、退货、减少价款或报酬等违约责任。

（3）赔偿损失

当事人一方不履行合同义务或者履行合同义务不符合约定给对方造成损失的，应当赔偿对方的损失。损失赔偿额应相当于因违约所造成的损失，包括合同履行后可以获得的利益，但不得超过违反合同一方订立合同时预见或应当预见的因违反合同可能造成的损失。这种方式是承担违约责任的主要方式，因违约一般都会给对方造成损失，赔偿损失是守约者避免损失的有效方式。

当事人一方不履行合同义务或履行合同义务不符合约定的，在履行义务或采取补救措施后，对方还有其他损失的，应承担赔偿责任。当事人一方违约后，对方应采取适当措施防止损失的扩大，没有采取措施致使损失扩大的，不得就扩大的损失请求赔偿，当事人因防止损失扩大而支出的合理费用，由违约方承担。

（4）支付违约金

违约金是指按照当事人的约定或者法律直接规定，一方当事人违约的，应向另一方支付的金钱。违约金的标的物是金钱，也可约定为其他财产。

当事人可以约定一方违约时应根据违约情况向对方支付一定数额的违约金，也可以约定因违约产生的损失赔偿额的计算方法。在合同实施中，只要一方有不履行合同行为的，就得按合同规定向另一方支付违约金，而不管违约行为是否造成对方损失。

违约金同时具有补偿性和惩罚性。《合同法》规定，约定的违约金低于违反合同所造成的损失的，当事人可以请求人民法院或者仲裁机构予以增加；约定的违约金过分高于所造成的损失，当事人可以请求人民法院或者仲裁机构予以适当减少。

（5）定金罚则

当事人可以约定对方给付定金作为债权的担保。债务人履行债务后定金应当抵作价款或收回。给付定金的一方不履行约定债务的，无权要求返还定金；收受定金的一方不履行约定债务的，应当双倍返还定金。当事人既约定违约金，又约定定金的，一方违约时，对方可以选择适用违约金或定金条款。但是，这两种违约责任不能合并使用。

3）违约责任的免除

合同生效后，当事人不履行合同或者履行合同不符合合同约定的，都应承担违约责任。但如果是因发生了某种非常情况或者意外事件使合同不能按约定履行时，就应当作为例外来处理。《合同法》规定，只有发生不可抗力时才能部分或者全部免除当事人的违约责任。

不可抗力是指不能预见、不能避免和不能克服的客观情况。不可抗力发生后可能引起3种法律后果：一是合同全部不能履行，当事人可以解除合同，并免除全部责任；二是合同部分不能履行，当事人可以部分履行合同，并免除其不履行部分的责任；三是合同不能按期履行，当事人可延期履行合同，并免除其迟延履行的责任。一方当事人因不可抗力不能履行合同义务时，应承担如下义务：及时采取一切可能的有效措施避免或者减少损失；及时通知对方在合理期限内提供证明。

任务 4.3　建设工程合同

4.3.1　合同计价方式

合同计价
方式

业主与承包商所签订的合同,按支付方式不同可分为总价合同、单价合同和成本加酬金合同三大类型。建设工程勘察、设计合同和设备加工采购合同,一般为总价合同;而建设工程施工合同则根据招标准备情况和工程项目特点不同,可选择其适用的一种合同。

1) 总价合同

总价合同又分为固定总价合同、可调整总价合同和固定工程量总价合同。

固定总价合同是指合同双方以招标时的图纸和工程量等为依据,承包商按投标时业主接受的合同价格承包实施,并一次包死。合同履行过程中,如果业主没有要求变更原定的承包内容,圆满实施承包工作内容后,不论承包商的实际成本是多少,均应按合同价支付工程款。采用这种合同形式,承包商要考虑承担合同履行过程中的主要风险,因此投标报价一般较高。

固定总价合同的适用条件一般为:招标时的设计深度已达到施工图设计阶段,合同履行过程中不会出现较大的设计变更;工程规模较小、技术不太复杂的中小型工程或承包工作内容中较为简单的工程部位;合同工期较短,一般为 1 年期以内的承包合同等。

可调整总价合同与固定总价合同基本相同,但合同期较长(1 年以上),只是在固定总价合同的基础上,增加合同履行过程中因市场价格浮动等因素对承包价格调整的条款。通常的调价方法有文件证明法、票据价格调整法和公式调价法 3 种。

固定工程量总价合同是指在工程量报价单内,业主按单位工程及分项工作内容列出实施工程量,承包商分别填报各项内容的直接费单价,然后再汇总算出总价,并据以签订合同,合同内原定工作内容全部完成后,业主按总价支付给承包商全部费用。如果中途发生设计变更或增加新的工作内容,则用合同内已确定的单价来计算新增工程量而对总价进行调整。

2) 单价合同

单价合同是指承包商按工程量清单内分项工程内容填报单价,以实际完成工程量乘以所报单价计算结算款的合同。承包商填报的单价应为计算各种摊销费用以后的综合单价,而非直接费单价。合同履行过程中无特殊情况,一般不得变更单价。单价合同的执行原则是:工程量清单中分项开列的工程量,在合同实施过程中允许有上下浮动变化,但该项工作内容的单价不变,结算支付时以实际完成工程量为依据。

单价合同大多用于工期长、技术复杂、实施过程中发生各种不可预见因素较多的大型复杂工程,以及业主为了缩短项目建设周期,初步设计完成后就进行施工招标的工程。单价合同的工程量清单内所列的工程量为估计工程量,而非准确工程量。常用的单价合同有估计工程量单价合同、纯单价合同和单价与包干混合合同 3 种。

3）成本加酬金合同

成本加酬金合同是将工程项目的实际投资划分为直接成本费和承包商完成工作后应得酬金两部分。实施过程中发生的直接成本费由业主实报实销，另按合同约定的方式付给承包商相应的报酬。成本加酬金合同大多适用于边设计边施工的紧急工程或灾后修复工程，以议标方式与承包商签订合同。由于在签订合同时，业主还提供不出可供承包商准确报价的详细资料，因此合同内只能商定酬金的计算方法。按照酬金的计算方式不同，成本加酬金合同又可分为成本加固定百分比酬金合同、成本加固定酬金合同、成本加浮动酬金合同及目标成本加奖罚合同4种类型。此外，还可以另行约定工期奖罚计算办法，这种合同有助于鼓励承包商节约成本和缩短工期，业主和承包商都不会承担太大风险。

4.3.2　建设工程施工合同

为了指导建设工程施工合同当事人的签约行为，维护合同当事人的合法权益，依据《中华人民共和国合同法》《中华人民共和国建筑法》《中华人民共和国招标投标法》及相关法律法规，住房和城乡建设部、国家市场监督管理总局对建设工程施工合同示范文本进行了修订，制定了《建设工程施工合同（示范文本）》（GF-2017-0201，以下简称《示范文本》）。该示范文本适用于房屋建筑工程、土木工程线路管道和设备安装工程、装修工程等建设工程的施工

建设工程
施工合同
（示范文本）

承发包活动，合同当事人可结合建设工程具体情况，根据《示范文本》订立合同，并按照法律法规规定和合同约定承担相应的法律责任及合同权利义务。

《示范文本》主要由合同协议书、通用合同条款和专用合同条款3部分组成，并附有3个附件：《承包人承揽工程项目一览表》《发包人供应材料设备一览表》及《工程质量保修书》。

（1）合同协议书

《示范文本》合同协议书共计13条，主要包括工程概况、合同工期、质量标准、签约合同价和合同价格形式、项目经理、合同文件构成、承诺以及合同生效条件等重要内容，集中约定了合同当事人基本的合同权利义务。

建设工程
施工合同

（2）通用合同条款

通用合同条款是合同当事人根据《中华人民共和国建筑法》《中华人民共和国合同法》等法律法规的规定，就工程建设的实施及相关事项，对合同当事人的权利义务作出的原则性约定。

通用合同条款共计20条，具体条款分别为：一般约定、发包人、承包人、监理人、工程质量、安全文明施工与环境保护、工期和进度、材料与设备、试验与检验、变更、价格调整、合同价格、计量与支付、验收和工程试车、竣工结算、缺陷责任与保修、违约、不可抗力、保险、索赔和争议解决。前述条款安排既考虑了现行法律法规对工程建设的有关要求，也考虑了建设工程施工管理的特殊需要。

（3）专用合同条款

专用合同条款是对通用合同条款原则性约定的细化、完善、补充、修改或另行约定的条款。合同当事人可根据不同建设工程的特点及具体情况，通过双方的谈判、协议对相应的专用合同条款进行修改补充。

4.3.3 工程保险

1)建设工程的险种

工程保险

建设工程由于涉及的法律关系比较复杂,风险的种类也很多样。但一般所讲的建设工程险主要是指建筑工程一切险(及第三者责任险)和安装工程一切险(及第三者责任险)。

①建筑工程一切险是指承保各类民用、工业和公用事业建设工程项目,包括道路、水坝和港口等,在建造过程中因自然灾害或意外事故而引起的一切损失的险种。

②安装工程一切险是指承保安装机器、设备、储油罐、钢结构工程、超重机、吊车以及包含机械工程的各种建造工程的险种。

③第三者责任险是指凡在工程期间的保险有效期内,因在工地发生意外事故造成在工地或邻近地区的第三者人身伤亡或财产损失,依法由保险人承担的经济赔偿责任。

2)保险的合同约定

国内施工合同对保险未做强制性规定,这是在合同价的计算方式上一直沿用国家定额的原因造成的,因为国家定额并没有考虑保险这样的价格因素。这样,在投标人的报价中就可能不包括保费,因此买不买保险,就只能看当事人的意愿,这与国际惯例的做法不同。国际惯例的做法是,承包商(应投保方)的投标报价中必须包含保费(即使投标人实际没有计算保费,招标人也认为含有保费)。因此,开工前,承包商必须提交保险证据(一般为临时保单),否则,业主会自己投保,保费由承包商承担。

我国施工合同在通用条款中的约定:

①开工前,业主为建设工程和施工场内的自有人员及第三人生命财产办理保险,支付保险费用。

②运至施工场地内用于工程的材料和待安装设备,由业主办理保险,并支付保险费用。

③业主可以将有关保险事项委托承包商办理,费用由业主承担。

④承包商必须为从事危险作业的职工办理意外伤害保险,并为施工场地内自有人员生命财产和施工机械设备办理保险,支付保险费用。

保险事故发生时,业主、承包商有责任尽力采取必要的措施,防止或者减少损失。具体的投保内容和相关责任,由业主和承包商在专用条款中约定。

任务 4.4 工程索赔

工程索赔是承包人和发包人保护自身正当权益、弥补工程损失、提高经济效益的有效手段。国内外建筑市场上许多工程项目通过成功的索赔使工程收入提高到工程造价的 10%~20%,甚至更高,所以索赔管理越来越受到承包人的高度重视,成为工程管理的重要组成部分。

4.4.1　索赔概述

施工索赔是指在工程合同履行的过程中,施工合同的一方当事人因非自身因素而受到经济损失或权利损害时,依据合同和法律规定要求对方当事人给予费用或工期补偿的合同管理行为。

1)索赔的法律基础

索赔是法律赋予承包人的正当权利,是保护自己正当权益的手段。强化承包人的法律意识,不仅可以加强承包人的自我保护意识,还能提高承包人履约的自觉性,在自觉防止自己侵害他人利益的同时,也防止他人侵害自己的利益。施工索赔的法律依据主要有《中华人民共和国建筑法》《中华人民共和国合同法》以及一些地方性的、国家性的工程管理条例等。

2)索赔的特征

索赔是双向的。所谓双向是指不仅承包人可以向业主索赔,业主同样也可以向承包人索赔。但实际操作时,后者发生的频率较低,而且在索赔处理中,业主始终处于主动和有利地位,往往可通过各种直接的方式(如扣抵或没收履约保函、扣留保证金等)来实现自己的索赔要求。而处理比较困难的、发生频率较高的是承包人向业主索赔。因此,实际工作中的施工索赔主要是指承包人向业主提出的索赔,业主向承包人提出的索赔则习惯上称为反索赔。

索赔是要求给予补偿(赔偿)的一种权利主张,经济损失或权利损害是施工索赔的前提条件。在实践中,只有实际发生了经济损失或权利损害或两者同时存在时,承包人才能向业主索赔。

3)索赔的分类

按索赔目的分,可分为工期索赔和费用索赔。

按索赔的对象分,可分为索赔和反索赔。索赔是承包人向业主提出的索赔,反索赔是业主向承包人提出的赔偿、补偿要求,以及一方对另一方所提出的索赔要求进行反驳和反击。

按索赔的依据分,可分为合同内索赔、合同外索赔和道义索赔。合同内索赔是指索赔所涉及的内容可在履行的合同中找到条款依据;合同外索赔是指索赔所涉及的内容难以在履行的合同中直接找到依据,但可能来自有关法规所赋予的权利;道义索赔是指承包人无论在合同内或合同外都找不到进行索赔的依据。

4)索赔成立的前提条件

在工程施工索赔过程中要取得成功,索赔要求必须符合下列条件:
①与合同对照,事件已造成了承包人工程项目成本的额外支出,或直接工期损失。
②造成费用增加或工期损失的原因,按合同约定不属于承包人的行为责任或风险责任。
③承包人按合同规定的程序和时间提交索赔意向通知和索赔报告。

5)索赔的处理程序

索赔的处理程序是指从索赔事件产生到最终处理全过程包括的各个工作环节。在建设工程中,具体工程的索赔工作程序应根据双方签订的施工合同产生,不同的施工合同可能出现不同的索赔工作程序。在工程实践中,索赔的处理程序一般可按以下步骤进行。

(1)提出索赔意向

在索赔事件发生后,承包人必须抓住索赔机会,在合同规定的时间内及时向业主或工程师书面提出索赔意向通知。该项通知是承包人就具体的索赔事件向工程师和业主表示的索赔愿望和要求。若超过合同规定的期限,工程师和业主有权拒绝承包人的索赔要求。

(2)准备索赔资料

从提出索赔意向到提交索赔文件,是属于承包人索赔的内部处理阶段和索赔资料准备阶段。这一阶段包括的主要工作有:

①调查索赔事件产生的详细经过,寻求索赔机会。

②损害事件的原因分析,划清各方责任,确定由谁承担。

③掌握索赔依据,主要指合同文件。

④搜集证据,从索赔事件的产生开始至结束全过程的完整记录,是索赔能否成功的重要条件。

⑤损失或损害的调查计算。建设工程中分析索赔事件的影响,主要表现为工期的延长和费用的增加。损失调查的重点是收集、分析、对比实际和计划的施工进度、工程成本和费用方面的资料,在此基础上计算索赔。

⑥起草索赔文件。索赔文件是合同管理人员在其他项目管理职能人员配合和协助下起草的。索赔文件必须要有足够的强有力的证据材料,若在索赔文件中提不出证明其索赔的理由、索赔事件的影响、索赔值的计算等方面的详细资料,则索赔要求是不能成立的。所以,索赔文件是索赔要求能否获得有利和合理解决的关键。

(3)提交索赔文件

在规定的时间内承包人必须向工程师和业主提交索赔报告。一般必须在索赔意向通知发出后的 28 天内或经工程师同意的合理时间内递交索赔报告。如索赔事件对工程影响持续时间长,承包人则应按工程师要求的合理间隔提交中间索赔报告,并在索赔事件影响结束后的 28 天内提交一份最终索赔报告。

(4)审核索赔文件

工程师根据业主的委托或授权,通过分析计算,对承包人所提出的索赔要求进行审核,重点审核索赔要求的合理性和合法性。工程师收到承包人送交的索赔文件及资料后应于 28 天内给予答复,或要求承包人进一步补充索赔理由和证据,否则视该项索赔已经认可。

(5)处理和解决索赔

从索赔文件的递交到索赔结束是索赔的处理和解决过程。如政府性的拉闸停电对工程进度的不利影响,承包人有权要求延长工期等。索赔的依据是法律法规、合同文件及工程建设惯例,但主要应为合同文件。

4.4.2 费用索赔

费用索赔是指承包人在非自身因素影响下遭受经济损失时向业主提出补偿其额外费用损失的要求。

1)费用索赔的原因

当合同环境发生变化时,会引起工程中的经济索赔。归纳起来,费用索赔产生的原因主要有以下几种：

①业主违约索赔；

②工程变更索赔，如施工方案的变更、原材料的变更等；

③业主拖延支付工程款或预付款；

④工程加速而增加的额外费用损失；

⑤业主或工程师责任造成的可补偿费用的延误；

⑥工程中断或终止所带来的费用损失；

⑦工程量增加；

⑧业主指定的分包商违约；

⑨合同缺陷；

⑩国家政策、法律及法规变更等。

2）费用索赔的原则

费用索赔必须按照以下原则进行计算：

①赔偿实际损失的原则；

②合同原则，即索赔值的计算必须符合合同规定的计算基础和方法；

③符合规定的或通用的会计核算原理及工程惯例。

3）费用索赔的计算

费用索赔是整个工程索赔的重点和最终目标，其具体索赔费用根据不同的索赔事件有不同的构成。一般来说，常用的费用索赔计算方法有总费用法、修正总费用法和分项法。

（1）总费用法

总费用法即总成本法，是指当发生多次索赔事件后，重新计算该工程的实际总费用，实际总费用减去投标报价的总费用即为索赔值。

$$索赔值=实际总费用-投标报价的总费用$$

一般在工程难以计算实际费用时才使用该方法计算，使用时要注意其适用条件：已开支的实际总费用经审核是合理的；承包人的原始报价是比较合理的；费用的增加是由业主原因造成的；现场记录不足等原因难以采用更精确的计算方法。

（2）修正总费用法

修正总费用法是对总费用法的改进，即在总费用计算的原则上，去掉一些不合理的因素，使计算更合理。修正内容主要包含：将计算索赔的时间段局限于受外界影响的时间，不是整个工期；只计算受影响时段内的某项工作所受的影响损失，而不计算该时段内所有施工工作所受的损失；与该工作无关的费用不列入总费用中，对投标报备费用重新核算，即受影响时间段内该项工作的实际单价乘以实际完成该项工作的工程量，得出调整后的报价费用。

$$索赔值=索赔事件相关单项工程的实际总费用-该单项工程调整后的投标报价$$

（3）分项法

分项法是按每个索赔事件所引起损失的费用项目分别进行分析并计算其索赔值，最终汇总的一种计算方法。在工程实践中，绝大多数工程索赔都采用该方法计算。

4.4.3　工期索赔

工期索赔是指在工程施工中,常常会发生一些未能预见的干扰事件使施工不能顺利进行,使预定的施工计划受到干扰,致使工期延长而引发的索赔事件。

承包人进行工期索赔的目的通常有两个:免去或推卸合同中产生工期延长应负的责任,使自己不支付或尽可能少支付工期延长的罚款;进行因工期延长而造成的费用损失的索赔或延长工期的索赔。

1)关于工期延误的一般合同规定

非承包人自身因素造成工期延误而引发承包人向业主提出工期索赔要求的,这是施工合同赋予承包人的正当权利。我国《建设工程施工合同(示范文本)》(GF-2017-0201)规定,对以下造成竣工日期延误的情况,经监理工程师确认,工期可相应顺延:

①发包人未能按合同约定提供图纸或所提供图纸不符合合同约定的;

②发包人未能按合同约定提供施工现场、施工条件、基础资料、许可、批准等开工条件;

③发包人提供的测量基准点、基准线和水准点及其书面资料存在错误或疏漏的;

④发包人未能在计划开工日期之日起 7 天内同意下达开工通知的;

⑤发包人未能按合同约定日期支付工程预付款、进度款或竣工结算款的;

⑥监理人未按合同约定发出指示、批准等文件的;

⑦专用合同条款中约定的其他情形。

若发生上述情况,承包人在事件发生后的 14 天内应以书面形式向监理工程师提出关于延误工期的报告。工程师收到报告后 14 天内应予以确认,若逾期不确认也不提出修改意见的,视为同意工期顺延。

2)工期索赔的计算

工期索赔的计算方法有两种:网络图分析法和比例计算法。其中,网络图分析法是最科学的,使用该方法的工期索赔容易获得成功。比例计算法最大的优点就是计算简单,但比较粗略,在不能采用其他方法计算时使用。

(1)网络图分析法

网络图分析法解决问题的主要思路是:假设工程一直按原网络计划确定的施工顺序和时间进行施工,当一个或多个干扰事件发生后,将这些受到干扰后形成的新的可持续性时间代入网络中,重新进行网络分析和计算,会得到一个新工期。新工期与原工期之差即为干扰事件对总工期的影响,为承包人的工期索赔值。网络分析法适用于各种干扰事件引起的工期索赔。但对大型、复杂的工程,手工计算比较困难,需借助计算机来完成。

具体计算一般分两种情况:

①非承包人自身的原因造成关键线路上的工序暂停施工:

工期索赔值=关键线路上的工序暂停施工的日历天数

②非承包人自身的原因造成非关键线路上的工序暂停施工:

工期索赔值=工序暂停施工日历天数-该工序的总时差天数

(若时差为 0 或为负数时,工期不能索赔)

（2）比例计算法

在实际工程中，干扰事件常常仅影响某些单项工程、单位工程或分部工程的工期，要分析它们对总工期的影响，若采用网络分析法必须要借助计算机，否则分析极为困难，因此可采用简单粗略的计算方法——比例计算法，它是以某个技术经济指标作为比较基础计算出工期索赔值。具体计算按引起误期的事件体现为：

①按造价进行计算：

$$工期索赔值 = \frac{原合同工期 \times 附加或额外工程量清单}{原合同总价}$$

②按工程量进行计算：

$$工期索赔值 = \frac{原工期 \times 额外或新增工程量}{原工程量}$$

除以上两种主要方法外，还有一种直接计算法，即当干扰事件直接发生在关键线路上或一次性发生在一个项目上，造成总工期的延误，这时可通过查看施工日志、变更指令等资料，直接将这些资料中记载的延误时间作为工期索赔值。

【例4.3】　为了实施某建设项目，业主与施工单位按《建设工程施工合同（示范文本）》（GF-2017-0201）签订了建设工程施工合同。在工程施工过程中，遭受特大暴风雨袭击，造成了相应的损失，施工单位及时向监理工程师提出补偿要求，并附有相关的详细资料和证据。

施工单位认为遭受暴风雨袭击是因不可抗力造成的损失，故应由业主承担赔偿责任，包括：

①给已建部分工程造成破坏，损失计18万元，应由业主承担修复的经济责任。

②施工单位人员因此灾害受伤，处理医疗费用和补偿金总计3万元，业主应予赔偿。

③施工单位进场的正在使用的机械。设备受到损坏，造成损失8万元；同时因现场停工造成台班费损失4.2万元，业主应承担赔偿和修复责任。

④工人窝工费3.8万元。

⑤因暴风雨造成现场停工8天，要求合同工期顺延8天。

由于工程损害，清理现场需2.4万元，请求业主支付。

【问题】

（1）因不可抗力事件导致的损失与延误的工期，双方按什么原则分别承担？

（2）作为现场的监理工程师，应对施工单位提出的赔偿要求如何处理？

【分析】

（1）不可抗力的后果承担原则

①工程本身的损害、因工程损害导致第三方人员伤亡和财产损失以及运至施工场地用于施工的材料和待安装的设备的损害，由发包人承担。

②发包人和承包人人员伤亡由其所在单位负责承担相应费用。

③承包人机械设备损害及停工损失，由承包人承担。

④停工期间，承包人应工程师要求留在施工现场的必要管理人员及保卫人员的费用由发包人承担。

⑤工程所需清理费用、修复费用，由发包人承担。

⑥延误的工期相应顺延。

由合同一方拖延履行合同后发生不可抗力的,不能免除责任。

(2)索赔事件结果处理

①工程本身损失 18 万元,由业主承担。

②施工单位人员的医疗费用和补偿金 3 万元,由施工单位自行承担,索赔不予支持。

③施工单位的机械设备损坏和停工损失自己承担,索赔不予支持。

④工人窝工费 3.8 万元由施工单位自己承担,索赔不予支持。

⑤顺延工期 8 天可以索赔。

⑥工程清理费用 2.4 万元索赔予以支持。

【例 4.4】　某工程有 A,B,C,D,E 5 个单项工程。合同规定由业主提供水泥。在实际施工中,业主没能按合同规定日期供应水泥,造成工程停工待料。根据现场工程资料和合同双方通信证明,因业主水泥提供不及时对工程施工造成以下影响:A 单项工程 500 m^3 混凝土推迟 21 天,B 单项工程 850 m^3 混凝土推迟 7 天,C 单项工程 225 m^3 混凝土基础推迟 10 天,D 单项工程 480 m^3 混凝土基础推迟 10 天,E 单项工程 120 m^3 砖基础推迟 27 天。针对以上情况,承包人按合同规定期限及有关程序对业主提出工期索赔,其工期索赔报告如下:

索赔报告

题目:关于业主水泥提供不及时造成工期延误索赔

事件:根据现场工程资料的记录(具体记录内容略)和合同双方所有通信件(信件内容略),因业主水泥提供不及时对工程所造成的后果如案例中所述(此处略),根据双方签订合同中"业主提供水泥"的规定,业主行为属于违约行为。

理由:根据我国《建设工程施工合同(示范文本)》(GF-2017-0201)通用合同条款第 16 条款的规定,承包人可向业主提供出工期的索赔。

结论:该业主的行为造成工期延误,具体延误值经计算为 20 天(按比例分析法计算)。延期计算:按比例分析法计算,由单项工程工期拖延的平均值确定。

总延长天数:21 天+7 天+10 天+10 天+27 天=75 天

平均延长天数:75 天/5=15 天(平均延长天数=总延长天数/单项工程总数)

工期索赔值:15 天+5 天=20 天(加 5 天是考虑各单项工程工期延误不均匀性对总工期的影响)

附录:列出工程现场资料(如施工日志等)证据及有关的法律、法规(略)

费用索赔报告的编写格式与工期索赔报告的格式基本相同,只需增加损失估价,即要列出损失费用的计算方法、计算基础及其具体数值的大小。

项目小结

合同管理贯穿建设工程管理的全过程,是建设工程项目管理的一个重要内容。不断加强合同管理工作,不仅有利于全面提升建设企业工程管理水平,保障企业合法权益,而且有利于提高企业在建筑市场的竞争能力。本项目从招标与投标、合同的基础知识、建设工程合同、工程索赔 4 个方面展开详细论述。

任务 4.1 是招标与投标。该部分首先介绍了两种主要的招标方式,即公开招标和邀请招标,并分别介绍了两者的优缺点及适用范围;然后详细介绍了建设工程项目施工招标及投标程序;最后简要介绍了电子招投标流程。

任务 4.2 是合同的基础知识。该部分首先介绍了合同法律关系、代理制度和担保制度；然后阐述了合同的订立、履行、变更、转让和终止及相关规定；最后介绍了合同当事人违反合同约定后的违约责任。

任务 4.3 是建设工程合同。该部分首先重点阐述了总价合同、单价合同和成本加酬金合同的优缺点及适用范围；然后介绍了《建设工程施工合同（示范文本）》的组成，即合同协议书、通用合同条款和专用合同条款；最后介绍了常见的建设工程险，即建筑工程一切险（及第三者责任险）和安装工程一切险（及第三者责任险）。

任务 4.4 是工程索赔。该部分首先介绍了索赔的概念、分类、成立的前提条件、程序等；然后介绍了费用索赔和工期索赔的相关概念及计算方法。

练习题

一、单选题

1.建设工程的开标、评标、定标由（　　）依法组织实施，并接受有关行政主管部门的监督。

    A.招标单位　　　　B.监理单位　　　　C.设计单位　　　　D.建设单位

2.评标工作是由（　　）完成的，这个临时组织负责对所有投标文件进行评定、提出书面评标报告、推荐或确定中标候选人等工作。

    A.招标人　　　　B.评标委员会　　　　C.公证机关　　　　D.当地招标管理部门

3.评标委员会成员中技术、经济等方面的专家不得少于成员总数的（　　）。

    A.1/3　　　　B.1/2　　　　C.2/3　　　　D.2/5

4.招标投标法规定开标的时间应当是（　　）。

    A.提交投标文件截止时间的同一时间　　　　B.提交投标文件截止时间的 24 h 内

    C.提交投标文件截止时间的 30 天内　　　　D.提交投标文件截止时间后的任何时间

5.根据《招标投标法》的有关规定，下列说法符合开标程序的是（　　）。

    A.开标应在招标文件确定的提交投标文件截止时间的同一时间公开进行

    B.开标地点由招标人在开标前通知

    C.开标由建设行政主管部门主持，邀请中标人参加

    D.开标由建设行政主管部门主持，邀请所有投标人参加

6.下列排序符合《招标投标法》和《工程建设项目施工招标投标办法》规定的招标程序的是（　　）。

    ①发布招标公告　　②资质审查　　③接受投标书　　④开标、评标

    A.①②③④　　　　B.②①③④　　　　C.①③④②　　　　D.①③②④

7.某工程施工项目招标文件发售后，招标人的下列做法中，符合法律规定的是（　　）。

    A.由于潜在投标人众多，分两批组织进行现场踏勘

    B.对其中 3 家国有大型施工单位进行考察

    C.电话通知购买了招标文件的潜在投标人修改开标时间

    D.统一组织购买了招标文件的潜在投标人召开投标预备会

8.某项目进行公开招标，递交投标文件的截止日期为 3 月 10 日上午 9 时 0 分（周四）。某投标人采用快递方式寄送投标文件，招标人于 3 月 11 日收到了该份投标文件。投标文件上的邮

戳为3月9日,发出邮戳为3月10日。关于是否受理该投标文件,下列说法正确的是(　　)。

    A.投标人在投标文件截止之前发出了投标文件,对于投标文件晚到,投标人并无过错,故招标人应受理其投标文件

    B.投标文件上发出邮戳显示时间并未晚于投标文件截止日期,因此不能视为迟到,故应受理

    C.招标人实际收到的时间晚于投标文件截止日期,招标人应不予受理

    D.招标人应提交评标委员会确定是否接受该投标文件

9.甲公司参加某项目的投标,该项目招标文件开始发出之日为2019年9月1日,开标时间为2019年9月26日上午9点30分。甲公司修改投标文件可在(　　)进行。

    A.2019年12月25日上午9点30分前   B.2019年9月26日上午9点30分前

    C.2019年9月26日上午9点30分后   D.2019年11月31日前

10.投标人应按照(　　)的要求编制投标文件。

    A.资格预审文件   B.合同文件   C.招标文件   D.实质性条款

11.关于订立合同的要求,下列说法错误的是(　　)。

    A.招标人和中标人应按招标文件和投标文件的内容确定合同内容

    B.订立合同时,中标人在投标文件中提出的工期比招标文件中的工期短,以招标文件为准

    C.书面合同订立后,招标人和中标人不得再行订立背离合同实质性内容的其他协议

    D.根据《招标投标法》,招标人和中标人应自中标通知书发出之日起30日内订立书面合同

12.工程特别复杂,工程技术、结构方案不能预先确定,或时间特别紧迫,来不及进行详细的计划和商谈的项目,应采用(　　)。

    A.固定总价合同   B.固定单价合同

    C.可调价格合同   D.成本加酬金合同

13.合同形式指协议内容借以表现的形式。建设工程合同应采用(　　)。

    A.书面形式   B.口头形式   C.默认形式   D.批准形式

14.招标人以招标公告的方式邀请不特定的法人或者其他组织投标,从中择优选择中标单位的招标方式是(　　)。

    A.邀请招标   B.公开招标   C.自行招标   D.委托招标

15.(　　)是指通情达理的业主看到承包商为完成某项困难的施工,承受了额外费用损失,甚至承受重大亏损,出于善良意愿给承包商以适当的经济补偿。

    A.合同内索赔   B.合同外索赔   C.道义索赔   D.单项索赔

二、多选题

1.在建设工程项目招投标过程中,(　　)相当于要约,(　　)相当于承诺。

    A.招标公告   B.中标通知书   C.投标文件

    D.签订合同   E.资格预审

2.下列不属于投标程序的是(　　)。

    A.发布招标公告   B.参加资格预审并购买标书

C.编制施工组织设计　　　　　D.递交投标文件

E.建设工程项目报建

3.建设项目的投标有(　　　)情况的也应当按照废标处理。

A.未按要求密封　　　　　B.细微偏差　　　　　C.逾期送达

D.未按规定的格式填写,内容不全或字迹模糊、辨认不清

E.无单位和法定代表人或者代理人的印鉴,或未按规定加盖印鉴

4.采用邀请招标方式选择施工承包商时,业主在招标阶段的工作包括(　　　)。

A.发布招标广告　　　　　B.发出投标邀请函

C.进行资格预审　　　　　D.组织现场考察　　　　　E.召开标前答疑会

5.《建设工程施工合同(示范文本)》由(　　　)组成。

A.合同协议书　　　　　B.中标通知书　　　　　C.工程预算书

D.专用合同条款　　　　　E.通用合同条款

6.业主与承包商所签订的合同,按计价方式的不同,可分为(　　　)三大类型。

A.总价合同　　　　　B.单价合同　　　　　C.施工合同

D.总承包合同　　　　　E.成本加酬金合同

7.下列不能成为索赔的证据资料的有(　　　)。

A.合同文件　　　　　B.施工许可证　　　　　C.会议纪要

D.施工现场照片　　　　　E.项目建议书

8.根据代理权发生的依据不同,代理的种类有(　　　)。

A.委托代理　　　　　B.法定代理　　　　　C.指定代理

D.直接代理　　　　　E.无权代理

9.在工程施工索赔过程中要想取得成功,索赔要求必须符合(　　　)条件。

A.与合同对照,事件已造成了承包人工程项目成本的额外支出,或直接工期损失

B.造成费用增加或工期损失的原因,按合同约定不属于承包人的行为责任或风险责任

C.承包人按合同规定的程序和时间提交索赔意向通知和索赔报告

D.实际损失必须达到人民币 100 万元以上

E.其他要求

10.按照我国保险制度,工程一切险包括(　　　)。

A.建筑工程一切险　　　　　B.安装工程一切险　　　　　C.信用保险

D.综合性保险　　　　　E.人身意外伤害险

三、案例题

某工程是由一条公路和跨越公路的人行天桥构成的,合同总价 400 万元,合同工期 20 个月。施工过程中由于图纸出现错误,工程师指示部分工程暂停,承包人只能等待图纸修改后再继续施工。后来又因原有高压线需等电力部门迁移后方能施工,造成工期延误两个月。另外,又因增加额外工程 12 万元(已经得到补偿),经工程师批准延期 1.5 个月。承包人经赶工按原计划工期竣工,同时提出了费用索赔。请进行分析判断。

项目 5
建设工程项目成本管理

【情境导入】

　　某路桥公司中标青龙连接线六标(沙河特大桥工程,图5.1),由于该工程是低价中标,各项费用控制如不合理,就有可能赔本。在这种情况下,公司领导积极协调各方面的关系,抽调了一些管理能力强、业务水平高的技术人员组成了精干高效的项目经理部。项目经理部对施工成本进行了正确分解。中标价为1 726万元(不含暂定金),平均降价率21%,则预算价为2 185万元。项目经理部责任成本为2 185万元×70%≈1 530万元,企业可以掌握的费用为1 726万元-1 530万元=196万元,企业开支约120万元,企业应上缴的税金为54万元,则企业该工程的预期利润为196万元-120万元-54万元=22万元。

图5.1　沙河特大桥

　　如果公司在施工过程中能够严格按照此成本分解各项费用控制,那么在降价率达21%的情况下仍可实现微小的利润。由上述例子可以看出,施工企业只要将项目工程费用紧紧控制在预算价的70%以内,并切实加强施工过程中有效的成本监督管理,在激烈的市场竞争中,即使投标降价率达到15%(甚至22%),还是能取得良好的经济效益。

【项目简介】

建设工程项目成本管理应贯穿建设工程项目的全寿命周期,即在建设工程项目的决策阶段、实施阶段、使用阶段都有成本管理的需求。但由于实施阶段的时间长、资金量大、影响因素多,因此实施阶段的成本管理是建设工程项目成本管理最重要的一个环节。有鉴于此,本项目从基本概念、主要环节等方面对施工成本管理展开详细论述,主要包括以下7个方面的内容:施工成本管理概述、施工成本预测、施工成本计划、施工成本控制、施工成本核算、施工成本分析及施工成本考核。

【学习目标】

(1)掌握施工成本管理的任务与措施;(重点)

(2)了解施工成本预测;

(3)掌握施工成本计划的编制;(重点)

(4)掌握施工成本控制的方法;(重点、难点)

(5)理解施工成本核算;

(6)掌握施工成本分析的基本方法;(重点)

(7)了解施工成本考核。

任务 5.1　施工成本管理概述

5.1.1　施工成本管理的任务

1)施工成本的概念及组成

施工成本是指在建设工程项目的施工过程中所发生的全部生产费用的总和,包括所消耗的原材料、辅助材料、构配件等费用,周转材料的摊销费或租赁费,施工机械的使用费或租赁费,支付给生产工人的工资、奖金、工资性质的津贴以及进行施工组织与管理所发生的全部费用支出等。建设工程项目施工成本由直接成本和间接成本组成。

①直接成本是指施工过程中耗费的构成工程实体或有助于工程实体形成的各项费用支出,是可以直接计入工程对象的费用,包括人工费、材料费、施工机械使用费和施工措施费等。

②间接成本是指准备施工、组织和管理施工生产的全部费用支出,是非直接用于也无法直接计入工程对象,但为进行工程施工所必须发生的费用,包括管理人员工资、办公费、差旅交通费等。

2)施工成本管理的主要环节

施工成本管理的主要环节包括以下几个方面:

①施工成本预测;

②施工成本计划;

③施工成本控制;

④施工成本核算;

施工成本管理的任务及措施

⑤施工成本分析；

⑥施工成本考核。

5.1.2　施工成本管理的措施

施工成本管理就是要在保证工期和质量满足要求的情况下，采取相应的管理措施，包括组织措施、技术措施、经济措施、合同措施，将成本控制在计划范围内，并进一步寻求最大限度地节约成本。

1) 组织措施

组织措施是从施工成本管理的组织方面采取的措施。施工成本控制是全员的活动，如实行项目经理责任制，落实施工成本管理的组织机构和人员，明确各级施工成本管理人员的任务和职能分工、权利和责任。施工成本管理不仅是专业成本管理人员的工作，各级项目管理人员都负有成本控制责任。

组织措施的另一方面是编制施工成本控制工作计划，确定合理详细的工作流程。要做好施工采购计划，通过生产要素的优化配置、合理使用、动态管理，有效控制实际成本；加强施工定额管理和施工任务单管理，控制活劳动和物化劳动的消耗；加强施工调度，避免因施工计划不周和盲目调度造成窝工损失、机械利用率降低、物料积压等现象。成本控制工作只有建立在科学管理的基础之上，具备合理的管理体制，完善的规章制度，稳定的作业秩序，完整准确的信息传递，才能取得成效。组织措施是其他各类措施的前提和保障，而且一般不需要增加额外的费用，运用得当可以取得良好的效果。

2) 技术措施

施工过程中降低成本的技术措施包括：进行技术经济分析，确定最佳施工方案；结合施工方法进行材料使用的比选，在满足功能要求的前提下，通过代用、改变配合比、使用外加剂等方法降低材料消耗的费用；确定最合适的施工机械、设备使用方案；结合项目的施工组织设计及自然地理条件，降低材料的库存成本和运输成本；应用先进的施工技术，运用新材料，使用先进的机械设备等。在实践中，也要避免仅从技术角度选定方案而忽视对其经济效果的分析论证。

3) 经济措施

经济措施是最易被人们所接受和采用的措施。管理人员应编制资金使用计划，确定、分解施工成本管理目标；对施工成本管理目标进行风险分析，并制订防范性对策；对各种支出，应认真做好资金的使用计划，并在施工中严格控制各项开支；及时准确地记录、收集、整理、核算实际支出的费用；对各种变更，应及时做好增减账、落实业主签证并结算工程款；通过偏差分析和未完工工程预测，发现一些潜在的可能引起未完工程施工成本增加的问题，对这些问题应以主动控制为出发点，及时采取预防措施。因此，经济措施的运用绝不仅仅是财务人员的事情。

4) 合同措施

采用合同措施控制施工成本，应贯穿整个合同周期，包括从合同谈判开始到合同终结的全过程。对于分包项目，首先应选用合适的合同结构，对各种合同结构模式进行分析、比较，在合同谈判时，争取选用适合工程规模、性质和特点的合同结构模式；其次在合同条款中应仔细考虑一切影响成本和效益的因素,特别是潜在的风险因素。通过对引起成本变动的风险因素的识别和分析,采取必要的风险对策,如通过合理的方式增加承担风险的个体数量以降低损失发生的比例,并最终将这些策略体现在合同的具体条款中。在合同执行期间,既要密切注视对方合同执行的情况,以寻求合同索赔的机会,也要密切关注自己履行合同的情况,以防被对方索赔。

任务 5.2　施工成本预测

施工成本预测是在工程施工前对成本进行的估算。它是根据成本信息和施工项目的具体情况,运用一定的专门方法,对未来的成本水平及其发展趋势作出的科学估计。通过成本预测,可以在满足项目业主和本企业要求的前提下,选择成本低、效益好的最佳成本方案,并能在施工项目成本形成的过程中,针对薄弱环节,加强成本控制,克服盲目性,提高预见性。因此,施工成本预测是施工项目成本决策与计划的依据。

施工成本预测通常是对施工项目计划工期内影响其成本变化的各个因素进行分析,比照近期已完工施工项目或将完工施工项目的成本(单位成本),预测这些因素对工程成本中有关项目(成本项目)的影响程度,预测出工程的单位成本或总成本。

成本预测按照确定目标、收集和分析历史数据、选择预测方法、预测计算、分析修正预测值、写出预测报告等程序开展工作。预测方法主要有定性预测法和定量预测法两种。

（1）定性预测法

根据已经掌握的信息资料和直观材料,依靠具有丰富经验和分析能力的专家,运用主观经验,对施工项目的成本作出推断和估计,然后将各方意见进行综合。

（2）定量预测法

定量预测法也称为统计预测,是根据已掌握的比较完备的历史统计数据,运用一定的数学方法进行科学的加工整理,用以预测和推测未来发展变化情况的预测方法。常用方法有平均法、时间序列法、回归分析法(包括一元线性、多元线性、非线性回归法)、量本利分析法和因素分析法等。

任务 5.3　施工成本计划

5.3.1　施工成本计划的类型

对于施工项目而言,其成本计划的编制是一个不断深化的过程。在这一过程的不同阶段形成深度和作用不同的成本计划,若按其发挥的作用可分为以下三大类:

1）竞争性成本计划

竞争性成本计划是施工项目投标及签订合同阶段的估算成本计划。这类成本计划以招标文件中的合同条件、投标者须知、技术规范、设计图纸和工程量清单为依据,以有关价格条件说明为基础,结合调研、现场踏勘、答疑等情况,根据施工企业自身的工料消耗标准、水平、价格资料和费用指标等,对本企业完成投标工作所需支出的全部费用进行估算。在投标报价过程中,虽也着重考虑了降低成本的途径和措施,但总体上比较粗略。

2)指导性成本计划

指导性成本计划是选派项目经理阶段的预算成本计划,是项目经理的责任成本目标。它是以合同价为依据,按照企业的预算定额标准制订的设计预算成本计划,且一般情况下确定责任总成本目标。

3)实施性成本计划

实施性成本计划是项目施工准备阶段的施工预算成本计划,是以项目实施方案为依据,以落实项目经理责任目标为出发点,采用企业的施工定额通过施工预算的编制而形成的实施性施工成本计划。

以上三类成本计划相互衔接、不断深化,构成了整个工程项目施工成本的计划过程。其中,竞争性成本计划带有成本战略的性质,是施工项目投标阶段商务标书的基础,而有竞争力的商务标书又是以其先进合理的技术标书为支撑的。因此,它奠定了施工成本的基本框架和水平。指导性成本计划和实施性成本计划,都是竞争性成本计划的进一步展开和深化,是对竞争性成本计划的战术安排。

5.3.2　施工成本计划的编制依据

施工成本计划是施工项目成本控制的一个重要环节,是实现降低施工成本任务的指导性文件。如果针对施工项目所编制的成本计划达不到目标成本要求时,就必须组织施工项目经理部的有关人员重新研究,寻找降低成本的途径,重新进行编制。同时,编制成本计划的过程也是动员全体施工项目管理人员的过程,是挖掘降低成本潜力的过程,是检验施工技术质量管理、工期管理、物资消耗和劳动力消耗管理等是否有效落实的过程。

编制施工成本计划,需要广泛收集相关资料并进行整理,以作为施工成本计划编制的依据。在此基础上,根据有关设计文件、工程承包合同、施工组织设计、施工成本预测资料等,按照施工项目应投入的生产要素,结合各种因素变化的预测和拟采取的各种措施,估算施工项目生产费用支出的总水平,进而提出施工项目的成本计划控制指标,确定目标总成本。目标总成本确定后,应将总目标分解落实到各级部门,以便有效地进行控制。最后,通过综合平衡,编制完成施工成本计划。

施工成本计划的编制依据主要有:

①投标报价文件;

②企业定额、施工预算;

③施工组织设计或施工方案;

④人工、材料、机械台班的市场价;

施工成本
计划的编制

⑤企业颁布的材料指导价、企业内部机械台班价格、劳动力内部挂牌价格;

⑥周转设备内部租赁价格、摊销损耗标准;

⑦已签订的工程合同、分包合同(或估价书);

⑧结构件外加工计划和合同;

⑨有关财务成本核算制度和财务历史资料；

⑩施工成本预测资料；

⑪拟采取的降低施工成本的措施；

⑫其他相关资料。

在编制施工成本计划时应遵循以下原则：从实际情况出发、与其他计划相结合、采用先进技术经济定额、统一领导分级管理和适度弹性。

5.3.3　施工成本计划的编制方法

1)按施工成本组成编制施工成本计划的方法

施工成本计划的编制以成本预测为基础，关键是确定目标成本。计划的制订需结合施工组织设计的编制过程，通过不断地优化施工技术方案和合理配置生产要素，进行工、料、机消耗的分析，制订一系列节约成本的措施，确定施工成本计划。一般情况下，施工成本计划总额应控制在目标成本的范围内，并建立在切实可行的基础上。

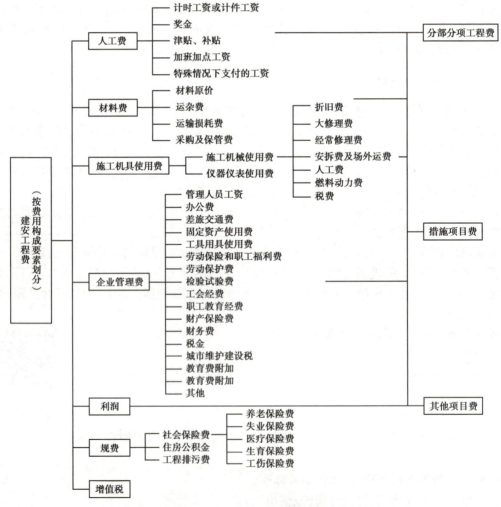

图 5.2　建筑安装工程费用项目组成

按照成本构成要素划分,建筑安装工程费由人工费、材料(包含工程设备)费、施工机具使用费、企业管理费、利润、规费和税金组成。其中,人工费、材料费、施工机具使用费、企业管理费和利润包含在分部分项工程费、措施项目费、其他项目费中,如图 5.2 所示。

施工成本可按成本构成分解为人工费、材料费、施工机具使用费和企业管理费等,如图 5.3 所示。在此基础上,编制按施工成本构成分解的施工成本计划。

图 5.3　按施工成本构成分解

2)按施工项目组成编制施工成本计划的方法

大中型工程项目通常是由若干单项工程构成的,而每个单项工程包括多个单位工程,每个单位工程又由若干分部分项工程构成。因此,首先要把项目总施工成本分解到单项工程和单位工程中,再进一步分解到分部工程和分项工程中,如图 5.4 所示。

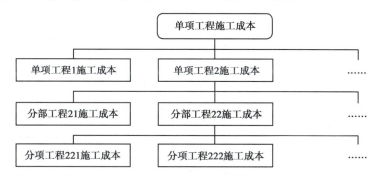

图 5.4　按施工项目组成分解

在完成施工项目成本目标分解后,接下来就要具体地分配成本,编制分项工程的成本支出计划,从而形成详细的成本计划表,见表 5.1。

表 5.1　分项工程成本计划表

分项工程编码	工程内容	计量单位	工程数量	计划成本	本分项总计
(1)	(2)	(3)	(4)	(5)	(6)

在编制成本支出计划时,要在项目总体层面上考虑总的预备费,也要在主要的分项工程中安排适当的不可预见费,避免在具体编制成本计划时,可能发现个别单位工程或工程量表中某项内容的工程量计算有较大出入,偏离原来的成本预算。因此,应在项目实施过程中对其尽可能地采取一些措施。

3)按施工进度编制施工成本计划的方法

按施工进度编制施工成本计划通常可在控制项目进度的网络图的基础上进一步扩充得到。即在建立网络图时,一方面确定完成各项工作所需花费的时间,另一方面确定完成这一工作合适的施工成本支出计划。在实践中,将工程项目分解为既能方便地表示时间,又能方便地表示施工成本支出计划的工作是不易的,通常如果项目分解程度对时间控制合适的话,则对施工成本支出计划可能分解过细,以至于不可能对每项工作确定其施工成本支出计划;反之亦然。因此,在编制网络计划时,应在充分考虑进度控制对项目划分要求的同时,还要考虑确定施工成本支出计划对项目划分的要求,做到二者兼顾。

通过对施工成本目标按时间进行分解,在网络计划的基础上,可获得项目进度计划的横道图(图5.5),并在此基础上编制成本计划。其表示方式有两种:一种是在时标网络图上按月编制的成本计划直方图,如图5.6所示;另一种是用时间-成本累积曲线(S形曲线)表示,如图5.7所示。

时间-成本
累计曲线

时间-成本累积曲线的绘制步骤如下:

①确定工程项目进度计划,编制进度计划横道图。

编码	项目名称	时间/月	费用强度/（万元·月⁻¹）	工程进度/月											
				01	02	03	04	05	06	07	08	09	10	11	12
11	场地平整	1	15	▬											
12	基础施工	3	25		▬▬▬										
13	主体工程施工	5	40				▬▬▬▬▬								
14	砌筑工程施工	3	35							▬▬▬					
15	屋面工程施工	2	30										▬▬		
16	楼地面施工	2	20											▬▬	

图5.5　进度计划横道图

②根据单位时间内完成的实物工程量或投入的人力、物力和财力,计算单位时间(月或旬)的成本,在时标网络图上按时间编制成本支出计划,如图5.6所示。

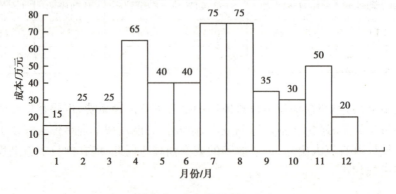

图5.6　成本计划直方图

　　③计算规定时间 t 计划累计支出的成本额。其计算方法为:将各单位时间计划完成的成本额累加求和。

　　④按各规定时间成本额累加值绘制 S 形曲线,如图 5.7 所示。

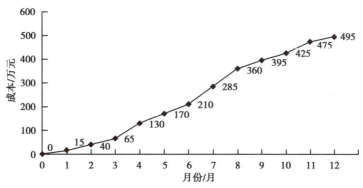

图 5.7　时间-成本累计曲线

　　每条 S 形曲线都对应某一特定的工程进度计划。因为在进度计划的非关键路线中存在许多有时差的工序或工作,因而 S 形曲线必然包络在由全部工作都按最早开始时间开始和全部工作都按最迟必须开始时间开始的曲线所组成的"香蕉图"内。项目经理可根据编制的成本支出计划来合理安排资金,同时项目经理也可根据筹措的资金来调整 S 形曲线,即通过调整非关键路线上的工序项目的最早或最迟开工时间,力争将实际的成本支出控制在计划的范围内。

　　一般而言,所有工作都按最迟开始时间开始,对节约资金贷款利息是有利的,但同时也降低了项目按期竣工的保证率。因此,项目经理必须合理地确定成本支出计划,达到既节约成本支出,又能控制项目工期的目的。

　　以上 3 种编制施工成本计划的方式并不是相互独立的。在实践中,往往是将这几种方式结合起来使用,从而可以取得扬长避短的效果。例如,将按项目分解总施工成本与按施工成本构成分解总施工成本两种方式相结合,横向按施工成本构成分解,纵向按子项目分解,或相反。这种分解方式有助于检查各分部分项工程施工成本构成是否完整,有无重复计算或漏算;同时,还有助于检查各项具体的施工成本支出的对象是否明确或落实,并且可以从数字上校核分解的结果有无错误。或者还可将按子项目分解项目总施工成本计划与按时间分解项目总施工成本计划结合起来,一般纵向按子项目分解,横向按时间分解。

任务 5.4　施工成本控制

　　施工成本控制是在施工过程中,对影响施工成本的各种因素加强管理,并采取各种有效措施,将施工中实际发生的各种消耗和支出严格控制在成本计划范围内;通过动态监控并及时反馈,严格审查各项费用是否符合标准,计算实际成本和计划成本之间的差异并进行分析,进而采取多种措施,减少或消除施工中的损失和浪费。

　　建设工程项目施工成本控制应贯穿于项目从投标阶段开始直至保证金返还的全过程,它是企业全面成本管理的重要环节。施工成本控制可分为事先控制、事中控制(过程控制)和事后控制。在项目施工过程中,需按动态控制原理对实际施工成本进行有效控制。

5.4.1 施工成本控制的依据

合同文件和成本计划规定了成本控制的目标,进度报告、工程变更与索赔资料是成本控制过程中的动态资料。

1) 工程承包合同

施工成本控制要以工程承包合同为依据,围绕降低工程成本这个目标,从预算收入和实际成本两个方面,研究节约成本、增加收益的有效途径,以求获得最大的经济效益。

2) 施工成本计划

施工成本计划是根据施工项目的具体情况制订的施工成本控制方案,既包括预定的具体成本控制目标,又包括实现控制目标的措施和规划,是施工成本控制的指导文件。

3) 进度报告

进度报告提供了对应时间节点的工程实际完成量、工程施工成本实际支付情况等重要信息。施工成本控制工作正是通过实际情况与施工成本计划相比较,找出二者之间的差别,分析偏差产生的原因,从而采取措施改进以后的工作。此外,进度报告还有助于管理者及时发现工程实施中存在的隐患,并在可能造成重大损失之前采取有效措施,尽量避免损失。

4) 工程变更

在项目实施过程中,出于各方面的原因,工程变更是很难避免的。工程变更一般包括设计变更、进度计划变更、施工条件变更、技术规范与标准变更、施工次序变更、工程量变更等。一旦出现变更,工程量、工期、成本等都有可能发生变化,从而使得施工成本控制工作变得更加复杂和困难。因此,施工成本管理人员应通过对变更要求中各类数据的计算、分析,及时掌握变更情况,包括已发生工程量、将要发生工程量、工期是否拖延、支付情况等重要信息,判断变更以及变更可能带来的索赔额度等。

除了上述几种施工成本控制工作的主要依据以外,施工组织设计、分包合同等有关文件资料也都是施工成本控制的依据。

5.4.2 施工成本控制的步骤

能否达到预期的成本目标,是施工成本控制是否成功的关键。对各岗位人员的成本管理行为进行控制,就是为了保证成本目标的实现。施工项目成本目标控制程序如下:

(1)确定施工项目成本目标及月度成本目标

在工程开工之初,项目经理部应根据公司与项目签订的项目承包合同确定项目的成本管理目标,并根据工程进度计划确定月度成本计划目标。

(2)收集成本数据,监测成本形成过程

过程控制的目的在于不断纠正成本形成过程中的偏差,保证成本项目的发生是在预定范围之内。因此,在施工过程中要定期收集反映施工成本支出情况的数据,并将实际发生情况与目标计划进行对比,从而保证有效控制成本的整个形成过程。

（3）分析偏差原因，制订对策

施工过程是一个多工种、多方位立体交叉作业的复杂活动，成本的发生和形成是很难按预定的目标进行的，因此，需要及时分析偏差产生的原因，分清是客观因素（如市场调价）还是人为因素（如管理行为失控），及时制订对策并予以纠正。

（4）用成本指标考核管理行为，用管理行为来保证成本指标

5.4.3　施工成本控制的方法

1）施工成本的过程控制方法

施工阶段是成本发生的主要阶段，这个阶段的成本控制主要是通过确定成本目标并按计划成本组织施工，合理配置资源，对施工现场发生的各项成本费用进行有效控制，具体控制方法如下：

施工成本的
过程控制
方法

（1）人工费的控制

人工费的控制实行"量价分离"的方法，将作业用工及零星用工按定额用工的一定比例综合确定用工数量与单价，通过劳务合同进行控制。人工费的影响因素主要有社会平均工资水平、生产消费指数、劳动力市场供需变化、政府推行的社会保障和福利政策（影响人工单价）；经会审的施工图、施工定额、施工组织设计等（决定人工的消耗量）。

（2）材料费的控制

材料费的控制同样按照"量价分离"原则，控制材料用量和材料价格。材料用量的控制，是在保证符合设计要求和质量标准的前提下，合理使用材料，通过定额控制、指标控制、计量控制、包干控制等手段有效控制物资材料的消耗；材料价格的控制主要是由材料采购部门通过掌握市场信息，应用招标和询价等方式控制材料、设备的采购价格。

（3）施工机械使用费的控制

由于不同的起重运输机械各有不同的特点，因此应根据工程特点和施工条件，在满足施工需要的基础上，充分考虑费用的高低和综合经济效益，进而确定采取的起重运输机械的组合方式，合理选择、合理使用施工机械设备。施工机械使用费主要由台班数量和台班单价两个方面决定，因此为有效控制施工机械使用费支出，应主要从这两个方面进行控制。

（4）施工分包费用的控制

分包工程价格的高低，必然对项目经理部的施工项目成本产生一定的影响。因此，施工项目成本控制的重要工作之一是对分包价格的控制。项目经理部应在确定施工方案的初期就确定需要分包的工程范围，决定分包范围的因素主要是施工项目的专业性和项目规模。对分包费用的控制，主要是要做好分包工程的询价、订立平等互利的分包合同、建立稳定的分包关系网络、加强施工验收和分包结算等工作。

2）赢得值（挣值）法

赢得值法（Earned Value Management，EVM）作为一项先进的项目管理技术，最初是美国国防部于 1967 年首次确立的。目前，国际上先进的工程公司已普遍采用赢得值法进行工程项目的费用、进度综合分析控制。用赢得值法进行费用、进度综合分析控制，基本参数有 3 项，即已

完工作预算费用、计划工作预算费用和已完工作实际费用。

(1)赢得值法的三个基本参数

①已完工作预算费用(Budgeted Cost For Work Performed,BCWP),是指在某一时间已经完成的工作(或部分工作),以批准认可的预算为标准所需的资金总额,由于发包人正是根据这个值为承包人完成的工作量支付相应的费用,也就是承包人获得(挣得)的金额,故称赢得值或挣值。

$$已完工作预算费用(BCWP) = 已完成工作量 \times 预算单价 \tag{5.1}$$

②计划工作预算费用(Budgeted Cost For Work Scheduled,BCWS),即根据进度计划,在某一时刻应完成的工作(或部分工作),以预算为标准所需要的资金总额。一般来说,除非合同有变更,BCWS 在工程实施过程中应保持不变。

$$计划工作预算费用(BCWS) = 计划工作量 \times 预算单价 \tag{5.2}$$

③已完工作实际费用(Actual Cost For Work Performed,ACWP),即到某一时刻为止,已完成的工作(或部分工作)所实际花费的总金额。

$$已完工作实际费用(ACWP) = 已完成工作量 \times 实际单价 \tag{5.3}$$

(2)赢得值法的四个评价指标

在这三个基本参数的基础上,可以确定赢得值法的四个评价指标,它们都是时间的函数。

①费用偏差 CV。

$$费用偏差(CV) = 已完工作预算费用(BCWP) - 已完工作实际费用(ACWP) \tag{5.4}$$

当费用偏差 CV 为负值时,即表示项目运行超出预算费用;当费用偏差 CV 为正值时,表示项目运行节支,实际费用没有超出预算费用。

②进度偏差 SV。

$$进度偏差(SV) = 已完工作预算费用(BCWP) - 计划工作预算费用(BCWS) \tag{5.5}$$

当进度偏差 SV 为负值时,表示进度延误,即实际进度落后于计划进度;当进度偏差 SV 为正值时,表示进度提前,即实际进度快于计划进度。

③费用绩效指数 CPI。

$$费用绩效指数(CPI) = \frac{已完工作预算费用(BCWP)}{已完工作实际费用(ACWP)} \tag{5.6}$$

当费用绩效指数(CPI)<1 时,表示超支,即实际费用高于预算费用。
当费用绩效指数(CPI)>1 时,表示节支,即实际费用低于预算费用。

④进度绩效指数 SPI。

$$进度绩效指数(SPI) = \frac{已完工作预算费用(BCWP)}{计划工作预算费用(BCWS)} \tag{5.7}$$

当进度绩效指数(SPI)<1 时,表示进度延误,即实际进度比计划进度慢。
当进度绩效指数(SPI)>1 时,表示进度提前,即实际进度比计划进度快。

费用(进度)偏差反映的是绝对偏差,结果很直观,有助于费用管理人员了解项目费用出现偏差的绝对数额,并依此采取一定的措施,制订或调整费用支出计划和资金筹措计划。但是,绝对偏差有其不容忽视的局限性。如同样是 10 万元的费用偏差,对于总费用 1 000 万元的项目和总费用 1 亿元的项目而言,其严重性显然是不同的。因此,费用(进度)偏差仅适合于对同一项目作偏差分析。费用(进度)绩效指数反映的是相对偏差,它不受项目层次的限制,也不受项目实施时间的限制,因而在同一项目和不同项目比较中均可采用。

在项目的费用、进度综合控制中引入赢得值法,可以克服过去进度、费用分开控制的缺点,即当发现费用超支时,很难立即知道是因费用超出预算,还是因进度提前。相反,当发现费用低于预算时,也很难立即知道是因费用节省,还是因进度拖延,而引入赢得值法即可定量地判断进度、费用的执行效果。

3) 偏差分析的表达方法

偏差分析可采用不同的表达方法,常用的有横道图法、表格法和曲线法。

(1) 横道图法

用横道图法进行费用偏差分析,是用不同的横道标识已完工作预算费用(BCWP)、计划工作预算费用(BCWS)和已完工作实际费用(ACWP),横道的长度与其金额成正比,如图 5.8 所示。

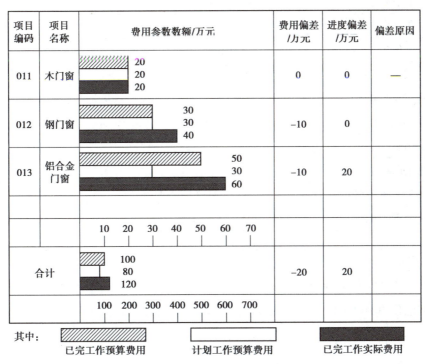

图 5.8   费用偏差分析横道图法

横道图法具有形象、直观、一目了然等优点,它能准确表达出费用的绝对偏差,而且能直观地表明偏差的严重性。但这种方法反映的信息量少,一般在项目的较高管理层应用。

(2) 表格法

表格法是进行偏差分析最常用的一种方法,见表 5.2。它将项目编号、名称、各费用参数以及费用偏差数综合归纳入一张表格中,并且直接在表格中进行比较。由于各偏差参数都在表中列出,使得费用管理者能够综合地了解并处理这些数据。

用表格法进行偏差分析具有以下优点:

①灵活、适用性强。可根据实际需要设计表格,进行增减项。

②信息量大。可以反映分析所需的资料,从而有利于费用控制人员及时采取针对性措施,

加强控制。

③表格处理可借助于计算机,从而节约大量数据处理所需的人力,并大大提高速度。

表 5.2　费用偏差分析表

项目编码	(1)	011	012	013
项目名称	(2)	木门窗	钢门窗	铝合金门窗
单位	(3)			
预算(计划)单价	(4)			
计划工作量	(5)			
计划工作预算费用(BCWS)	(6)=(5)×(4)	20	30	30
已完成工作量	(7)			
已完工作预算费用(BCWP)	(8)=(7)×(4)	20	30	50
实际单价	(9)			
其他款项	(10)			
已完工作实际费用(ACWP)	(11)=(7)×(9)+(10)	20	40	60
费用局部偏差	(12)=(8)-(11)	0	-10	-10
费用绩效指数 CPI	(13)=(8)÷(11)	1.00	0.75	0.83
费用累计偏差	(14) = $\sum$ (12)	-20		
进度局部偏差	(15)=(8)-(6)	0	0	20
进度绩效指数 SPI	(16)=(8)÷(6)	1	1	1.67
进度累计偏差	(17) = $\sum$ (15)	20		

(3)曲线法

在项目实施过程中,以上 3 个参数可以形成 3 条曲线,即计划工作预算费用(BCWS)、已完工作预算费用(BCWP)、已完工作实际费用(ACWP)曲线,如图 5.9 所示。

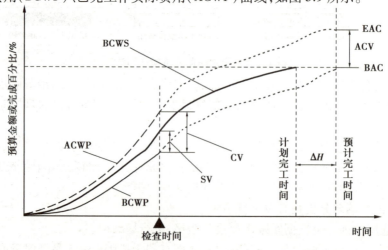

图 5.9　赢得值法评价曲线

图中 CV＝BCWP－ACWP,因为两项参数均以已完工作为计算基准,所以两项参数之差反映项目进展的费用偏差。

SV＝BCWP－BCWS,因为两项参数均以预算值(计划值)作为计算基准,所以两者之差反映项目进展的进度偏差。

【例 5.1】　某工程进度计划与实际进度见表 5.3,表中粗实线表示计划进度(上方数据为每周计划投资),粗虚线表示实际进度(上方数据为每周实际投资),假定各分项工程每周计划完成和实际完成的工程量相等,且进度匀速进展。

表 5.3　进度计划与实际进度

施工过程	进度/周									
	1	2	3	4	5	6	7	8	9	10
A	6 6 6									
	6 6 5									
B		5 5	5 5							
				4	5	5				
C				8 8	8 8					
					8	8	8			
D						3 3	3 3			
							4 4	3 3		

【问题】1.计算每周投资数据(3 个参数);

　　　　2.绘制该工程的 3 条投资曲线;

　　　　3.分析第五周和第八周末的投资偏差和进度偏差。

【解】　1.用表格法计算每周投资数据,见表 5.4。

表 5.4　每周投资数据

项目	投资数据									
	1	2	3	4	5	6	7	8	9	10
每周拟完工程计划投资	6	11	11	13	13	11	11	3	3	—
拟完工程计划投资累计	6	17	28	41	54	65	76	79	82	—
每周已完工程实际投资	6	6	5	4	12	13	16	11	3	3
已完工程实际投资累计	6	12	17	21	33	46	62	73	76	79
每周已完工程计划投资	6	6	6	5	13	13	16	11	3	3
已完工程计划投资累计	6	12	18	23	36	49	65	76	79	82

2.绘制该工程的 3 条投资曲线,如图 5.10 所示。

3.分析第五周和第八周末的投资偏差和进度偏差。

第五周末进度偏差:$SV_1＝BCWP－BCWS$

$$＝(6×3+5×2+8)\text{万元}-(6×3+5×4+8×2)\text{万元}=-18\text{ 万元}$$

第五周末费用偏差:$CV_1＝BCWP－ACWP＝36-33＝3$ 万元

故进度拖延 18 万元,费用节支 3 万元。

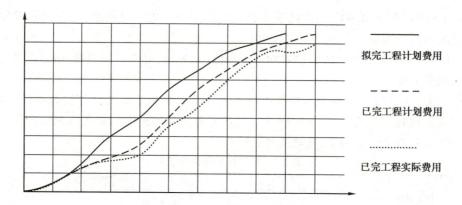

拟完工程计划费用

已完工程计划费用

已完工程实际费用

图 5.10　3 条投资曲线

第八周末费用偏差：$CV = BCWP - ACWP = 76$ 万元 $- 73$ 万元 $= 3$ 万元

第八周末进度偏差：$CV_1 = BCWP - BCWS = 76$ 万元 $- 79$ 万元 $= -3$ 万元

故前 8 周节支 3 万元，进度拖延 3 万元。

4）偏差原因分析与纠偏措施

（1）偏差原因分析

在实际执行过程中，最理想的状态是已完工作实际费用（ACWP）、计划工作预算费用（BCWS）、已完工作预算费用（BCWP）3 条曲线靠得很近、平稳上升，表示项目按预定计划目标进行。如果 3 条曲线离散度不断增加，则可能出现较大的投资偏差。

偏差分析的一个重要目的就是找出引起偏差的原因，从而采取有针对性的措施，减少或避免相同问题的再次发生。在进行偏差原因分析时，首先应将已经导致和可能导致偏差的各种原因逐一列举出来。导致不同工程项目产生费用偏差的原因具有一定的共性，因而可通过对已建项目的费用偏差原因进行归纳和总结，为该项目采取预防措施提供依据。

一般来说，产生费用偏差的原因有以下几种，如图 5.11 所示。

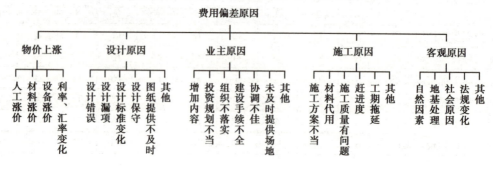

图 5.11　费用偏差原因

（2）纠偏措施

通常要压缩已经超支的费用，而不影响其他目标是十分困难的，一般只有当给出的措施比原计划已选定的措施更为有利时，比如使工程范围减少或生产效率提高等，成本才能降低，例如：

①寻找新的、效率更高的设计方案；

②购买部分产品,而不是采用完全由自己生产的产品;

③重新选择供应商,但会产生供应风险,选择需要时间;

④改变实施过程;

⑤变更工程范围;

⑥索赔,如向业主、承(分)包商、供应商索赔以弥补费用超支。

任务 5.5　施工成本核算

施工成本核算包括两个基本环节:一是按照规定的成本开支范围对施工费用进行归集和分配,计算出施工费用的实际发生额;二是根据成本核算对象,采用适当的方法,计算出该施工项目的总成本和单位成本。施工成本管理需要正确及时地核算施工过程中发生的各项费用,计算施工项目的实际成本。施工项目成本核算所提供的各种成本信息是成本预测、成本计划、成本控制、成本分析和成本考核等各个环节的依据。

施工成本核算一般以单位工程为对象,但也可按承包工程项目的规模、工期、结构类型、施工组织和施工现场等情况,结合成本管理要求,灵活划分成本核算对象。施工成本核算的基本内容包括人工费核算、材料费核算、周转材料费核算、结构件费核算、机械使用费核算、措施费核算、分包工程成本核算、企业管理费核算、项目月度施工成本报告编制。

施工成本核算制是明确施工成本核算的原则、范围、程序、方法、内容、责任及要求的制度。项目管理必须实行施工成本核算制,它和项目经理责任制等共同构成了项目管理的运行机制。公司层与项目经理部的经济关系、管理责任关系、管理权限关系,以及项目管理组织所承担的责任成本核算的范围、核算业务流程和要求等,都应以制度的形式作出明确的规定。

项目经理部要建立一系列项目业务核算台账和施工成本会计账户,实施全过程的成本核算,具体可分为定期成本核算和竣工工程成本核算。定期成本核算是竣工工程全面成本核算的基础,包括每天、每周、每月的成本核算等。

形象进度、产值统计、实际成本归集"三同步",即三者的取值范围应是一致的。形象进度表达的工程量、统计施工产值的工程量和实际成本归集所依据的工程量均应是相同的数值。

对竣工工程的成本核算,应区分为竣工工程现场成本和竣工工程完全成本,分别由项目经理部和企业财务部门进行核算分析,其目的在于分别考核项目管理绩效和企业经营效益。

任务 5.6　施工成本分析

5.6.1　施工成本分析的依据

通过施工成本分析,可从账簿、报表反映的成本现象中看清成本的实质,从而增强项目成本的透明度和可控性,为加强成本控制、实现项目成本目标创造条件。施工成本分析的主要依据是会计核算、业务核算和统计核算所提供的资料。

1）会计核算

会计核算主要是价值核算。会计是对一定单位的经济业务进行计量、记录、分析和检查，作出预测，参与决策，实行监督，旨在实现最优经济效益的一种管理活动。它通过设置账户、复式记账、填制和审核凭证、登记账簿、成本计算、财产清查和编制会计报表等一系列有组织有系统的方法，来记录企业的一切生产经营活动，然后据此提出一些用货币来反映的有关各种综合性经济指标的数据，如资产、负债、所有者权益、收入、费用和利润等。因为会计记录具有连续性、系统性、综合性等特点，所以它是施工成本分析的重要依据。

2）业务核算

业务核算是各业务部门根据业务工作的需要建立的核算制度，包括原始记录和计算登记表，如单位工程及分部分项工程进度登记，质量登记，工效、定额计算登记，物资消耗定额记录，测试记录等。业务核算的范围比会计、统计核算要广。会计和统计核算一般是对已发生的经济活动进行的核算，而业务核算不但可以核算已经完成的项目是否达到原定的目的、取得预期的效果，而且可以对尚未发生或正在发生的经济活动进行核算，以确定该项经济活动是否有经济效果，是否有执行的必要。它的特点是对个别的经济业务进行单项核算，如各种技术措施、新工艺等项目。业务核算的目的在于迅速取得资料，以便在经济活动中及时采取措施进行调整。

3）统计核算

统计核算是利用会计核算资料和业务核算资料，把企业生产经营活动客观现状的大量数据，按统计方法加以系统整理，以发现其规律性。它的计量尺度比会计宽，可以用货币计算，也可以用实物或劳动量计量。它通过全面调查和抽样调查等特有的方法，不仅能提供绝对数指标，还能提供相对数和平均数指标，可计算当前的实际水平，还可确定变动速度以预测发展的趋势。

施工成本
分析

5.6.2 施工成本分析的基本方法

施工成本分析的基本方法包括比较法、因素分析法、差额计算法、比率法等。

1）比较法

比较法又称指标对比分析法，是指对比技术经济指标，检查目标的完成情况，分析产生差异的原因，进而挖掘降低成本的方法。这种方法通俗易懂、简单易行、便于掌握，因而得到了广泛的应用，但在应用时必须注意各技术经济指标的可比性。比较法的应用通常有以下形式：

（1）将实际指标与目标指标对比

以此检查目标完成情况，分析影响目标完成的积极因素和消极因素，以便及时采取措施，保证成本目标的实现。在进行实际指标与目标指标对比时，还应注意目标本身有无问题，如果目标本身出现问题，则应调整目标，重新评价实际工作。

（2）本期实际指标与上期实际指标对比

通过本期实际指标与上期实际指标对比，可以看出各项技术经济指标的变动情况，反映施工管理水平的提高程度。

（3）与本行业平均水平、先进水平对比

通过这种对比，可以反映本项目的技术和经济管理水平与行业的平均及先进水平的差距，进而采取措施提高本项目管理水平。

以上 3 种对比可在一张表中同时反映。例如，某项目本年计划节约"三材"5 万元，实际节约 6 万元，上年节约 4.5 万元，本企业先进水平节约 7 万元。根据上述资料编制分析见表 5.5。

表 5.5　实际指标与上期指标、先进水平对比表　　　单位:万元

指　标	本年计划数	上年实际数	企业先进水平	本年实际数	差异数		
					与计划比	与上年比	与先进比
"三材"节约额	5	4.5	7	6	1	1.5	−1

2）因素分析法

因素分析法又称连环置换法，可用来分析各种因素对成本的影响程度。在进行分析时，假定众多因素中的一个因素发生了变化，而其他因素不变，然后逐个替换，分别比较其计算结果，以确定各个因素的变化对成本的影响程度。因素分析法的计算步骤如下：

①确定分析对象，计算实际与目标数的差异；

②确定该指标是由哪些因素组成的，并按其相互关系进行排序；

③以目标数为基础，将各因素的目标数相乘，作为分析替代的基数；

因素分析法

④将各个因素的实际数按已确定的排列顺序进行替换计算，并将替换后的实际数保留下来；

⑤将每次替换计算所得的结果与前一次的计算结果相比较，两者的差异即为该因素对成本的影响程度。

⑥各个因素的影响程度之和应与分析对象的总差异相等。

【例 5.2】　商品混凝土目标成本为 325 500 元，实际成本为 368 225 元，比目标成本增加 42 725 元，资料见表 5.6。请分析成本增加的原因。

表 5.6　商品混凝土目标成本与实际成本对比表

项目	单位	目标	实际	差额
产量	m³	500	550	+50
单价	元	620	650	+30
损耗率	%	5	3	−2
成本	元	325 500	368 225	+42 725

【解】　1.分析对象是商品混凝土的成本，实际成本与目标成本的差额为 42 725 元，该指标是由产量、单价、损耗率 3 个因素组成的，其排序见表 5.6。

2.以目标数 325 500（ =500×620×1.05）元为分析替代的基础。

第一次替代产量因素，以 550 替代 500：550×620×1.05 元 =358 050 元

第二次替代单价因素,以 650 替代 620,并保留上次替代后的值:550×650×1.05 = 375 375元

第三次替代损耗率因素,以 1.03 替代 1.05,并保留上两次替代后的值:550×650×1.03 = 368 225 元

3.计算差额:

第一次替代与目标数的差额=(358 050-325 500)元=32 550 元

第二次替代与第一次替代的差额=(375 375-358 050)元=17 325 元

第三次替代与第二次替代的差额=(368 225-375 375)元=-7 150 元

4.产量增加使成本增加了 32 550 元,单价提高使成本增加了 17 325 元,而损耗率下降使成本减少了 7 150 元。

5.各因素的影响程度之和=(32 550+17 325-7 150)元=42 725 元,与实际成本和目标成本的总差额相等。

差额计算法

3)差额计算法

差额计算法是因素分析法的一种简化形式,它利用各个因素的目标值与实际值的差额来计算其对成本的影响程度。

【例 5.3】 某施工项目某月的实际成本降低额比计划提高了 3.6 万元,见表 5.7。

表 5.7 降低成本计划与实际对比表

项目	单位	计划	实际	差额
预算成本	万元	280	300	+20
成本降低率	%	3	4	+1
成本降低额	万元	8.4	12	+3.6

请用"差额计算法"分析预算成本和成本降低率对成本降低额的影响程度。

【解】 1.预算成本增加对成本降低额的影响程度:(300-280)万元×3%=0.6 万元

2.成本降低率提高对成本降低额的影响程度:(4%-3%)万元×300=3.0 万元

以上两项合计:0.6 万元+3.0 万元=3.6 万元

4)比率法

比率法是指用两个以上的指标的比例进行分析的方法。它的基本特点是:先把对比分析的数值变成相对数,再观察其相互之间的关系。常用的比率法有以下几种:

比率法

(1)相关比率法

由于项目经济活动的各个方面是相互联系、相互依存、相互影响的,因而可以两个性质不同且相关的指标加以对比,求出比率,并以此来考察经营成果的好坏。例如,产值和工资是两个不同的概念,但它们是投入与产出的关系。在一般情况下,都希望以最少的工资支出完成最大的产值。因此,用产值工资率指标来考核人工费的支出水平,可以很好地分析人工成本。

（2）构成比率法

构成比率法又称比重分析法或结构对比分析法。通过构成比率，可以考察成本总量的构成情况及各成本项目占总成本的比重，同时也可看出预算成本、实际成本和降低成本的比例关系，从而寻求降低成本的途径，见表5.8。

表5.8　成本构成比例分析表

成本项目	预算成本		实际成本		降低成本		
	金额/万元	比重/%	金额/万元	比重/%	金额/万元	占本项/%	占总量/%
一、直接成本	9 612.23	94.88	9 009.28	93.63	602.95	6.27	5.95
1.人工费	2 019.06	19.93	2 036.54	21.17	−17.48	−0.87	−0.17
2.材料费	6 533.69	64.49	5 936.19	61.69	597.5	9.14	5.90
3.机具使用费	631.67	6.23	644.98	6.70	−13.31	−2.11	−0.13
4.措施费	427.81	4.22	391.57	4.07	36.24	8.47	0.36
二、间接成本	519.17	5.12	612.62	6.37	93.45	−18.00	−0.92
总成本	10 131.40	100	9 621.90	100	509.5	5.03	5.03
比例/%	100	—	94.97	—	5.03	—	—

（3）动态比率法

动态比率法是将同类指标不同时期的数值进行对比，求出比率，以分析该项指标的发展方向和发展速度。动态比率的计算通常采用基期指数和环比指数两种方法，见表5.9。

表5.9　指标动态比较表

指标	第一季度	第二季度	第三季度	第四季度
降低成本/万元	14.90	15.60	16.70	19.11
基期指数（第一季度＝100）/%		104.70	112.08	128.26
环比指数（上一季度＝100）/%		104.70	107.05	114.43

任务5.7　施工成本考核

施工成本考核是指在施工项目完成后，对施工项目成本形成中的各责任者，按施工项目成本目标责任制的有关规定，将成本的实际指标与计划、定额、预算进行对比和考核，评定施工项目成本计划的完成情况和各责任者的业绩，并据此给予相应的奖励和处罚。通过成本考核，做到有奖有惩，赏罚分明，才能有效地调动每位员工在各自施工岗位上努力完成目标成本的积极性，从而降低施工项目成本，提高企业效益。

施工成本考核是衡量成本降低的实际成果，也是对成本指标完成情况的总结和评价。成本考核制度包括考核的目的、时间、范围、对象、方式、依据、指标、组织领导、评价与奖惩原则等内容。

以施工成本降低额和施工成本降低率作为成本考核的主要指标,要加强公司层对项目经理部的指导,并充分依靠管理人员、技术人员和作业人员的经验和知识,防止项目管理在企业内部异化为靠少数人承担风险的以包代管模式。成本考核也分别考核公司层和项目经理部。

公司层对项目经理部进行考核与奖惩时,既要防止虚盈实亏,也要避免实际成本归集差错等的影响,使施工成本考核真正做到公平、公正、公开,在此基础上落实施工成本管理责任制的奖惩措施。

施工成本管理的每一个环节都是相互联系和相互作用的。成本预测是成本决策的前提,成本计划是成本决策所确定目标的具体化。成本计划控制则是对成本计划的实施进行控制和监督,保证决策的成本目标的实现,而成本核算又是对成本计划是否实现的最后检验,它所提供的成本信息又将为下一个施工项目成本预测和决策提供基础资料。成本考核是实现成本目标责任制的保证和实现决策目标的重要手段。

项目小结

在实际生产活动中,成本是项目管理的一个关键性目标。本项目以施工成本管理的主要环节为主线,对建设工程成本管理展开论述,主要包括以下 7 个方面的内容:

任务 5.1 是施工成本管理概述。该任务介绍了施工成本的概念和组成,并简要介绍了施工成本管理的主要环节,即施工成本预测、施工成本计划、施工成本控制、施工成本核算、施工成本分析、施工成本考核。

任务 5.2 是施工成本预测。该任务首先介绍了成本预测在成本管理过程中的作用;然后介绍了成本预测的两种主要方法,即定性预测法和定量预测法。

任务 5.3 是施工成本计划。该任务首先阐明了成本计划的类型主要有竞争性成本计划、指导性成本计划、实施性成本计划 3 种;然后详细介绍了成本计划的编制依据;最后详细论述了施工成本计划的 3 种编制方法(按施工成本组成、按施工项目组成、按施工进度),并特别强调不同施工成本计划之间是相互衔接、相辅相成的关系。

任务 5.4 是施工成本控制。该任务首先介绍了成本控制的依据,主要包括工程承包合同、施工成本计划、进度报告和工程变更;然后详细论述了施工成本控制的方法,特别是赢得值法的三个基本参数和赢得值法的四个评价指标。

任务 5.5 是施工成本核算。该任务包括两个基本环节:一是按照规定的成本开支范围对施工费用进行归集和分配,计算出施工费用的实际发生额;二是根据成本核算对象,采用适当的方法,计算出该施工项目的总成本和单位成本。

任务 5.6 是施工成本分析。该任务主要包括施工成本分析的依据和施工成本分析的基本方法两个部分。第一部分详细介绍了会计核算、业务核算、统计核算 3 种依据;第二部分详细论述了比较法、因素分析法、差额计算法、比率法 4 种方法。

任务 5.7 是施工成本考核。施工成本考核是衡量成本降低的实际成果,也是对成本指标完成情况的总结和评价。成本考核制度包括考核的目的、时间、范围、对象、方式、依据、指标、组织领导、评价与奖惩原则等内容。

练习题

一、单选题

1.运用动态控制原理控制施工成本的工作步骤包括:①收集施工成本的实际值;②将施工成本目标逐层分解;③将实际值与计划值比较;④找出偏差采取纠偏措施。正确的步骤顺序是( )。

A.①→②→③→④　　B.①→④→②→③　　C.②→③→④→①　　D.②→①→③→④

2.下列费用中,不属于施工项目直接成本的是( )。

A.人工费　　　　　B.办公费　　　　　C.材料费　　　　　D.施工机械使用费

3.工程项目施工成本管理过程中,完成成本预测以后,应进行下列工作:①成本计划;②成本核算;③成本控制;④成本考核;⑤成本分析。其顺序为( )。

A.①→③→②→⑤→④　　　　　　　B.①→②→③→④→⑤

C.①→③→④→②→⑤　　　　　　　D.①→④→②→③→⑤

4.施工成本核算的基本环节中不包括( )。

A.衡量成本降低的实际成果,对成本指标完成情况进行总结和评价

B.计算出施工费用的实际发生额

C.计算出该施工项目的总成本和单位成本

D.按照规定的成本开支范围对施工费用进行归集和分配

5.施工总成本目标确定之后,还需通过编制详细的( )把目标成本层层分解,落实到施工过程的每个环节,有效地进行成本控制。

A.竞争性成本计划　　　　　　　　B.指导性成本计划

C.实施性成本计划　　　　　　　　D.施工项目成本计划

6.将项目总施工成本分解到单项工程和单位工程中,再进一步分解为分部工程和分项工程,该种施工成本计划的编制方式是( )编制施工成本计划。

A.按施工成本组成　　B.按子项目组成　　C.按工程进度　　D.按合同结构

7.施工成本中的人工费的控制,实行( )的方法。

A.计量控制　　　B.指标控制　　　C.量价分离　　　D.包干控制

8.施工项目成本控制应贯穿项目全过程,具体是指( )的阶段。

A.从工程投标报价开始直至项目保证金返还

B.从项目立项开始直至竣工验收

C.从项目开工开始直至保修期满

D.从基础施工开始到主体施工结束

9.用曲线法进行施工成本偏差分析时,在检测时间点上已完工作实际费用曲线与已完工作预算费用曲线的竖向距离表示( )。

A.累计费用偏差　　B.累计进度偏差　　C.局部进度偏差　　D.局部费用偏差

10.施工成本分析是在( )的基础上,对成本的形成过程和影响因素进行分析。

A.施工成本计划　　B.施工成本预测　　C.施工成本核算　　D.施工成本考核

二、多选题

1.施工成本管理就是要在(　　　)的情况下,采取相应管理措施,把成本控制在计划范围内。

A.保证工期　　　　　B.确保质量优良　　　　　C.缩短工期

D.满足质量要求　　　E.成本支出最小化

2.施工成本分析的依据是(　　　)所提供的资料。

A.会计核算　　　　　B.业务核算　　　　　　　C.进度报告

D.统计核算　　　　　E.工程变更

3.按单位时间编制的施工成本计划,所得的S形曲线必然包络在全部工作都按(　　　)和全部工作都按(　　　)开始的曲线所组成的"香蕉图"内。

A.最早开始时间　　　B.最迟开始时间　　　　　C.最迟结束时间

D.最早结束时间　　　E.最早时间

4.施工成本分析的基本方法有(　　　)。

A.比较法　　　　　　B.比率法　　　　　　　　C.平衡法

D.因素分析法　　　　E.差额计算法

5.某钢门窗安装工程,工程进行到第三个月末时,已完成工作预算费用为40万元。已完成工作实际费用为45万元,则该项目的成本控制效果是(　　　)。

A.费用偏差为-5万元　B.费用偏差为5万元　　　C.项目运行超出预算

D.项目运行节支　　　E.项目运行进度较慢

三、案例分析

某工程进度计划与实际进度见表5.10,表中粗实线表示计划进度(上方数据为每周计划投资),粗虚线表示实际进度(上方数据为每周实际投资),假定各分项工程每周计划完成和实际完成的工程量相等,且进度匀速进展。

表5.10　进度计划与实际进度

施工过程	进度/周								
	1	2	3	4	5	6	7	8	9
A	5	5	5						
	5	5	4						
B		4	4	4	4				
				3	3	4	5		
C				6	6	6	6		
					7	7	6	6	

【问题】1.计算每周投资数据(3个参数);

2.绘制该工程的3条投资曲线;

3.分析第四周内和第七周末的投资偏差和进度偏差。

项目 6
建设工程项目进度管理

【情境导入】

"两山速度"彰显中国力量

2020年1月23日和25日,在湖北武汉疫情肆虐、急需专门医院救治新冠肺炎患者的紧急时刻,中建集团先后接到火神山、雷神山医院建设任务。火神山医院占地面积7万 m²,建筑面积3.4万 m²,床位1 000张;雷神山医院占地面积22万 m²,建筑面积7.99万 m²,床位1 600张。但建设工期却从正常情况下的至少两年分别压缩到10天和12天,给项目的如期建成带来了难以想象的困难和巨大的压力。再加上火神山、雷神山医院都是应急工程,建设过程中设计不断变更、使用标准不断提高、工程内容不断增加,越发加剧了工期紧张程度。因此,在不少人看来,这几乎是不可能完成的任务!

然而,生命高于一切,疫情就是命令。"顶梁柱"必须顶得住,要坚决打赢这场攻坚战,把"不可能"变为"可能"。中建集团党组第一时间向全系统发出动员令,集团总部实行24小时应急值守,地处武汉抗疫一线的子企业中建三局当即投入医院建设,中建一局、二局、四局、五局、七局、八局以及中建装饰、中建科工、中建安装、中建西部建设、中建科技等11家子企业,从全国各地昼夜兼程驰援武汉。中建集团克服工期极短、困难极大、要求极高的挑战,迅速构建起高效健全的现场管理体系,有效开展疫情防控、安全生产、质量控制和进度管理。项目指挥部和分指挥部研判精准、决策果断,制定了"小时制"作战地图,倒排工期计划,同步推进规划设计、方案编制、现场施工、资源保障各项工作,实现数百家分包单位、上千道工序、几万名建设者的无缝对接、密切协作,最终圆满实现了极短工期下建成即交付、交付即使用的目标(图6.1、图6.2)。

图6.1 建成后的火神山医院

图 6.2　建成后的雷神山医院

舍小家顾大家,舍小我取大义,4 万余名建设者无惧被病毒传染的巨大风险,把个人价值与国家命运紧紧连在一起,创造了震惊世界的十天左右时间建成两座医院的"中国速度"——10 天建成火神山医院,12 天建成雷神山医院。在这场与严重疫情的殊死较量中,中国人民和中华民族以敢于斗争、敢于胜利的大无畏气概,铸就了生命至上、举国同心、舍生忘死、尊重科学、命运与共的伟大抗疫精神。

【项目简介】

本项目从目标分析、计划编制、进度检查等方面展开论述,主要包括以下 4 个方面的内容:建设工程项目进度管理概述、进度目标的分析与论证、建设工程项目进度计划的编制及进度计划的检查与调整。

【学习目标】

(1)掌握流水施工的基本组织方式;(重点)

(2)掌握双代号时标网络图的绘制方法;(重点、难点)

(3)理解进度计划系统;

(4)掌握进度计划的比较方法;(重点)

(5)掌握进度计划优化调整;(重点、难点)

(6)理解项目进度控制的措施。

任务 6.1　建设工程项目进度管理概述

建设工程项目的实施环境是不断变化的,因此进度管理也必须是一个动态的管理过程。具体来说,主要包括进度目标的分析和论证、进度计划的编制和进度计划的跟踪检查与调整 3 个部分。

6.1.1　建设工程项目进度管理的含义

建设工程项目进度管理是指在建设工程项目实施过程中,确保建设工程项目各阶段的工作按进度计划进行,同时掌握进度计划实施情况,并将实施情况与计划进行对比,采取措施纠正计划执行中的偏差,或调整、修改原计划后再付诸实施,如此循环,直到实现工程项目进度目标的过程。

建设工程项目进度管理的失败不仅关系到进度目标能否实现,而且会直接影响工程项目的质量和成本。盲目赶工会增加建设成本,更有可能导致施工质量问题和施工安全问题。因此,在工程项目建设过程中,我们必须坚持一个最基本的工程管理原则,那就是在确保工程质量的前提下,尽可能地控制工程进度。

6.1.2　建设工程项目进度管理的任务

一个建设工程项目的顺利实施离不开各方面的共同努力,因此每一个参与单位都有各自的进度管理任务。但由于相关利益有所不同,其管理的目标和时间范畴也有所区别。

业主方进度控制的任务是控制整个项目实施阶段的进度,包括控制设计准备阶段的工作进度、设计工作进度、施工进度、物资采购工作进度及项目动工前准备阶段的工作进度。设计方进度控制的任务是依据设计任务委托合同对设计工作进度的要求控制设计工作进度,这是设计方履行合同的义务。施工方进度控制的任务是依据施工任务委托合同对施工进度的要求控制施工进度,这是施工方履行合同的义务。供货方进度控制的任务是依据供货合同对供货的要求控制供货进度,这是供货方履行合同的义务。

6.1.3　建设工程项目进度管理的措施

1) 组织措施

为了实现项目的进度目标,应充分重视健全项目管理的组织体系。在项目组织结构中,应有专门的工作部门和符合进度控制岗位资格的专人负责进度控制工作。

进度管理的主要工作环节包括进度目标的分析和论证、编制进度计划、定期跟踪进度计划的执行情况、采取纠偏措施以及调整进度计划。这些工作任务和相应的管理职能应在项目管理组织设计的任务分工表和管理职能分工表中标示并落实。

2) 管理措施

在组织关系明确的基础上,进行科学而又严谨的管理同样重要。相应的管理措施主要包括管理的思想、管理的方法、管理的手段、承发包模式、合同管理和风险管理等。

用工程网络计划的方法编制进度计划,必须很严谨地分析和考虑工作之间的逻辑关系,通过工程网络的计算可发现关键工作和关键路线,也可知道非关键工作可使用的时差,工程网络计划的方法有利于实现进度控制的科学化。

承发包模式的选择直接关系工程实施的组织和协调。为了实现进度目标,应选择合理的合同结构,以避免过多的合同交界面而影响工程的进展。工程物资的采购模式对进度也有直接影响,对此应作比较分析。

重视信息技术(包括相应的软件、局域网、互联网以及数据处理设备)在进度控制中的应用。虽然信息技术对进度控制而言只是一种管理手段,但它的应用有利于提高进度信息处理的效率,有利于提高进度信息的透明度,有利于促进进度信息的交流和项目各参与方的协同工作。

3) 经济措施

建设工程项目进度控制的经济措施涉及资金需求计划、资金供应的条件和经济激励措施等。为确保进度目标的实现,应编制与进度计划相适应的资源需求计划(资源进度计划),包括资金需求计划和其他资源(人力和物力资源)需求计划,以反映工程实施的各时段所需要的资源。通过资源需求的分析,可发现所编制的进度计划实现的可能性,若资源条件不具备,则应调整进度计划。资金需求计划也是工程融资的重要依据。

资金供应条件包括可能的资金总供应量、资金来源(自有资金和外来资金)以及资金供应的时间。在工程预算中应考虑加快工程进度所需的资金,其中包括为实现进度目标将要采取的经济激励措施所需的费用。

4)技术措施

建设工程项目进度控制的技术措施涉及对实现进度目标有利的设计技术和施工技术的选用。不同的设计理念、设计技术路线、设计方案会对工程进度产生不同的影响,在设计工作的前期,特别是在设计方案评审和选用时,应对设计技术与工程进度的关系作分析比较。在工程进度受阻时,应分析是否存在设计技术的影响因素,为实现进度目标有无设计变更的可能性。

施工方案对工程进度有直接影响,在决策其是否选用时,不仅应分析技术的先进性和经济合理性,还应考虑其对进度的影响。在工程进度受阻时,应分析是否存在施工技术的影响因素,为实现进度目标有无改变施工技术、施工方法和施工机械的可能性。

任务 6.2　进度目标的分析与论证

建设工程项目的总进度目标是指整个工程项目的进度目标,它是在项目决策阶段项目定义时确定的。建设工程项目总进度目标的控制是业主方项目管理的任务(若采用建设项目工程总承包的模式,协助业主进行项目总进度目标的控制也是建设项目工程总承包方项目管理的任务)。在进行建设工程项目总进度目标控制前,首先应分析和论证进度目标实现的可能性。若项目总进度目标不可能实现,则项目管理者应提出调整项目总进度目标的建议,并提请项目决策者审议。

在项目实施阶段,项目总进度应包括:

①设计前准备阶段的工作进度;

②设计工作进度;

③招标工作进度;

④施工前准备工作进度;

⑤工程施工和设备安装进度;

⑥工程物资采购工作进度;

⑦项目动用前的准备工作进度等。

建设工程项目总进度目标论证应分析和论证上述各项工作的进度,以及上述各项工作进展的相互关系。大型建设工程项目总进度目标论证的核心工作,是通过编制总进度纲要论证总进度目标实现的可能性。总进度纲要的主要内容包括:

①项目实施的总体部署;

②总进度规划;

③各子系统进度规划;

④确定里程碑事件的计划进度目标;

⑤总进度目标实现的条件和应采取的措施等。

建设工程项目总进度目标论证的工作步骤如下：

①调查研究和收集资料；

②项目结构分析；

③进度计划系统的结构分析；

④项目的工作编码；

⑤编制各层进度计划；

⑥协调各层进度计划的关系,编制总进度计划；

⑦若所编制的总进度计划不符合项目的进度目标,则设法调整；

⑧若经过多次调整,进度目标无法实现,则报告项目决策者。

任务 6.3　建设工程项目进度计划的编制

建设工程项目进度计划也称"进度计划",它包括每一个具体活动的计划开始日期和期望完成日期,在建设工程领域通常用横道图或网络计划图来表达。进度计划是控制工程设计进度、工程施工进度、工程采购进度和工程竣工期限等各项活动的依据。进度计划是否合理,直接影响施工速度、成本和质量。因此,进度计划的编制原则是:从实际出发,注意施工的连续性和均衡性；按合同规定的工期要求,做到好中求快,讲求综合经济效果。

6.3.1　进度计划系统

建设工程项目进度计划系统是由多个相互关联的进度计划组成的系统,它是项目进度控制的依据。由于各种进度计划编制所需的必要资料是在项目进展过程中逐步形成的,因此,项目进度计划系统的建立和完善也有一个过程,它是逐步形成的。图 6.3 是一个建设工程项目进度计划系统的示例。

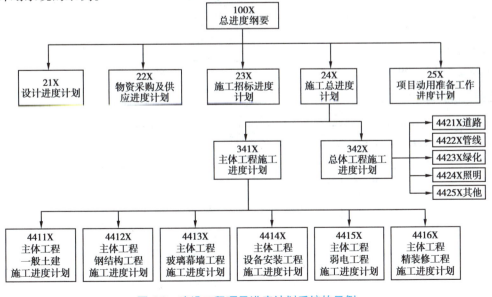

图 6.3　建设工程项目进度计划系统的示例

根据项目进度控制的需要不同和用途不同,业主方和项目各参与方可构建多个不同的建设工程项目进度计划系统,例如:

①由不同深度的计划构成进度计划系统,包括总进度规划(计划)、项目子系统进度规划(计划)、项目子系统中的单项工程进度计划等。

②由不同功能的计划构成进度计划系统,包括控制性进度规划(计划)、指导性进度规划(计划)、实施性(操作性)进度计划等。

③由不同项目参与方的计划构成进度计划系统,包括业主方编制的整个项目实施的进度计划、设计进度计划、施工和设备安装进度计划、采购和供货进度计划等。

④由不同周期的计划构成进度计划系统,包括5年建设进度计划,年度、季度、月度和旬计划等。

建设工程施
工组织方式

在建设工程项目进度计划系统中,各进度计划或各子系统进度计划编制和调整时必须注意其相互间的联系和协调。

6.3.2 施工组织方式

考虑工程项目的施工特点、工艺流程、资源利用、平面或空间布置等要求,其施工可采用依次、平行、流水等组织方式。

1)依次施工

依次施工方式是将拟建工程项目中的每一个施工对象分解成若干个施工过程,按施工工艺要求依次完成每一个施工过程,当一个施工对象完成后,再按同样的顺序完成下一个施工对象,依此类推,直至完成所有施工对象。按照依次施工组织方式,其施工进度计划及劳动力需求见表6.1,依次施工横道图如图6.4所示。

表 6.1　进度计划及劳动力需求表

施工过程	工程量/m³	产量定额/(m³·工日⁻¹)	劳动量/工日	班组人数/人	延续时间/h	工种
基础挖土	210	7	30	30	1	普工
浇混凝土垫层	30	1.5	20	20	1	混凝土工
砌筑砖基	40	1	40	40	1	瓦工
回填土	140	7	20	20	1	灰土工

栋号	施工进度/周															
	1	2	3	4	5	6	7	8	9	10	11	12	13	14	15	16
一	挖	垫	砌	填												
二					挖	垫	砌	填								
三									挖	垫	砌	填				
四													挖	垫	砌	填

图 6.4　依次施工横道图

依次施工方式具有以下特点：

①因为没有充分利用工作面,所以工期长；

②工作队不能实现专业化施工,不利于提高工程质量和劳动生产率；

③工作队及其生产工人不能连续作业；

④单位时间内投入的资源数量比较少,有利于资源供应的组织工作；

⑤施工现场的组织管理比较简单。

2) 平行施工

平行施工方式是组织几个相同的工作队,在同一时间、不同的空间,按施工工艺要求完成各施工对象。按照平行施工组织方式,其施工进度计划及劳动力需求见表 6.1,平行施工横道图如图 6.5 所示。

栋号	施工进度/周			
	1	2	3	4
一	挖	垫	砌	填
二	挖	垫	砌	填
三	挖	垫	砌	填
四	挖	垫	砌	填

图 6.5　平行施工横道图

平行施工方式具有以下特点：

①充分地利用工作面进行施工,工期短；

②各工作队不能连续作业,劳动力及施工机具等资源无法均衡使用；

③不能实现专业化施工,不利于提高劳动生产率和工程质量；

④单位时间内投入的劳动力、施工机具、材料等资源量成倍地增加,不利于资源供应；

⑤施工现场的组织、管理比较复杂。

3) 流水施工

流水施工方式是将拟建工程项目中的每一个施工对象分解为若干个施工过程,并按照施工过程成立相应的专业工作队,各专业队按照施工顺序依次完成各个施工对象的施工过程,同时保证施工在时间和空间上连续、均衡和有节奏地进行,使相邻两专业队能最大限度地搭接作业。按照流水施工组织方式,其施工进度计划及劳动力需求见表 6.1,流水施工横道图如图 6.6 所示。

流水施工方式具有以下特点：

①可以充分利用工作面进行施工,工期比较短；

②各工作队实现了专业化施工,有利于提高劳动生产率和工程质量；

③各工作队能够连续施工,同时使相邻专业队的开工时间能够最大限度地搭接；

④单位时间内投入的劳动力、施工机具、材料等资源量较为均衡；

⑤为施工现场的文明施工和科学管理创造了有利条件。

栋号	施工进度/周						
	1	2	3	4	5	6	7
一	挖	垫	砌	填			
二		挖	垫	砌	填		
三			挖	垫	砌	填	
四				挖	垫	砌	填

图 6.6　流水施工横道图

6.3.3　网络计划图

1)双代号网络图

双代号网络图是以箭线及其两端节点的编号表示工作的网络图。双代号网络图也称为箭线式网络图。

（1）箭线（工作）

箭线（工作）是泛指一项需要消耗人力、物力和时间的具体活动过程，也称工序、活动、作业。双代号网络图中，每一条箭线表示一项工作。箭线的箭尾节点 i 表示该工作的开始，箭线的箭头节点 j 表示该工作的完成。工作名称标注在箭线的上方，完成该项工作所需的持续时间标注在箭线的下方，如图 6.7 所示。因一项工作需要用一条箭线以及其箭尾和箭头处两个圆圈中的号码来表示，故称为双代号表示法。

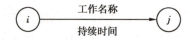

图 6.7　双代号网络图工作表示方法

双代号网络
计划绘制

在双代号网络图中，任意一条实箭线都要占用时间、消耗资源（有时只占用时间，不消耗资源，如混凝土养护）。在建设工程中，一条箭线表示项目中的一个施工过程，它可以是一道工序、一个分项工程、一个分部工程或一个单位工程，其粗细程度、大小范围的划分根据计划任务的需要来确定。

在双代号网络图中，为了能正确地表达图中工作之间的逻辑关系，往往需要应用虚箭线。虚箭线是实际工作中并不存在的一项虚拟工作，故它们既不占用时间，也不消耗资源，一般起工作之间的联系、区分和断路 3 个作用。

联系作用是指应用虚箭线正确表达工作之间相互依存的关系。区分作用是指双代号网络图中每一项工作都必须用一条箭线和两个代号表示，若两项工作的代号相同时，应使用虚工作加以区分，如图 6.8 所示。断路作用是用虚箭线断掉多余联系，即在网络图中把无联系的工作连接上时，应加上虚工作将其断开。

在无时间坐标限制的网络图中，箭线的长度原则上可以任意画，其占用的时间以下方标注的时间参数为准。箭线可以为直线、折线或斜线，但其行进方向均应从左向右。在有时间坐标限制的网络图中，箭线的长度必须根据完成该工作所需持续时间的大小按比例绘制。

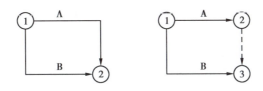

图 6.8   虚箭线的区分作用

在双代号网络图中,通常将被研究的工作用 $i-j$ 工作表示。紧排在本工作之前的工作称为紧前工作;紧排在本工作之后的工作称为紧后工作;与之平行进行的工作称为平行工作。

（2）节点

节点(又称结点、事件)是网络图中箭线之间的连接点。在时间上节点表示指向某节点的工作全部完成后该节点后面的工作才能开始的瞬间,它反映前后工作的交接点。网络图中有3个类型的节点。

①起点节点,即网络图的第一个节点,它只有外向箭线,一般表示一项任务或一个项目的开始。

②终点节点,即网络图的最后一个节点,它只有内向箭线,一般表示一项任务或一个项目的完成。

③中间节点,即网络图中既有内向箭线又有外向箭线的节点。

双代号网络图中,节点应用圆圈表示,并在圆圈内编号。一项工作应只有唯一的一条箭线和相应的一对节点,且要求箭尾节点的编号小于其箭头节点的编号,即 $i<j$。网络图节点的编号顺序应从小到大,可不连续,但不允许重复。

（3）线路

网络图中从起点节点开始,沿箭头方向顺序通过一系列箭线与节点,最后达到终点节点的通路,称为线路。在一个网络图中可能有很多条线路,线路中各项工作的持续时间之和就是该线路的长度,即线路所需的时间。

在各条线路中,有一条或几条线路的总时间最长,称为关键线路,一般用双线或粗线标注。其他线路长度均小于关键线路,称为非关键线路。

（4）逻辑关系

网络图中工作之间相互制约或相互依赖的关系称为逻辑关系,它包括工艺关系和组织关系,在网络中均应表现为工作之间的先后顺序。

①工艺关系:生产性工作之间由工艺过程决定的、非生产性工作之间由工作程序决定的先后顺序称为工艺关系。

②组织关系:工作之间由于组织安排需要或资源(人力、材料、机械设备和资金等)调配需要而规定的先后顺序关系称为组织关系。

网络图必须正确地表达整个工程或任务的工艺流程和各工作开展的先后顺序及它们之间相互依赖、相互制约的逻辑关系。因此,绘制网络图时必须遵循一定的基本规则和要求。

2）单代号网络图

单代号网络图是以节点及其编号表示工作,以箭线表示工作之间的逻辑关系,并在节点中加注工作代号、名称和持续时间,进而形成的单代号网络计划。

（1）单代号网络图的特点

单代号网络图与双代号网络图相比，具有以下特点：

①工作之间的逻辑关系容易表达，且不用虚箭线，故绘图较简单；

②由于工作持续时间表示在节点之中，没有长度，故不够形象直观；

③表示工作之间逻辑关系的箭线可能产生较多的纵横交叉现象。

（2）单代号网络图的基本符号

①节点。单代号网络图中的每一个节点表示一项工作，节点宜用圆圈或矩形表示。节点所表示的工作名称、持续时间和工作代号等应标注在节点内，如图6.9所示。

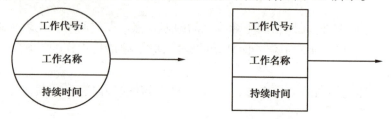

图6.9 单代号网络图工作的表示方法

②箭线。单代号网络图中的箭线表示紧邻工作之间的逻辑关系，既不占用时间也不消耗资源。箭线应画成水平直线、折线或斜线。箭线水平投影的方向应自左向右，表示工作的行进方向。工作之间的逻辑关系包括工艺关系和组织关系，在网络图中均表现为工作之间的先后顺序。

③线路。单代号网络图中，各条线路应用该线路上的节点编号从小到大依次表述。

3）双代号时标网络图

双代号时标网络计划是以水平时间坐标为尺度编制的双代号网络计划。由于其兼有网络计划与横道计划的优点，因此不仅能在图上直接显示出各项工作的开始与完成时间、工作的自由时差及关键线路，而且能清楚地表明计划的时间进程，可以统计每一个单位时间对资源的需要量，有利于进行资源优化和调整。

（1）双代号时标网络计划的一般规定

①双代号时标网络计划必须以水平时间坐标为尺度表示工作时间。时标的时间单位应根据需要在编制网络计划之前确定，可为时、天、周、月或季。

②时标网络计划应以实箭线表示工作，以虚箭线表示虚工作，以波形线表示工作的自由时差。

③时标网络计划中所有符号在时间坐标上的水平投影位置都必须与其时间参数相对应。节点中心必须对准相应的时标位置。

④时标网络计划中虚工作必须以垂直方向的虚箭线表示，有自由时差时加波形线表示。

⑤双代号时标网络计划关键线路的确定，应自终点节点逆箭线方向朝起点节点逐次进行判定，即从终点到起点不出现波形线的线路为关键线路。

⑥双代号时标网络计划的计算工期应是终点节点与起点节点所在的位置之差。

（2）双代号时标网络计划的编制

双代号时标网络计划一般按各个工作的最早开始时间编制。通常采用直接法绘制，即根据网络计划中工作之间的逻辑关系及各工作的持续时间,直接在时标计划表上绘制时标网络计划。在编制时标网络计划前,应先按已确定的时间单位绘制出时标计划表,时间坐标可以标注在时标网络计划表的顶部或底部。其具体绘制步骤如下:

①将起点节点定位在时标计划表的起始刻度线上。

②按工作持续时间在时标计划表上绘制起点节点的外向箭线。

③其他工作的开始节点必须在其所有紧前工作都绘出以后,定位在这些紧前工作最早完成时间最大值的时间刻度上。某些工作的箭线长度不足以到达该节点时,用波形线补足,箭头画在波形线与节点连接处。

④用上述方法从左至右依次确定其他节点位置,直至网络计划终点节点,绘图完成。

【例 6.1】 已知网络计划的资料见表 6.2,试用直接法绘制双代号时标网络计划。

表 6.2 某网络计划工作逻辑关系及持续时间

工作名称	紧前工作	紧后工作	持续时间/天
A	—	B,C	2
B	A	D,E	1
C	A	F,D	3
D	B,C	G,H	4
E	B	G	2
F	C	H	4
G	D,E	I	5
H	D,F	I	2
I	G,H	—	2

【解】 (1)将起始节点①定位在时标计划表的起始刻度线上,如图 6.9 所示。

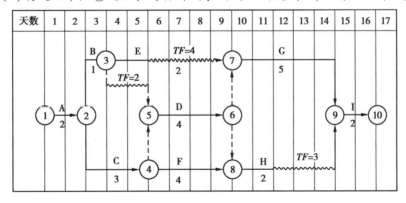

图 6.9 时标网络计划示例

(2)按工作的持续时间绘制①节点的外向箭线①→②,按 A 工作的持续时间,画出无紧前工作的 A 工作,确定节点②的位置。

(3)自左至右依次确定其余各节点的位置。若有长度不足以达到该节点的内向实箭线,则用波形线补足。

（4）用上述方法自左至右依次确定其他节点位置，直至画出全部工作，确定终点节点⑩的位置，该时标网络计划绘制完成。

任务 6.4　进度计划的检查与调整

进度计划的检查与调整包括定期跟踪检查所编制的进度计划执行情况，以及若其执行有偏差，则采取纠偏措施，并视必要调整进度计划。

正式的进度计划报请有关部门批准后，即可组织实施。在计划执行过程中，由于资源、环境、自然条件等因素的影响，往往会造成实际进度与计划进度产生偏差，如果这种偏差不能及时纠正，必将影响进度目标的实现。因此，在计划执行过程中采取相应措施来进行管理，对保证计划目标的顺利实现具有重要意义。

进度计划的管理工作主要有以下几个方面：

①检查并掌握实际进度情况；

②分析产生进度偏差的主要原因；

③确定相应的纠偏措施或调整方法。

6.4.1　进度计划的检查

在计划的执行过程中，必须建立相应的检查制度，定时定期地对计划的实际执行情况进行跟踪检查，收集反映实际进度的有关数据。

收集反映实际进度的原始数据量大面广，必须对其进行整理、统计和分析，形成与计划进度具有可比性的数据，以便在网络图上进行记录。根据记录的结果可以分析判断进度的实际情况，及时发现进度偏差，为网络图的调整提供信息。

实际进度与计划进度的比较是工程项目进度检查的主要环节，常用的比较方法有横道图比较法、S 形曲线比较法、香蕉曲线比较法和前锋线比较法等。

1）横道图比较法

当采用横道图表示进度计划时，可采用横道图比较法进行实际进度与计划进度的比较。横道图比较法是指将项目实施过程中检查实际进度收集到的数据，经加工整理后直接用横道线平行绘于原计划的横道线处，进行实际进度与计划进度的比较方法。采用横道图比较法，可以形象、直观地反映实际进度与计划进度的比较情况。

横道图
比较法

根据工程项目中各项工作的进展是否匀速，可将横道图比较法分为匀速进展横道图比较法和非匀速进展横道图比较法。下面本书将重点介绍匀速进展横道图比较法。

匀速进展是指在工程项目中，每项工作在单位时间内完成的任务量都是相等的，即工作的进展速度是均匀的。此时，每项工作累计完成的任务量与时间呈线性关系，如图 6.11 所示。完成的任务量可以用实物工程量、劳动消耗量或费用支出表示。为了便于比较，通常采用上述物理量的百分比表示。

①若涂黑的粗线右端落在检查日期左侧，则表明实际进度拖后，如图 6.12 所示；

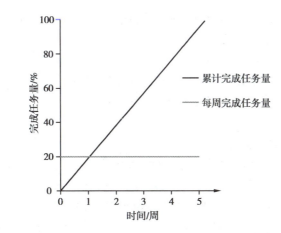

图 6.11　工作匀速进展时任务量与时间关系曲线

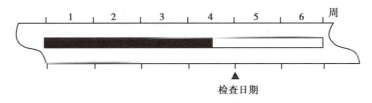

图 6.12　匀速进展横道图比较图

②若涂黑的粗线右端落在检查日期右侧,则表明实际进度超前;

③若涂黑的粗线右端与检查日期重合,则表明实际进度与计划进度一致。

匀速进展横道图比较法仅适用于工作从开始到结束的整个过程中,其进展速度均为固定不变的情况。如果工作的进展速度是变化的,则不能采用这种方法进行实际进度与计划进度的比较;否则,会得出错误的结论。

【例 6.2】　某工程项目基础工程的计划进度和截至第 8 周末的实际进度,如图 6.13 所示,其中双线条表示该工程计划进度,粗实线表示实际进度。试分析当前项目进度情况。

工作名称	持续时间	施工进度/周													
		1	2	3	4	5	6	7	8	9	10	11	12	13	14
挖土方	5														
做垫层	3														
支模板	4														
绑钢筋	5														
混凝土	4														
回填土	4														

图 6.13　某工程项目基础工程进度图

【解】　从图中实际进度与计划进度的比较可知,到第 8 周末进行实际进度检查时,挖土方和做垫层两项工作已经完成;支模板按计划也应该完成,但实际只完成了 75%,任务量拖欠 25%;绑扎钢筋按计划应完成 60%,而实际只完成了 80%,任务量超前 20%。

横道图比较法具有记录和比较简单、形象直观、易于掌握、使用方便等优点，但因其以横道计划为基础，故带有不可克服的局限性。在横道计划中，各项工作之间的逻辑关系表达不明确，关键工作和关键线路无法确定。一旦某些工作实际进度出现偏差时，难以预测其对后续工作和工程总工期的影响，也就难以确定相应的进度计划调整方法。因此，横道图比较法主要用于工程项目中某些工作实际进度与计划进度的局部比较。

2)S形曲线比较法

S形曲线
比较法

S形曲线比较法是以横坐标表示进度时间，纵坐标表示累计完成任务量，绘制一条按计划时间累计完成任务量的S形曲线，然后将工程项目实施过程中各检查时间实际累计完成任务量的S形曲线也绘制在同一坐标系中，再进行实际进度与计划进度相比较的一种方法。

从整个施工项目的施工全过程而言，一般是开始和结尾阶段单位时间投入的资源量较少，中间阶段单位时间投入的资源量较多，相应的，单位时间完成的任务量也呈同样变化，而随时间进展累计完成的任务量则应呈S形变化，如图6.14所示。

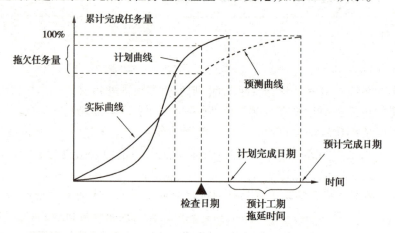

图6.14 S形曲线

同横道图一样，是在图上直观地比较施工项目实际进度与计划进度，如图6.14所示。通常计划进度控制人员在计划时间前绘制出计划S形曲线；然后在项目施工过程中按规定时间将检查的实际完成情况绘制在同一张图上，即实际进度S形曲线；接着比较两条S形曲线，便可得到如下信息：

①若实际工程进展点落在计划S形曲线左侧，则表示此时实际进度比计划进度超前；若落在其右侧，则表示拖欠；若刚好落在其上，则表示二者一致。

②项目实际进度比计划进度超前或拖后的时间。

③任务量完成情况，即工程项目实际进度比计划进度超额或拖欠的任务量。

④后期工程进度预测。

3)香蕉曲线比较法

由S形曲线比较法可知，工程项目累计完成的任务量与计划时间的关系可用一条S形曲线表示。对于一个工程项目的网络计划来说，如果以其中各项工作的最早开始时间安排进度而绘制 S 形曲线,称为 ES 曲线;如果以其中各项工作的最迟开始时间安排进度而绘制 S 形曲线,称为 LS 曲线。两条 S 形曲线具有相同的起点和终点,因此两条曲线是闭合的。在一般情况下,ES 曲线上的其余各点均落在 LS 曲线的相应点的左侧。因该闭合曲线形似"香蕉",故称为香蕉曲线。

香蕉曲线
比较法

香蕉曲线的绘制方法与 S 形曲线的绘制方法基本相同,不同之处在于香蕉曲线是以工作按最早开始时间安排进度和按最迟开始时间安排进度分别绘制的两条 S 形曲线组合而成的。其绘制步骤如下:

①以工程项目的网络计划为基础,计算各项工作的最早开始时间和最迟开始时间。

②确定各项工作在各单位时间的计划完成任务量。

③计算工程项目总任务量,即对所有工作在各单位时间计划完成的任务量累加求和。

④分别根据各项工作按最早开始时间、最迟开始时间安排的进度计划,确定工程项目在各单位时间计划完成的任务量,即对各项工作在某一单位时间内计划完成的任务量求和。

⑤分别根据各项工作按最早开始时间、最迟开始时间安排的进度计划,确定不同时间累计完成的任务量或任务量的百分比。

⑥绘制香蕉曲线。分别根据各项工作按最早开始时间、最迟开始时间安排的进度计划而确定的累计完成任务量或任务量的百分比描绘各点,并连接各点得到 ES 曲线和 LS 曲线,由 ES 曲线和 LS 曲线组成香蕉曲线。

在工程项目实施过程中,根据检查得到的实际累计完成任务量,按同样的方法在原计划香蕉曲线图上绘出实际进度曲线,便可进行实际进度与计划进度的比较,如图 6.15 所示。

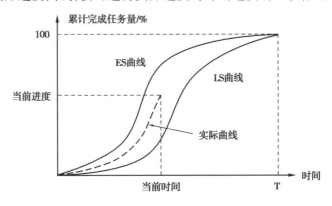

图 6.15　香蕉曲线

4)前锋线比较法

当采用时标网络计划时,可采用实际进度前锋线记录计划的执行情况,进行实际进度与计划进度的比较。所谓前锋线,是指在原时标网络计划上,从检查时刻的时标点出发,用点画线依次将各项工作实际进展位置点连接而成的折线。前锋线比较法就是通过实际进度前锋线与原进度计划中各工作箭线交点的位置来判断工作实际进度与计划进度的偏差,进而判定该偏差对后续工作及总工期影响程度的一种方法。

前锋线
比较法

采用前锋线比较法进行实际进度与计划进度的比较,其步骤如下:

①绘制时标网络计划图。

②绘制实际进度前锋线。

一般从时标网络计划图上方时间坐标的检查日期开始绘制,依次连接相邻工作的实际进展位置点,最后与时标网络图下方坐标的检查日期相连接。

③进行实际进度与计划进度的比较。前锋线可以直观地反映检查日期有关工作实际进度与计划进度之间的关系。对某项工作来说,其实际进度与计划进度之间的关系可能存在以下3种情况:如果实际进展位置点落在检查日期的左侧,表明该工作实际进度拖后,拖后的时间为二者之差;如果实际进展位置点与检查日期重合,表明该工作实际进度与计划进度一致;如果实际进展位置点落在检查日期的右侧,表明该工作实际进度超前,超前时间为二者之差。

④预测进度偏差对后续工作及总工期的影响。通过实际进度与计划进度的比较确定进度偏差后,还可根据工作的自由时差和总时差预测该进度偏差对后续工作及项目总工期的影响。由此可见,前锋线比较法既适用于工作实际进度与计划进度之间的局部比较,又可用来分析和预测工程项目整体进度情况。

【例6.3】 某工程项目时标网络计划如图6.16所示。该计划执行到第6周末检查实际进度时,发现工作A和工作B已经全部完成,工作D和工作E分别完成计划任务量的20%和50%,工作C尚需3周完成。试用前锋线法进行实际进度与计划进度的比较。

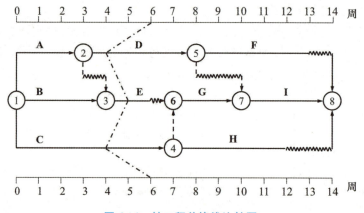

图6.16 某工程前锋线比较图

【解】 根据第6周末实际进度的检查结果绘制前锋线,如图6.16中的点画线所示。通过比较可以看出:

1.工作D实际进度拖后2周,将使其后续工作F的最早开始时间推迟2周,并使总工期延长1周。

2.工作E实际进度拖后1周,既不影响总工期,也不影响其后续工作的正常进行。

3.工作C实际进度拖后2周,将使其后续工作G、H、I的最早开始时间推迟2周。由于工作G和工作I的开始时间推迟,从而使总工期延长2周。

综上所述,如果不采取措施加快进度,该工程项目的总工期将延长2周。

因此,不仅要重视进度计划的编制,也应重视进度计划的调整。为了实现进度目标,进度控制的过程也就是随着项目的进展其进度计划不断调整的过程。

6.4.2　进度计划的调整

1)调整关键线路的方法

①当关键线路的实际进度比计划进度拖后时,应在尚未完成的关键工作中,选择资源强度小或费用低的工作缩短其持续时间,并重新计算未完成部分的时间参数,将其作为一个新计划实施。

②当关键线路的实际进度比计划进度提前时,若不拟提前工期,应选用资源占用量大或者直接费用高的后续关键工作,适当延长其持续时间,以降低其资源强度或费用;当确定要提前完成计划时,应将计划尚未完成的部分作为一个新计划,重新确定关键工作的持续时间,按新计划实施。

2)非关键工作时差的调整方法

非关键工作时差的调整应在其时差的范围内进行,以便更充分地利用资源、降低成本或满足施工的需要。每一次调整后都必须重新计算时间参数,观察该调整对计划全局的影响。可采用以下几种调整方法:

①将工作在其最早开始时间与最迟完成时间范围内移动;

②延长工作的持续时间;

③缩短工作的持续时间。

3)增、减工作项目时的调整方法

增、减工作项目时应符合下列规定:

①不打乱原网络计划总的逻辑关系,只对局部逻辑关系进行调整;

②在增减工作后应重新计算时间参数,分析对原网络计划的影响;当对工期有影响时,应采取调整措施,以保证计划工期不变。

4)调整逻辑关系

调整逻辑关系只有当实际情况要求改变施工方法或组织方法时才可进行。调整时应避免影响原定计划工期和其他工作的顺利进行。

5)调整工作的持续时间

当发现某些工作的原持续时间估计有误或实现条件不充分时,应重新估算其持续时间,并重新计算时间参数,尽量使原计划工期不受影响。

6)调整资源的投入

当资源供应发生异常时,应采用资源优化方法对计划进行调整,或采取应急措施,使其对工期的影响最小。

网络计划的调整可以定期进行,也可根据计划检查的结果在必要时进行。

项目小结

建设工程项目进度管理是一项复杂的系统工程,是一个动态的实施过程。通过进度管理,不仅能有效合理地控制项目的建设周期,减少各个单位和部门之间的相互干扰,还能更好地落实施工单位各项施工计划,合理使用资源,保证施工项目成本、进度和质量等目标的实现。

任务 6.1 是建设工程项目进度管理概述。该部分阐明了建设工程项目进度管理必须是一个动态的管理过程,主要包括进度目标的分析和论证、进度计划的编制和进度计划的跟踪检查与调整 3 个部分。

任务 6.2 是进度目标的分析与论证。该部分介绍了建设工程项目总进度目标分析和论证的主要内容及工作步骤。其中,通过编制总进度纲要论证总进度目标实现的可能性是核心工作。

任务 6.3 是建设工程项目进度计划的编制。该部分首先介绍了 4 种不同类型的进度计划系统;然后简要介绍了 3 种常见的施工组织方式(依次施工、平行施工、流水施工)及其主要特点;最后介绍了双代号网络图、单代号网络图和双代号时标网络图的主要特点及绘制原则。

任务 6.4 是进度计划的检查与调整。该任务主要包括进度计划的检查和进度计划的调整两大部分。其中,第一部分详细论述了横道图比较法、S 形曲线比较法、香蕉曲线比较法和前锋线比较法 4 种进度比较的方法;第二部分简要介绍了进度出现偏差以后的调整方法。

练习题

一、单选题

1.下列进度控制的各项措施中,属于组织措施的是(   )。

A.编制进度控制的工作流程

B.选择合理的合同结构,以避免过多合同界面而影响工作的进度

C.分析影响进度的风险并采取相应措施,以减少进度失衡的风险量

D.选择科学、合理的施工方案,对施工方案进行技术经济分析并考虑其对进度的影响

2.建设工程项目的总进度目标是在项目的(   )阶段确定的。

A.决策　　　　　　　B.设计前准备　　　　　C.设计　　　　　　　　D.施工

3.工程总承包方在进行项目总进度目标控制前,首先应(   )。

A.确定项目的总进度目标　　　　　　　B.分析和论证目标实现的可能性

C.明确进度控制的目的和任务　　　　　D.编制项目总进度计划

4.建设工程项目总进度目标论证的工作有:①确定项目的工作编码;②调查研究和收集资料;③进行项目结构分析;④进行进度计划系统的结构分析。其工作步骤为(   )。

A.①→②→③→④　　　　　　　　　　B.②→①→④→③

C.①→④→②→③　　　　　　　　　　D.②→③→④→①

5.双代号网络图中虚线表示(   )。

A.资源消耗程度　　　　　　　　　　　B.工作的持续时间

C.工作之间的逻辑关系　　　　　　　　D.非关键工作

二、多选题

1.建设工程项目的实施环境是不断变化的,因此进度管理也必须是一个动态的管理过程。具体来说,主要包括( )。

    A.进度目标的分析和论证   B.进度计划的编制   C.进度计划的跟踪检查

    D.进度计划的调整   E.进度计划的预测

2.施工进度计划的调整包括( )。

    A.调整工程量   B.调整工作起止时间

    C.调整工作关系   D.调整项目质量标准

    E.调整工程计划造价

3.建设工程项目施工过程中,常见的施工组织方式有( )。

    A.依次施工   B.平行施工   C.流水施工

    D.总承包方式   E.分包方式

4.根据项目进度控制不同的需要和不同的用途,业主方和项目各参与方可构建多个不同的建设工程项目进度计划系统,主要有( )。

    A.施工总进度纲要   B.不同深度的施工进度计划

    C.不同功能的施工进度计划   D.不同计划周期的施工进度计划

    E.不同项目参与方的施工进度计划

5.当利用 S 形曲线进行实际进度与计划进度比较时,如果检查日期实际进展点落在计划 S 形曲线的左侧,则可以获得的正确信息是( )。

    A.实际超额完成的任务量   B.实际拖欠的任务量

    C.实际进度超前的时间   D.实际进度拖后的时间

    E.可以预测整个任务提前或完成

三、案例分析题

某工程项目时标网络计划如图 6.17 所示。该计划执行到第 5 天末检查实际进度时,发现工作 A 和工作 B 已全部完成,工作 D 完成计划任务量的 50%,工作 C 尚需 2 天完成,工作 E 尚需 1 天完成,请在图上绘制出进度前锋线,并试分析目前实际进度对后续工作和总工期的影响。

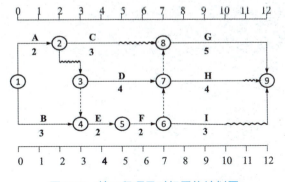

图 6.17　某工程项目时标网络计划图

项目 7
建设工程项目质量管理

【情境导入】

港珠澳大桥——目前世界上最长的跨海大桥

2018 年 10 月 23 日，中国国家主席习近平宣布港珠澳大桥（图 7.1）正式开通！10 月 24 日，港珠澳大桥公路及各口岸正式通车运营。举世瞩目的港珠澳大桥东接香港，西接珠海、澳门，截至目前是世界上最长的跨海大桥，也是中国交通史上技术最复杂、建设要求及标准最高的工程之一，被英国《卫报》誉为"新世界七大奇迹"。

港珠澳大桥全长约 55 km，其中珠澳口岸至香港口岸 41.6 km，跨海路段全长 35.578 km；三地共建主体工程 29.6 km，包括 6.7 km 海底隧道和 22.9 km 桥梁；桥墩 224 座，桥塔 7 座；桥梁宽度 33.1 m，沉管隧道长度 5 664 m、宽度 28.5 m、净高 5.1 m。大桥设计使用寿命 120 年，可抵御 8 级地震、16 级台风、30 万 t 撞击以及珠江口 30 年一遇的洪潮。港珠澳大桥由桥梁、人工岛、隧道 3 部分组成，其中岛隧工程是大桥的控制性工程，需要建设两座面积各 10 万 m^2 的人工岛和一条 6.7 km 的海底沉管隧道，实现桥梁与隧道的转换，是大桥建设技术最复杂、建设难度最大的部分，极具挑战性。

针对跨海工程"低阻水率"、"水陆空立体交通线互不干扰"、环境保护以及行车安全等苛刻要求，港珠澳大桥采用了"桥、岛、隧三位一体"的建筑形式；大桥全路段呈 S 形曲线，桥墩的轴线方向和水流的流向大致取平，既能缓解司机驾驶疲劳，又能减少桥墩阻水率，还能提升建筑美观度。

图 7.1　港珠澳大桥

对于这个"超级工程",在大桥的施工过程中,严中质量的重要地位,严把材料、工序、管理等各个关口,再小的质量问题也不放过,最终保证了我们现在见到的质量合格的工程。我们应学习港珠澳大桥的建设精神,在实际生产过程中,"质量第一,安全生产"不应只是作为一种宣传的口号,更要重视其在细节的落实,切实把质量放在生产的第一位。

【项目简介】

建设工程项目质量管理和质量控制是项目建设的核心,是实现三大控制目标的重中之重。工程质量不仅关系到实用性和建设项目的投资效果,而且关系到人民群众的生命财产安全和社会的安定和谐。本项目从建设工程质量的基本概念、形成过程、影响因素、控制管理、验收等方面展开论述,主要包括以下 5 个方面的内容:建设工程项目质量管理概述、建设工程项目质量控制体系、施工质量控制、施工质量验收及施工质量不合格的处理。

【学习目标】

(1)了解建设工程质量的定义和形成过程;

(2)掌握建设工程质量的影响因素;

(3)掌握全面质量管理思想和 PDCA 循环;(重点)

(4)掌握质量计划的编制和施工质量控制点;(重点、难点)

(5)掌握施工作业质量的自控和监控;(重点、难点)

(6)掌握施工过程的质量验收和竣工验收;(重点)

(7)理解施工质量缺陷处理的基本方法。

任务 7.1   建设工程项目质量管理概述

7.1.1   建设工程项目质量管理相关知识

1) 质量的概念

质量是指一组固有特性满足要求的程度。固有特性包括明示的和隐含的特性。明示的特性一般以书面阐明或明确向顾客指出;隐含的特性是指惯例或一般做法。满足要求是指满足顾客和相关方的要求,包括法律法规及标准规范的要求。

质量管理
概述

建设工程质量简称工程质量,是指建设工程满足相关标准规定和合同约定要求的程度,包括其在安全、使用功能及其在耐久性能、节能与环境保护等方面所有明示的和隐含的固有特性。

2) 建设工程质量的特性

建设工程作为一种特殊的产品,除具有一般产品共有的质量特性外,还具有特定的内涵。建设工程质量的特性主要表现在以下几个方面:

（1）适用性

适用性即功能，是指工程满足使用目的的各种性能，包括理化性能，如尺寸、规格、保温、隔热、隔声等物理性能，耐酸、耐碱、耐腐蚀、防火、防风化、防尘等化学性能；结构性能，指地基基础牢固程度，结构的足够强度、刚度和稳定性；使用性能，如民用住宅工程要能使居住者安居，工业厂房要能满足生产活动需要，道路、桥梁、铁路、航道要能通达便捷等，建设工程的组成部件、配件、水、暖、电、卫器具、设备也要能满足其使用功能；外观性能，指建筑物的造型、布置、室内装饰效果、色彩等美观大方、协调等。

（2）耐久性

耐久性即寿命，是指工程在规定的条件下，满足规定功能要求使用的年限，也就是工程竣工后的合理使用寿命期。由于建筑物本身的结构类型不同、质量要求不同、施工方法不同、使用性能不同的个性特点，目前国家对建设工程的合理使用寿命期还缺乏统一规定，仅在少数技术标准中提出了明确要求。如民用建筑主体结构耐用年限分为四级（15～30年、30～50年、50～100年、100年以上），公路工程设计年限一般按等级控制在10～20年，城市道路工程视不同道路构成和所用的材料其设计使用年限也有所不同。对工程组成部件（如塑料管道、屋面防水、卫生洁具、电梯等），也视生产厂家设计的产品性质及工程的合理使用寿命期而规定不同的耐用年限。

（3）安全性

安全性是指工程建成后在使用过程中保证结构安全、保证人身和环境免受危害的程度。建设工程产品的结构安全度、抗震、耐火及防火能力，人民防空的抗辐射、抗核污染、抗冲击波等能力是否能达到特定的要求，都是安全性的重要标志。工程交付使用之后，必须保证人身财产、工程整体都有能免遭工程结构破坏及外来危害的伤害。工程组成部件（如阳台栏杆、楼梯扶手、电器产品漏电保护、电梯及各类设备等），也要保证使用者的安全。

（4）可靠性

可靠性是指工程在规定的时间和规定的条件下完成规定功能的能力。工程不仅要求在交工验收时要达到规定的指标，而且在一定的使用时期内要保持应有的正常功能。如工程上的防洪与抗震能力、防水隔热、恒温恒湿措施、工业生产用的管道防"跑、冒、滴、漏"等，都属可靠性的质量范畴。

（5）经济性

经济性是指工程从规划、勘察、设计、施工到整个产品使用寿命周期内的成本和消耗的费用。工程经济性具体表现为设计成本、施工成本、使用成本三者之和，包括从征地、拆迁、勘察、设计、采购（材料、设备）、施工、配套设施等建设全过程的总投资和工程使用阶段的能耗、水耗、维护、保养乃至改建更新的使用维修费用。通过分析比较，判断工程是否符合经济性要求。

（6）节能性

节能性是指工程在设计与建造过程及使用过程中满足节能减排、降低能耗的标准和有关要求的程度。

（7）环境适应性

环境适应性是指工程与其周围生态环境协调、与所在地区经济环境协调以及与周围已建工程协调，以适应可持续发展的要求。

上述7个方面的质量特性彼此之间是相互依存的。总体而言，适用、耐久、安全、可靠、经济、节能与环境适应性都是必须达到的基本要求,缺一不可。但是对不同门类不同专业的工程,如工业建筑、民用建筑、公共建筑、住宅建筑、道路建筑,可根据其所处的特定地域环境条件、技术经济条件的差异,有不同的侧重面。

3)建设工程质量的特点

建设工程质量的特点是由建设工程本身和建设生产的特点决定的。建设工程(产品)及其生产的特点:一是产品的固定性,生产的流动性;二是产品的多样性,生产的单件性;三是产品体积庞大、投入高、生产周期长、具有风险性;四是产品的社会性,生产的外部约束性。正是因上述建设工程的特点而形成了工程质量本身的以下特点:

(1)影响因素多

建设工程质量受多种因素的影响,如决策、设计、材料、机具设备、施工方法、施工工艺、技术措施、人员素质、工期、工程造价等,这些因素直接或间接地影响工程项目质量。

(2)质量波动人

由于建筑生产的单件性、流动性,不像一般工业产品的生产那样有固定的生产流水线、有规范化的生产工艺和完善的检测技术,有成套的生产设备和稳定的生产环境,因此工程质量容易产生波动且波动大。同时,由于影响工程质量的偶然性因素和系统性因素比较多,其中任一因素发生变动,都会使工程质量产生波动,如材料规格品种使用错误、施工方法不当、操作未按规程进行、机械设备过度磨损或出现故障、设计计算失误等,都会发生质量波动,产生系统因素的质量变异,造成工程质量事故。为此,要严防出现系统性因素的质量变异,要把质量波动控制在偶然性因素的范围内。

(3)质量隐蔽性

建设工程在施工过程中,分项工程交接多、中间产品多、隐蔽工程多,因此质量存在隐蔽性。若在施工中不及时进行质量检查,事后只能从表面上检查,就很难发现内在的质量问题,这样就容易产生判断错误,即将不合格品误认为合格品。

(4)终检的局限性

工程项目建成后不可能像一般工业产品那样依靠终检来判断产品质量,或将产品拆卸、解体来检查其内在质量,或对不合格零部件进行更换。而工程项目的终检(竣工验收)无法进行工程内在质量的检验,无法发现隐蔽的质量缺陷,因此工程项目的终检存在一定的局限性。这就要求工程质量控制应以预防为主,防患于未然。

(5)评价方法的特殊性

工程质量的检查评定及验收是按检验批、分项工程、分部工程、单位工程进行的。检验批的质量是分项工程乃至整个工程质量检验的基础,检验批合格质量主要取决于主控项目和一般项目检验的结果。隐蔽工程在隐蔽前要检查合格后验收,涉及结构安全的试块、试件以及有关材料应按规定进行见证取样检测,涉及结构安全和使用功能的重要分部工程要进行抽样检测。工程质量是在施工单位按合格质量标准自行检查评定的基础上,由项目监理机构组织有关单位、人员进行检验确认验收。这种评价方法体现了"验评分离、强化验收、完善手段、过程控制"的指导思想。

7.1.2　建设工程质量的影响因素

建设工程质量的形成过程贯穿于整个建设项目全寿命周期的各个阶段,但是不同的阶段对工程项目质量的形成又起着不同的作用和影响,见表7.1。

表7.1　工程质量形成过程

项目	阶段	主要内容
工程项目质量	决策阶段质量	确定质量目标与水平依据,体现"能否做",以及确定质量目标与水平,体现"做什么"
	设计阶段质量	质量目标和水平的具体化,体现"如何做"
	施工阶段质量	形成实体质量,体现"做出来"
	竣工验收阶段质量	体现达到实体质量,目标与水平的程度

由此可知,在建设工程项目实施过程中,工程质量不可避免地会受到各种因素的影响,具体来说主要有5个方面,即人(Man)、材料(Material)、机械(Machine)、方法(Method)和环境(Environment),简称4M1E。

质量的形成过程

1)人员素质

人是生产经营活动的主体,也是工程项目建设的决策者、管理者和操作者,工程建设的规划、决策、勘察、设计、施工与竣工验收等全过程都是通过人的工作来完成的。人员的素质,即人的文化水平、技术水平、决策能力、管理能力、组织能力、作业能力、控制能力、身体素质及职业道德等,都将直接或间接地对规划、决策、勘察、设计和施工的质量产生影响,而规划是否合理,决策是否正确,设计是否符合所需要的质量功能,施工能否满足合同、规范、技术标准的需要等,都将对工程质量产生不同程度的影响。人员素质是影响工程质量的一个重要因素。因此,建筑行业实行资质管理和各类专业从业人员持证上岗制度是保证人员素质的重要管理措施。

2)工程材料

建设工程项目质量的影响因素

工程材料是指构成工程实体的各类建筑材料、构配件、半成品等。它是工程建设的物质条件,是工程质量的基础。工程材料选用的是否合理、产品是否合格、材质是否经过检验、保管使用是否得当等,都将直接影响建设工程的结构刚度和强度,影响工程外表及观感,影响工程的使用功能,影响工程的使用安全。

3)机械设备

机械设备可分为两大类:一类是指组成工程实体及配套的工艺设备和各类机具,如电梯、泵机、通风设备等,它们构成了建筑设备安装工程或工业设备安装工程,形成完整的使用功能。另一类是指施工过程中使用的各类机具设备,包括大型垂直与横向运输设备、各类操作工具、各种施工安全设施、各类测量仪器和计量器具等,简称为施工机具设备。它们是施工生产的手段。工程所用机具设备,其产品质量优劣直接影响工程使用功能质量。施工机具设备的类型是否符合工程施工特点、性能是否先进稳定、操作是否方便安全等,都将影响工程项目的质量。

4)方法

方法是指工艺方法、操作方法和施工方案。在工程施工中,施工方案是否合理、施工工艺是否先进、施工操作是否正确,都将对工程质量产生重大影响。采用新技术、新工艺、新方法,不断提高工艺技术水平,是保证工程质量稳定提高的重要因素。

5)环境条件

环境条件是指对工程质量特性起重要作用的环境因素,包括工程技术环境,如工程地质、水文、气象等;工程作业环境,如施工环境作业面大小、防护设施、通风照明和通信条件等;工程管理环境,主要是指工程实施的合同环境与管理关系的确定,组织体制及管理制度等;周边环境,如工程邻近的地下管线、建(构)筑物等。环境条件往往对工程质量产生特定的影响。加强环境管理,改进作业条件,把握好技术环境,辅以必要的措施,是控制环境对质量影响的重要保证。

任务 7.2   建设工程项目质量控制体系

7.2.1   全面质量管理的思想

1)全面质量管理

对于建设工程项目而言,全面质量管理是指各参与方的工程质量与工作质量的全面管理,如业主、监理、勘察、设计、施工总包、施工分包、材料设备供应商等,任何一方、任何环节的怠慢疏忽或质量责任不到位都会造成对建设工程质量的影响。

2)全过程质量管理

全过程质量管理是指根据工程质量的形成规律,从源头抓起,全过程推进。按照建设程序,建设工程从项目建议书或建设构想提出,历经项目鉴别、选择、策划、可研、决策、立项、勘察、设计、发包、施工、验收、使用等各个有机联系的环节。

3)全员质量管理

无论是组织内部的管理者还是作业者,每个岗位都承担着相应的质量职能,一旦确定了质量目标,就应组织和动员全体员工参与到实施质量方针的系统活动中去,发挥自己的角色作用。全员参与质量控制是全面质量管理所不可或缺的重要手段。

7.2.2   质量管理的 PDCA 循环

在长期的生产实践和理论研究中形成的 PDCA 循环,是建立质量管理体系和进行质量管理的基本方法。PDCA 循环如图 7.2 所示。从某种意义上说,管理就是确定任务目标,并通过 PDCA 循环来实现预期目标。每一循环都围绕着预期目标的实现,进行计划、实施、检查和处置活动,随着对存在问题的解决和改进,在一次一次的滚动循环中逐步上升,不断增强质量能力,不断提高质量水平。每一个循环的四大职能活动相互联系,共同构成了质量管理的系统过程。

PDCA循环包括计划(Plan)、实施(Do)、检查(Check)和处置(Act)。

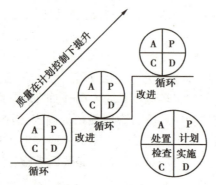

图7.2　PDCA循环原理

1)计划 P(Plan)

计划由目标和实现目标的手段组成,因此说计划是一条"目标—手段链"。质量管理的计划职能,包括确定质量目标和制订实现质量目标的行动方案两个方面。实践表明,质量计划的严谨周密、经济合理和切实可行,是保证工作质量、产品质量和服务质量的前提条件。

质量管理的
PDCA循环

2)实施 D(Do)

实施职能在于将质量的目标值,通过生产要素的投入、作业技术活动和产出过程,转换为质量的实际值。为保证工程质量的产出或形成过程能够达到预期的结果,在各项质量活动实施前,要根据质量管理计划进行行动方案的部署和交底。交底的目的在于使具体的作业者和管理者明确计划的意图和要求,掌握质量标准及其实现的程序与方法。在质量活动的实施过程中,则要求严格执行计划的行动方案和规范行为,把质量管理计划的各项规定和安排落实到具体的资源配置和作业技术活动中去。

3)检查 C(Check)

检查是指对计划实施过程进行各种检查,包括作业者的自检、互检和专职管理者的专检。各类检查也都包含两大方面:一是检查是否严格执行了计划的行动方案,实际条件是否发生了变化,不执行计划的原因;二是检查计划执行的结果,即产出的质量是否达到标准的要求,对此进行确认和评价。

4)处置 A(Action)

对于质量检查所发现的质量问题或质量不合格,及时进行原因分析,采取必要的措施予以纠正,保持工程质量形成过程的受控状态。处置分纠偏和预防改进两个方面。前者是采取有效措施,解决当前的质量偏差、问题或事故;后者是将目前质量状况信息反馈到管理部门,反思问题症结或计划时的不周,确定改进目标和措施,为今后类似质量问题的预防提供借鉴。

7.2.3　项目质量控制体系的建立

质量控制体系是组织内部建立的、为实现质量目标所必需的、系统的质量管理模式,是组织的一项战略决策。

1)项目质量控制体系建立的原则

(1)分层次规划原则

项目质量控制体系的分层次规划,是指项目管理的总组织者(建设单位或代建制项目管理企业)和承担项目实施任务的各参与单位,分别进行不同层次和范围的建设工程项目质量控制体系规划。

工程建设施工企业质量管理规范

(2)目标分解原则

项目质量控制系统总目标的分解,是根据控制系统内工程项目的分解结构,将工程项目的建设标准和质量总体目标分解到各个责任主体,明示于合同条件,由各责任主体制订出相应的质量计划,确定其具体的控制方式和控制措施。

(3)质量责任制原则

项目质量控制体系的建立,应按照《建筑法》和《建设工程质量管理条例》有关工程质量责任的规定,界定各方的质量责任范围和控制要求。

(4)系统有效性原则

项目质量控制体系应从实际出发,结合项目特点、合同结构和项目管理组织系统的构成情况,建立项目各参与方共同遵循的质量管理制度和控制措施,并形成有效的运行机制。

2)项目质量控制体系建立的程序

项目质量控制体系的建立过程,一般可按以下环节依次展开工作:

(1)确立系统质量控制网络

首先明确系统各层面的工程质量控制负责人。一般应包括承担项目实施任务的项目经理(或工程负责人)、总工程师,项目监理机构的总监理工程师、专业监理工程师等,以形成明确的项目质量控制责任者的关系网络架构。

(2)制定质量控制制度

该制度包括质量控制例会制度、协调制度、报告审批制度、质量验收制度和质量信息管理制度等,形成建设工程项目质量控制体系的管理文件或手册,作为承担建设工程项目实施任务各方主体共同遵循的管理依据。

(3)分析质量控制界面

项目质量控制体系的质量责任界面包括静态界面和动态界面。一般来说,静态界面是根据法律法规、合同条件、组织内部职能分工来确定的。动态界面主要是指项目实施过程中设计单位之间、施工单位之间、设计与施工单位之间的衔接配合关系及其责任划分,通过分析研究,确定管理原则与协调方式。

(4)编制质量控制计划

项目管理总组织者负责主持编制建设工程项目总质量计划,并根据质量控制体系的要求,部署各质量责任主体编制与其承担任务范围相符合的质量计划,并按规定程序完成质量计划的审批,作为其实施自身工程质量控制的依据。

3)项目质量控制体系的责任主体

根据建设工程项目质量控制体系的性质、特点和结构,一般情况下,项目质量控制体系应由建设单位或工程项目总承包企业的工程项目管理机构负责建立;在分阶段依次对勘察、设计、施工、安装等任务进行分别招标发包的情况下,该体系通常应由建设单位或其委托的工程项目管理企业负责建立,并由各承包企业根据项目质量控制体系的要求,建立隶属于总的项目质量控制体系的设计项目、施工项目、采购供应项目等分质量保证体系(可称相应的质量控制子系统),以具体实施其质量责任范围内的质量管理和目标控制。项目质量保证体系如图7.3所示。

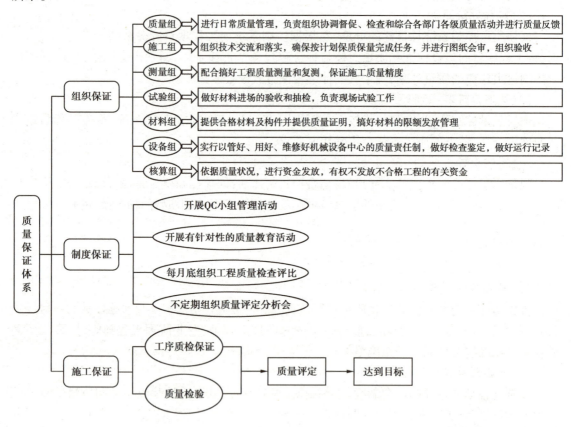

图7.3 质量保证体系框架图

7.2.4 项目质量控制体系的运行

项目质量控制体系的建立,为项目的质量控制提供了组织制度方面的保证:项目质量控制体系的运行,实质上就是系统功能的发挥过程,也是质量活动职能和效果的控制过程。质量控制体系要有效地运行,还有赖于系统内部的运行环境和运行机制的完善。

1)运行环境

项目质量控制体系的运行环境主要是指为系统运行提供支持的管理关系、组织制度和资源配置的条件。

（1）项目的合同结构

建设工程合同是联系建设工程项目各参与方的纽带，只有在项目合同结构合理、质量标准和责任条款明确，并严格进行履约管理的条件下，质量控制体系的运行才能成为各方的自觉行动。

（2）质量管理的资源配置

质量管理的资源配置包括专职的工程技术人员和质量管理人员的配置；实施技术管理和质量管理所必需的设备、设施、器具、软件等物质资源的配置。人员和资源的合理配置是质量控制体系得以运行的基础条件。

（3）质量管理的组织制度

项目质量控制体系内部的各项管理制度和程序性文件的建立，为质量控制系统各个环节的运行，提供必要的行动指南、行为准则和评价基准的依据，是系统有序运行的基本保证。

2)运行机制

项目质量控制体系的运行机制是由一系列质量管理制度安排所形成的内在动力。运行机制是质量控制体系的生命，机制缺陷是造成系统运行无序、失效和失控的重要原因。因此，在设计系统内部的管理制度时，必须予以高度的重视，防止重要管理制度的缺失、制度本身的缺陷、制度之间的矛盾等现象出现，才能为系统的运行注入动力机制、约束机制、反馈机制和持续改进机制。

（1）动力机制

动力机制是项目质量控制体系运行的核心机制，它源自公正、公开、公平的竞争机制和利益机制的制度设计或安排。这是因为项目的实施过程是由多主体参与的价值增值链，只有保持合理的供方及分供方等各方关系，才能形成合力。它是项目管理成功的重要保证。

（2）约束机制

没有约束机制的控制体系是无法使工程质量处于受控状态的。约束机制取决于各质量责任主体内部的自我约束能力和外部的监控效力。约束能力表现为组织及个人的经营理念、质量意识、职业道德及技术能力的发挥；监控效力取决于项目实施主体外部对质量工作的推动和检查监督。两者相辅相成，构成了质量控制过程的制衡关系。

（3）反馈机制

运行状态和结果的信息反馈，是对质量控制系统的能力和运行效果进行评价，并为及时作出处置提供决策依据。因此，必须有相关的制度安排，保证质量信息反馈的及时和准确；坚持质量管理者深入生产第一线，掌握第一手资料，才能形成有效的质量信息反馈机制。

（4）持续改进机制

在项目实施的各个阶段，不同的层面、不同的范围和不同的质量责任主体之间应用 PDCA循环原理，即计划、实施、检查和处置不断循环的方式展开质量控制，同时注重抓好控制点的设置，加强重点控制和例外控制，并不断寻求改进机会、研究改进措施，才能保证建设工程项目质量控制系统的不断完善和持续改进,不断提高质量控制能力和控制水平。

任务 7.3　施工质量控制

7.3.1　施工质量控制概述

1)施工质量控制的含义

建设工程项目的施工质量控制有两个方面的含义:一是指项目施工单位的施工质量控制,包括施工总承包、分包单位综合的和专业的施工质量控制;二是指广义的施工阶段项目质量控制,即除了施工单位的施工质量控制外,还包括建设单位、设计单位、监理单位以及政府质量监督机构在施工阶段对项目施工质量所实施的监督管理和控制职能。因此,项目管理者应全面理解施工质量控制的内涵,掌握项目施工阶段质量控制的目标、依据与基本环节,以及施工质量计划的编制和施工生产要素、施工准备工作和施工作业过程的质量控制方法。

2)施工质量控制的依据

（1）共同性依据

共同性依据是指适用于施工质量管理的有关的、通用的、具有普遍指导意义和必须遵守的基本法规。主要包括国家和政府有关部门颁布的与工程质量管理有关的法律法规性文件,如《中华人民共和国建筑法》《中华人民共和国招标投标法》和《建设工程质量管理条例》等。

（2）专业技术性依据

专业技术性依据是指针对不同的行业、不同质量控制对象制定的专业技术规范文件,包括规范、规程、标准、规定等。例如,工程建设项目质量检验评定标准,有关建筑材料、半成品和构配件质量方面的专门技术法规性文件,有关材料验收、包装和标志等方面的技术标准和规定,施工工艺质量等方面的技术法规性文件,有关新工艺、新技术、新材料、新设备的质量规定和鉴定意见等。

（3）项目专用性依据

项目专用性依据是指本项目的工程建设合同、勘察设计文件、设计交底及图纸会审记录、设计修改和技术变更通知,以及相关会议记录和工程联系单等。

3)施工质量控制的基本环节

施工质量控制应贯彻全面、全员、全过程质量管理的思想,运用动态控制原理,进行质量的事前控制、事中控制和事后控制,见表7.2。

（1）事前质量控制

事前质量控制即在正式施工前进行的事前主动质量控制,通过编制施工质量计划,明确质量目标,制订施工方案,设置质量控制点,落实质量责任,分析可能导致质量目标偏离的各种影响因素,针对这些影响因素制订有效的预防措施,防患于未然。事前质量控制要求针对质量控制对象的控制目标、活动条件、影响因素进行周密分析,找出薄弱环节,制订有效的控制措施和对策。

表 7.2　事前、事中、事后质量控制的主要措施

质量控制方式	主要措施
事前质量控制	①确定质量标准,明确质量要求 ②建立本项目的质量监理控制体系 ③审查施工组织设计或施工方案 ④建立完善的质量保证体系 ⑤施工场地质检验收 ⑥施工机械的质量控制 ⑦检查工程使用的原材料、半成品
事中质量控制	①施工工艺过程质量控制,现场检查、旁站、量测、试验 ②工序交接检查 ③隐蔽工程检查验收 ④工程质量事故处理 ⑤进行质量、技术鉴定 ⑥建立质量日志 ⑦组织现场质量协调会 ⑧做好设计变更及技术核定的处理工作
事后质量控制	①组织试车运转 ②组织单位、单项工程竣工验收 ③组织对工程项目进行质量评定 ④整理技术文件资料并编目建档 ⑤审核竣工图及其他技术文件资料,搞好工程竣工验收

(2)事中质量控制

事中质量控制是指在施工质量形成的过程中,对影响施工质量的各种因素进行全面的动态控制。事中质量控制也称为作业活动过程质量控制,包括质量活动主体的自我控制和他人监控的控制方式。自我控制是第一位的,即作业者在作业过程中对自己质量活动行为的约束和技术能力的发挥,以完成符合预定质量目标的作业任务;他人监控是对作业者的质量活动过程和结果,由来自企业内部管理者和企业外部有关方面进行监督检查,如工程监理机构、政府质量监督部门等的监控。

施工质量的自控和监控是相辅相成的系统过程。自控主体的质量意识和能力是关键,是施工质量的决定因素;各监控主体所进行的施工质量监控是对自控行为的推动和约束。因此,自控主体必须正确处理自控和监控的关系,在致力于施工质量自控的同时,还必须接受来自业主、监理等方面对其质量行为和结果所进行的监督管理,包括质量检查、评价和验收。自控主体不能因为监控主体的存在和监控职能的实施而减轻或免除其质量责任。

事中质量控制的目标是确保工序质量合格,杜绝质量事故发生;控制的关键是坚持质量标准;控制的重点是工序质量、工作质量和质量控制点的控制。

（3）事后质量控制

事后质量控制也称为事后质量把关，以使不合格的工序或最终产品（包括单位工程或整个工程项目）不流入下道工序、不进入市场。事后质量控制包括对质量活动结果的评价及认定、对工序质量偏差的纠正、对不合格产品进行整改和处理。控制的重点是发现施工质量方面的缺陷，并通过分析提出施工质量改进的措施，保持质量处于受控状态。

以上三大环节不是互相孤立和截然分开的，它们共同构成有机的系统过程，实质上也就是质量管理 PDCA 循环的具体化，在每一次滚动循环中不断提高，达到质量管理和质量控制的持续改进。

7.3.2　施工质量计划的编制

按照《质量管理体系　基础和术语》（GB/T 19000—2016），质量计划是质量管理体系文件的组成内容。在合同环境下，质量计划是企业向顾客表明质量管理方针、目标及其具体实现的方法、手段和措施的文件，体现企业对质量责任的承诺和实施的具体步骤。

1）施工质量计划的形式

目前，我国除了已经建立质量管理体系的施工企业直接采用施工质量计划的形式外，通常还采用在工程项目施工组织设计或施工项目管理实施规划中包含质量计划内容的形式。因此，现行的施工质量计划有 3 种形式：工程项目施工质量计划、工程项目施工组织设计（含施工质量计划）及施工项目管理实施规划（含施工质量计划）。

施工组织设计或施工项目管理实施规划之所以能发挥施工质量计划的作用，是因为根据建筑生产的技术经济特点，每个工程项目都需要进行施工生产过程的组织与计划，包括施工质量、进度、成本、安全等目标的设定，实现目标的计划和控制措施的安排等。因此，施工质量计划所要求的内容，理所当然地被包含于施工组织设计或项目管理实施规划中，而且能够充分体现施工项目管理目标（质量、工期、成本、安全）的关联性、制约性和整体性，这也和全面质量管理的思想相一致。

2）施工质量计划的内容

在已经建立质量管理体系的情况下，质量计划的内容必须全面体现和落实企业质量管理体系文件的要求（也可引用质量体系文件中的相关条文），编制程序、内容和编制依据应符合有关规定，同时结合本工程的特点，在质量计划中编写专项管理要求。施工质量计划的基本内容一般应包括：

①工程特点及施工条件（合同条件、法规条件和现场条件等）分析；

②质量总目标及其分解目标；

③质量管理组织机构和职责，人员及资源配置计划；

④确定施工工艺与操作方法的技术方案和施工组织方案；

⑤施工材料、设备等物资的质量管理及控制措施；

⑥施工质量检验、检测、试验工作的计划安排及其实施方法与检测标准；

⑦施工质量控制点及其跟踪控制的方式与要求；

⑧质量记录的要求等。

3) 施工质量控制点

施工质量控制点应选择那些技术要求高、施工难度大、对工程质量影响大或是发生质量问题时危害大的对象进行设置。设定了质量控制点，质量控制的目标及工作重点就更加明晰。首先，要做好施工质量控制点的事前质量预控工作；其次，要向施工作业班组进行认真交底，使每一个控制点上的作业人员明白施工作业规程及质量检验评定标准，掌握施工操作要领；同时，还要做好施工质量控制点的动态设置和动态跟踪管理。随着工程的展开、施工条件的变化，应随时或定期进行控制点的调整和更新。在施工中发现质量控制点有异常时，应立即停止施工，召开分析会，查找原因并采取对策予以解决。

施工质量控制点按照不同的性质和管理要求，细分为"见证点"和"待检点"进行施工质量的监督和检查。凡属"见证点"的施工作业，如重要部位、特种作业、专门工艺等，施工方必须在该项作业开始前，书面通知现场监理机构到位旁站，见证施工作业过程；凡属"待检点"的施工作业，如隐蔽工程等，施工方必须在完成施工质量自检的基础上，提前通知项目监理机构进行检查验收，然后才能进行工程隐蔽或下道工序的施工。未经过项目监理机构检查验收合格的，不得进行工程隐蔽或下道工序的施工。

7.3.3 施工过程的质量控制

施工过程的质量控制是在工程项目质量实际形成过程中的事中质量控制。建设工程项目施工是由一系列相互关联、相互制约的作业过程（工序）构成的，因此，施工质量控制必须对全部作业过程，即各道工序的作业质量持续进行控制。从项目管理的立场看，工序作业质量的控制，首先是质量生产者即作业者的自控，在施工生产要素合格的条件下，作业者能力及其发挥的状况是决定作业质量的关键；其次是来自作业者外部的各种作业质量检查、验收和对质量行为的监督，也是不可缺少的设防和把关的管理措施。

1) 工序施工质量控制

工序是人、材料、机械设备、施工方法和环境因素对工程质量综合起作用的过程。对施工过程的质量控制，必须以工序作业质量控制为基础和核心。因此，工序施工质量控制是施工阶段质量控制的重点。只有严格控制工序质量，才能确保施工项目的实体质量。工序施工质量控制主要包括工序施工条件质量控制和工序施工效果质量控制。

（1）工序施工条件质量控制

工序施工条件是指从事工序活动的各生产要素质量及生产环境条件。工序施工条件质量控制就是控制工序活动的各种投入要素质量和环境条件质量。控制手段主要有检查、测试、试验、跟踪监督等。控制的依据主要是设计质量标准、材料质量标准、机械设备技术性能标准、施工工艺标准以及操作规程等。

（2）工序施工效果质量控制

工序施工效果主要反映工序产品的质量特征和特性指标。对工序施工效果质量控制就是控制工序产品的质量特征和特性指标能否达到设计质量标准以及施工质量验收标准的要求。

工序施工效果质量控制属于事后质量控制,其控制的主要途径是实测获取数据、统计分析所获取的数据、判断认定质量等级和纠正质量偏差。

2)施工作业质量的自控

施工方是施工阶段质量的自控主体。施工方不能因为监控主体的存在和监控责任的实施而减轻或免除其质量责任。《中华人民共和国建筑法》和《建设工程质量管理条例》规定:施工单位对建设工程的施工质量负责;施工单位必须按照工程设计要求、施工技术标准和合同的约定,对建筑材料、建筑构配件和设备进行检验,不合格的不得使用。施工作业质量的自控过程是由施工作业组织的成员进行的,其基本的控制程序包括施工作业技术交底、施工作业活动的实施和施工作业质量的检验以及专职管理人员的质量检查等。

(1)施工作业技术交底

技术交底是施工组织设计和施工方案的具体化。施工作业技术交底的内容必须具有可行性和可操作性。从项目的施工组织设计到分部分项工程的作业计划,在实施之前都必须逐级进行交底,其目的是使管理者的计划和决策意图为实施人员所理解。施工作业交底是最基层的技术和管理交底活动,施工总承包方和工程监理机构都要对施工作业交底进行监督。作业交底的内容包括作业范围、施工依据、作业程序、技术标准和要领、质量目标,以及其他与安全、进度、成本、环境等目标管理有关的要求和注意事项。

(2)施工作业活动的实施

施工作业活动是由一系列工序所组成的。为了保证工序质量的受控,首先要对作业条件进行再确认,即按照作业计划检查作业准备状态是否落实到位,其中包括对施工程序和作业工艺顺序的检查确认,在此基础上,严格按作业计划的程序、步骤和质量要求展开工序作业活动。

(3)施工作业质量的检验

施工作业质量的检验是贯穿整个施工过程的最基本的质量控制活动,包括施工单位内部的工序作业质量自检、互检、专检和交接检查,以及现场监理机构的现场旁站、巡视、平行检验等。施工作业质量检查是施工质量验收的基础,已完检验批及分部分项工程的施工质量必须在施工单位完成质量自检并确认合格之后,才能报请现场监理机构进行检查验收。前道工序作业质量经验收合格后,才可进入下道工序施工。未经验收合格的工序,不得进入下道工序施工。

3)施工作业质量的监控

为了保证项目质量,建设单位、监理单位、设计单位及政府的工程质量监督部门在施工阶段依据法律法规和工程施工承包合同,对施工单位的质量行为和项目实体质量实施监督控制。尤其是作为监控主体之一的项目监理机构,在施工作业实施过程中,应根据其监理规划与实施细则,采取现场旁站、巡视、平行检验等形式,对施工作业质量进行监督检查,如发现工程施工不符合工程设计要求、施工技术标准和合同约定的,有权要求施工单位改正。

必须强调的是,施工质量的自控主体和监控主体在施工全过程相互依存、各尽其责,共同推动着施工质量控制过程的展开和最终实现工程项目的质量总目标。

4)隐蔽工程验收与成品质量保护

凡被后续施工所覆盖的施工内容,如地基基础工程、钢筋工程、预埋管线等均属隐蔽工程。加强隐蔽工程质量验收,是施工质量控制的重要环节。其程序要求施工方首先应完成自检并合格,然后填写专用的隐蔽工程验收单。验收单所列的验收内容应与已完的隐蔽工程实物相一致,并事先通知监理机构及有关方面按约定时间进行验收。验收合格的隐蔽工程由各方共同签署验收记录;验收不合格的隐蔽工程应按验收整改意见进行整改后重新验收。严格隐蔽工程验收的程序和记录,对预防工程质量隐患、提供可追溯质量记录具有重要作用。

建设工程项目已完施工的成品保护,目的是避免已完施工成品受到来自后续施工以及其他方面的污染或损坏。首先,要及时进行职业道德教育。教育全体职工要对国家、人民的财产负责,爱护公物,尊重他人和自己的劳动成果,施工操作时要珍惜已完的和部分完成的工程。其次,合理安排施工工序。按正确的施工流程组织施工,不得颠倒工序,防止后道工序损坏或污染前道工序。最后,采取行之有效的保护措施。例如,可采取提前保护、包裹覆盖、局部封闭等措施进行保护。

任务 7.4　施工质量验收

建设工程项目的质量验收,主要是指施工质量验收。建设工程的施工质量验收应按照《建筑工程施工质量验收统一标准》(GB 50300—2013)进行。该标准是建设工程各专业工程施工质量验收规范编制的统一准则,各专业工程施工质量验收规范应与该标准配合使用。

建筑工程施工质量验收统一标准

根据上述施工质量验收统一标准,所谓"验收",是指建设工程在施工单位自行质量检查评定的基础上,参与建设活动的有关单位共同对检验批、分项、分部、单位工程的质量进行抽样复验,根据相关标准以书面形式对工程质量达到合格与否作出确认。

正确地进行工程项目质量的检查评定和验收,是施工质量控制的重要环节。施工质量验收包括施工过程的质量验收及工程项目竣工质量验收两个部分。

7.4.1　施工过程的质量验收

《建筑工程施工质量验收统一标准》(GB 50300—2013)与各个专业工程施工质量验收规范,明确规定了各分项工程的施工质量的基本要求,规定了分项工程检验批的抽查办法和抽查数量,规定了检验批主控项目、一般项目的检查内容和允许偏差,规定了对主控项目、一般项目的检验方法,规定了各分部工程验收的方法和需要的技术资料等,同时对涉及人民生命财产安全、人身健康、环境保护和公共利益的内容以强制性条文作出规定,要求必须坚决、严格遵照执行。

检验批和分项工程是质量验收的基本单元;分部工程是在所含全部分项工程验收的基础上进行验收的,在施工过程中随完工随验收,并留下完整的质量验收记录和资料;单位工程作为具有独立使用功能的完整的建筑产品,进行竣工质量验收。

1)检验批质量验收

所谓检验批是指按同一生产条件或按规定的方式汇总起来供检验用的,由一定数量样本组成的检验体。检验批是工程验收的最小单位,是分项工程乃至整个建设工程质量验收的基础。检验批应由专业监理工程师组织施工单位项目专业质量检查员、专业工长等进行验收。

检验批质量验收合格应符合下列规定:

①主控项目的质量经抽样检验均应合格;

②一般项目的质量经抽样检验基本合格;

③具有完整的施工操作依据、质量验收记录。

主控项目是指建设工程中对安全、卫生、环境保护和主要使用功能起决定性作用的检验项目。主控项目的验收必须从严要求,不允许有不符合要求的检验结果,主控项目的检查具有否决权。除主控项目以外的检验项目称为一般项目。

2)分项工程质量验收

分项工程质量验收是在检验批验收的基础上进行的。一般情况下,两者具有相同或相近的性质,只是批量的大小不同而已。分项工程可由一个或若干检验批组成。分项工程应由专业监理工程师组织施工单位项目专业技术负责人进行验收。

分项工程质量验收合格应符合下列规定:

①所含检验批的质量均应验收合格;

②所含检验批的质量验收记录应完整。

3)分部工程质量验收

分部工程质量验收是在其所含各分项工程质量验收的基础上进行的。分部工程应由总监理工程师组织施工单位项目负责人和项目技术负责人等进行验收;勘察、设计单位项目负责人和施工单位技术、质量部门负责人应参加地基与基础分部工程验收;设计单位项目负责人和施工单位技术、质量部门负责人应参加主体结构、节能分部工程验收。

分部工程质量验收合格应符合下列规定:

①所含分项工程的质量均应验收合格;

②质量控制资料应完整;

③地基与基础、主体结构和设备安装等分部工程有关安全及功能的检验和抽样检测结果应符合有关规定;

④观感质量验收应符合要求。

必须注意的是,由于分部工程所含的各分项工程性质不同,因此它并不是在所含分项验收基础上的简单相加,即所含分项验收合格且质量控制资料完整只是分部工程质量验收的基本条件,还必须在此基础上对涉及安全、节能、环境保护和主要使用功能的地基基础、主体结构和设备安装分部工程进行见证取样试验或抽样检测,而且还需对其观感质量进行验收,并综合给出质量评价,对于评价为"差"的检查点应通过返修处理等进行补救。

4)施工过程质量验收不合格的处理

施工过程质量验收是以检验批的施工质量为基本验收单元。检验批质量不合格可能是使用的材料不合格,或施工作业质量不合格,或质量控制资料不完整等原因所致,其处理方法有:

①在检验批验收时,发现存在严重缺陷的应推倒重做,有一般缺陷的可通过返修或更换器具、设备消除缺陷后重新进行验收;

②个别检验批发现某些项目或指标(如试块强度等)不满足要求难以确定是否验收时,应请有资质的检测单位检测鉴定,当鉴定结果能够达到设计要求时,应予以验收;

③当检测鉴定达不到设计要求时,但经原设计单位核算认可能够满足结构安全和使用功能的检验批,可予以验收;

④严重质量缺陷或超过检验批范围内的缺陷,经法定检测单位检测鉴定以后,认为不能满足最低限度的安全储备和使用功能,则必须进行加固处理,经返修或加固处理的分项分部工程,满足安全及使用功能要求时,可按技术处理方案和协商文件进行验收,责任方应承担经济责任;

⑤通过返修或加固处理后仍不能满足安全或重要使用要求的分部工程及单位工程,严禁验收。

7.4.2　竣工验收

工程项目竣工验收是施工质量控制的最后一个环节,是对施工过程质量控制成果的全面检验,是从终端把关方面进行质量控制。未经验收或验收不合格的工程,不得交付使用。

1)竣工验收的依据

工程项目竣工验收的依据有:
①国家相关法律法规和建设主管部门颁布的管理条例和办法;
②建筑工程施工质量验收统一标准;
③专业工程施工质量验收规范;
④批准的设计文件、施工图纸及说明书;
⑤工程施工承包合同;
⑥其他相关文件。

2)竣工验收的标准

单位工程是工程项目竣工验收的基本对象。单位工程质量验收合格应符合下列规定:
①所含分部工程的质量均应验收合格;
②质量控制资料应完整;
③所含分部工程有关安全、节能、环境保护和主要使用功能的检验资料应完整;
④主要使用功能的抽查结果应符合相关专业质量验收规范的规定;
⑤观感质量应符合要求。

3)竣工验收的程序

建设工程项目竣工验收可分为验收准备、竣工预验收和正式验收 3 个环节。

（1）验收准备

施工单位按照合同规定的施工范围和质量标准完成施工任务,经质量自检并合格后,向现场监理机构提交工程竣工申请报告,要求组织工程竣工验收。

（2）竣工预验收

监理机构收到施工单位的工程竣工申请报告后,应就验收的准备情况和验收条件进行检查。对工程实体质量及档案资料存在的缺陷及时提出整改意见,并与施工单位协商整改清单,确定整改要求和完成时间。直至达到下列条件时,施工单位才可向建设单位提交工程竣工验收报告,申请工程竣工验收。

①完成建设工程设计和合同约定的各项内容;

②有完整的技术档案和施工管理资料;

③有工程使用的主要建筑材料、构配件和设备的进场试验报告;

④有工程勘察、设计、施工、工程监理等单位分别签署的质量合格文件;

⑤有施工单位签署的工程保修书。

（3）正式验收

建设单位收到工程竣工验收报告后,应由建设单位（项目）负责人组织施工（含分包单位）、设计、勘察、监理等单位负责人进行单位工程竣工验收。

建设单位应在工程竣工验收前7个工作日将验收时间、地点、验收组名单通知该工程的工程质量监督机构。建设单位组织竣工验收会议。

4）竣工验收报告

工程竣工验收合格后,建设单位应及时提交工程竣工验收报告。工程竣工验收报告主要包括工程概况,建设单位执行基本建设程序情况,对工程勘察、设计、施工、监理等方面的评价,工程竣工验收时间、程序、内容和组织形式,工程竣工验收意见等内容。

竣工验收报告还应附有下列文件:

①施工许可证;

②施工图设计文件;

③上述竣工质量验收的条件中②、③、④、⑤项规定的文件;

④验收组人员签署的工程竣工验收意见;

⑤法规、规章规定的其他有关文件。

5）竣工验收备案

建设单位应自建设工程竣工验收合格之日起15日内,向工程所在地的县级以上地方人民政府建设主管部门备案。

建设单位办理竣工验收备案应提交下列文件:

①工程竣工验收备案表;

②工程竣工验收报告;

③法律、行政法规规定应由规划、环保等部门出具的认可文件或准许使用件;

④法律规定应由公安消防部门出具的对大型的人员密集场所和其他特殊建设工程验收合格的证明文件;

⑤施工单位签署的工程质量保修书;

⑥法规、规章规定必须提供的其他文件。

任务 7.5　施工质量不合格的处理

1)工程质量不合格的定义

根据《质量管理体系　基础和术语》(GB/T 19000—2016)的规定,凡工程产品没有满足某个规定的要求,称为质量不合格;而未满足某个与预期或规定用途有关的要求,称为质量缺陷。

凡是工程质量不合格,影响使用功能或工程结构安全,造成永久质量缺陷或存在重大质量隐患,甚至直接导致工程倒塌或人身伤亡,必须进行返修、加固或报废处理,按照由此造成人员伤亡和直接经济损失的大小区分,小于 5 000 元的为质量问题,大于 5 000 元(含 5 000 元)的为质量事故。

2)施工质量事故发生的原因

施工质量事故发生的原因大致有以下 4 类:

(1)技术原因

技术原因指引发的质量事故是因在项目勘察、设计、施工中技术上的失误。例如,地质勘察过于疏略,对水文地质情况判断错误,致使地基基础设计采用不正确的方案;或结构设计方案不正确,计算失误,构造设计不符合规范要求;施工管理及实际操作人员的技术素质差,采用了不合适的施工方法或施工工艺等。这些技术上的失误是造成质量事故的常见原因。

(2)管理原因

管理原因指引发的质量事故是因管理上的不完善或失误。例如,施工单位或监理单位的质量管理体系不完善,质量管理措施落实不力,施工管理混乱,不遵守相关规范,违章作业,检验制度不严密,质量控制不严格,检测仪器设备管理不善而失准,以及材料质量检验不严等原因引起质量事故。

(3)社会、经济原因

社会、经济原因指引发的质量事故是因社会上存在的不正之风及经济上的原因,滋长了建设中的违法违规行为,而导致出现质量事故。例如,违反基本建设程序,无立项、无报建、无开工许可、无招投标、无资质、无监理、无验收的"七无"工程,边勘察、边设计、边施工的"三边"工程,几乎所有的重大施工质量事故都能从这个方面找到原因;某些施工企业盲目追求利润而不顾工程质量,在投标报价中随意压低标价,中标后则依靠违法的手段或修改方案追加工程款,甚至偷工减料等,这些因素都会导致发生重大工程质量事故。

(4)人为事故和自然灾害原因

人为事故和自然灾害原因指造成质量事故是因人为的设备事故、安全事故,导致连带发生质量事故,以及严重的自然灾害等不可抗力造成质量事故。

3)施工质量缺陷处理的基本方法

(1)返修处理

当项目某些部分的质量未达到规范、标准或设计规定的要求,存在一定的缺陷,但经过采取整修等措施后可以达到要求的质量标准,又不影响使用功能或外观要求时,可采取返修处理的方法。例如,某些混凝土结构表面出现蜂窝、麻面或混凝土结构局部出现损伤,结构受撞击、局部未振实、冻害、火灾、酸类腐蚀、碱骨料反应等,当这些缺陷或损伤仅仅在结构的表面或局部,不影响其使用和外观时,可进行返修处理。又例如,对混凝土结构出现裂缝,经分析研究后如果不影响结构的安全和使用功能时,也可采取返修处理。当裂缝宽度不大于 0.2 mm 时,可采用表面密封法;当裂缝宽度大于 0.3 mm 时,可采用嵌缝密闭法;当裂缝较深时,则应采用灌浆修补法。

(2)加固处理

加固处理主要是针对危及结构承载力的质量缺陷的处理。通过加固处理,使建筑结构恢复或提高承载力,重新满足结构安全性与可靠性的要求,使结构能继续使用或改作其他用途。对混凝土结构常用的加固方法主要有增大截面加固法、外包角钢加固法、粘钢加固法、增设支点加固法、增设剪力墙加固法和预应力加固法等。

(3)返工处理

当工程质量缺陷经过返修、加固处理后仍不能满足规定的质量标准要求,或不具备补救的可能性,则必须采取重新制作、重新施工的返工处理措施。例如,某防洪堤坝填筑压实后,其压实土的干密度未达到规定值,经核算将影响土体的稳定且不满足抗渗能力的要求,须挖除不合格土,重新填筑,重新施工;某公路桥梁工程预应力按规定张拉系数为 1.3,而实际仅为 0.8,属严重质量缺陷,也无法修补,只能重新制作。再比如,某高层住宅施工中,有几层混凝土结构误用了安定性不合格的水泥,无法采用其他补救办法,不得不爆破拆除重新浇筑。

(4)限制使用

当工程质量缺陷按修补方法处理后无法保证达到规定的使用要求和安全要求,而又无法返工处理的情况下,不得已时可作出诸如结构卸荷或减荷以及限制使用的决定。

(5)不作处理

某些工程质量问题虽然达不到规定的要求或标准,但其情况不严重,对结构安全或使用功能影响很小,经过分析、论证、法定检测单位鉴定和设计单位等认可后可不作专门处理。一般可不作专门处理的情况有以下几种:

①不影响结构安全和使用功能的。例如,有的工业建筑物出现放线定位的偏差,且严重超过规范标准规定,若要纠正会造成重大经济损失,但经过分析、论证其偏差不影响生产工艺和正常使用,在外观上也无明显影响,可不作处理。又如,某些部位的混凝土表面的裂缝,经检查分析,属于表面养护不够的干缩微裂,不影响安全和外观,也可不作处理。

②后道工序可以弥补的质量缺陷。例如,混凝土结构表面的轻微麻面,可通过后续的抹灰、刮涂、喷涂等弥补,也可不作处理。再比如,混凝土现浇楼面的平整度偏差达到 10 mm,但由于后续垫层和面层的施工可以弥补,也可不作处理。

③法定检测单位鉴定合格的。例如,某检验批混凝土试块强度值不满足规范要求,强度不足,但经法定检测单位对混凝土实体强度进行实际检测后,其实际强度达到规范允许和设计要

求值时,可不作处理。对经检测未达到要求值,但相差不多,经分析论证,只要使用前经再次检测达到设计强度,也可不作处理,但应严格控制施工荷载。

④出现的质量缺陷,经检测鉴定达不到设计要求,但经原设计单位核算,仍能满足结构安全和使用功能的。例如,某一结构构件截面尺寸不足或材料强度不足,影响结构承载力,但按实际情况进行复核验算后仍能满足设计要求的承载力时,可不进行专门处理。这种做法实际上是挖掘设计潜力或降低设计的安全系数,应谨慎处理。

(6)报废处理

出现质量事故的项目,通过分析或实践,采取上述处理方法后仍不能满足规定的质量要求或标准,则必须予以报废处理。

工程在施工中可能经常发生各种质量缺陷,对于质量缺陷要提倡预防为主,从"人、材、机、法、环"5个方面严格管理,做好事前控制,尽可能避免质量缺陷发生。确实发生质量缺陷后,对于小的缺陷,不影响建筑安全及使用功能的,可按上述方法进行处理;对于重大质量缺陷,影响结构安全使用功能的,应请设计单位对结构安全重新进行核算、评定,降级使用或拆除重做。

项目小结

随着科学技术的发展和市场竞争的需要,质量管理已越来越为人们所重视。"质量第一,安全生产"是我们需时刻谨记,并付诸实践的指导思想。本项目围绕工程质量的基本概念、形成过程、影响因素、控制方法、质量验收等方面,对建设工程质量的内容进行了比较全面的论述,使我们对如何进行有效的质量管理和控制有了一个完整而清晰的认识。

任务 7.1 是建设工程项目质量管理概述。该部分从建设工程质量的基本概念出发,首先介绍了建设工程质量的 7 个特性,即适用性、耐久性、安全性、可靠性、经济性、节能性与环境适应性;其次介绍了建设工程质量的特点;最后着重论述了建设工程质量的影响因素。

任务 7.2 是建设工程项目质量控制体系。该部分首先介绍了全面质量管理的思想和PDCA 循环;然后介绍了项目质量控制体系的建立和运行,并重点论述了质量控制体系的 4 个运行机制,即动力机制、约束机制、反馈机制和持续改进机制。

任务 7.3 是施工质量控制。该部分首先介绍了施工质量控制的含义和依据;然后介绍了施工质量控制的 3 个基本环节,即事前质量控制、事中质量控制、事后质量控制。事前质量控制重点论述了施工质量计划和施工质量控制点,事中质量控制重点论述了施工过程中的自控和监控。

任务 7.4 是施工质量验收。施工质量验收属于事后质量控制。该部分首先分别论述了检验批、分项工程、分部工程 3 种类型的施工过程的质量验收;然后详细论述了竣工验收的依据、条件、标准和程序。

任务 7.5 是施工质量不合格的处理。该部分主要介绍了工程质量不合格的定义及原因,并重点论述了施工质量缺陷处理的基本方法,即返修处理、加固处理、返工处理、限制使用、不作处理及报废处理。

练习题

一、单选题

1.全面质量管理的核心是( )。
  A.PDCA 循环法   B.三全原理
  C.数理统计法   D.用数据说话

2.4M1E 是指人、机具、材料、( )、环境。
  A.管理   B.资产   C.方法   D.数据

3.建设工程项目质量控制的重点是( )。
  A.设计质量控制   B.施工质量控制
  C.材料质量控制   D.安装质量控制

4.无论组织内部的管理者还是作业者,每个岗位都承担着相应的质量职能,一旦确定了质量方针目标,就应组织和动员全体员工参与到实施质量方针的系统活动中去,发挥自己的角色作用。这体现了全面质量管理思想中的( )。
  A.全面质量管理   B.全过程质量管理
  C.全员质量管理   D.全年质量管理

5.在质量管理的 PDCA 循环中,D 指的是( )。
  A.计划   B.执行   C.检查   D.行动或处置

6.在质量控制过程中,对表现突出的部门或人员给予物质奖励或精神奖励,体现了建设工程项目质量控制体系运行机制中的( )。
  A.动力机制   B.约束机制   C.反馈机制   D.持续改进机制

7.在施工前,认真编制施工质量计划,明确质量目标,制订施工方案,设置质量控制点,落实质量责任,防患于未然。这些内容属于施工质量控制基本环节中的( )。
  A.事前质量控制   B.事中质量控制   C.事后质量控制   D.自检、互检、专检

8.检验批和分项工程应由( )组织验收。
  A.项目经理   B.项目专业质量检验员
  C.专业监理工程师   D.项目专业技术负责人

9.施工质量控制可分为事前质量控制、事中质量控制、事后质量控制 3 个基本环节,这 3 个环节相辅相成、互相补充、不可或缺。这体现了全面质量管理思想中的( )。
  A.全面质量管理   B.全过程质量管理   C.全员质量管理   D.全年质量管理

10.监理机构的监控形式主要有( )。
  A.现场旁站、巡视、座谈会   B.教育培训会议、巡视、平行检验
  C.现场旁站、巡视、平行检验   D.座谈会、现场旁站、平行检验

11.施工单位按照合同规定的施工范围和质量标准完成施工任务后,经质量自检并合格后,向现场监理机构提交工程竣工申请报告,要求组织工程竣工验收。这就是建设工程项目竣工验收的( )。
  A.验收准备   B.竣工预验收   C.正式验收   D.单位工程验收

12.在检验批验收时,发现存在严重缺陷的应该推到重做,一般缺陷通过翻修或更换器具、

设备予以解决后应该(   )。

    A.拒绝验收   B.不予验收   C.重新进行验收   D.严禁验收

13.某钢筋混凝土结构工程的框架柱表面出现局部蜂窝麻面,经调查分析,其承载力满足设计要求,则对该框架柱表面质量问题一般的处理方式是(   )。

    A.加固处理   B.返工处理   C.不作处理   D.修补处理

14.某高层住宅施工中,有几层的混凝土结构误用了安定性不合格的水泥,无法采用补救办法,则对该质量问题一般的处理方式是(   )。

    A.加固处理   B.返工处理   C.不作处理   D.修补处理

15.通过返修或加固后处理仍不能满足安全使用要求的分部工程、单位工程应该(   )。

    A.予以验收   B.重新验收   C.严禁验收

    D.按技术处理方案和协商文件进行验收,责任方应承担经济责任

二、多选题

1.关于质量管理与质量控制,以下说法正确的是(   )。

    A.质量控制是质量管理的一部分而不是全部

    B.质量管理是质量控制的一部分而不是全部

    C.质量控制是指在施工过程中控制工程实体的质量

    D.质量管理和质量控制都只是业主的工作任务

    E.质量管理和质量控制都涉及项目各参与方

2.施工质量控制的主要依据有(   )。

    A.进度计划   B.工程建设合同   C.勘察设计文件

    D.《建设工程质量管理条例》   E.《混凝土结构工程施工质量验收规范》

3.建设工程项目质量的影响因素有(   )。

    A.人的意识和能力   B.施工机械的选择和使用   C.各类工程材料的质量

    D.勘察设计施工所采用的技术和方法   E.国际形势发生突变

4.施工阶段的质量自控主体主要有(   )。

    A.施工承包方   B.业主   C.监理单位

    D.供应方   E.政府的工程质量监督部门

5.施工阶段的质量监控主体主要有(   )。

    A.施工承包方   B.监理单位   C.业主

    D.供应方   E.政府的工程质量监督部门

6.设置质量控制点是保证达到施工质量要求的必要前提,因此应选择(   )的对象进行设置。

    A.技术要求高   B.施工难度大   C.施工单位施工经验丰富

    D.工程质量影响大   E.发生质量问题时危害大

7.按照不同的性质和管理要求,质量控制点可细分为(   )。

    A.一般控制点   B.见证点   C.待检点

    D.次要控制点   E.重要控制点

8.检验批质量验收合格应符合下列规定(   )。

A. 主控项目的质量经抽样检验均应合格　　B. 一般项目的质量经抽样检验基本合格

C. 观感质量验收应符合要求　　　　　　　D. 有施工单位签署的工程保修书

E. 具有完整的施工操作依据、质量检查记录

9. 分部工程质量验收合格应符合下列规定(　　)。

A. 所含分项工程的质量均应验收合格

B. 质量控制资料应完整

C. 有关安全、节能、环境保护和主要使用功能的检验与抽样检测结果应符合有关规定

D. 有施工单位签署的工程保修书

E. 观感质量验收应符合要求

10. 按照不同的性质和管理要求,质量控制点可细分为"见证点"和"待检点"。其中待检点主要包括(　　)。

A. 预埋管线　　　　　　B. 钢筋工程　　　　　　C. 特种作业

D. 地基基础工程　　　　E. 专门工艺

三、简答题

1. 简述 PDCA 质量循环的过程。

2. 简述施工过程质量验收不合格的处理方法。

3. 简述竣工验收的标准。

项目 8
建设工程职业健康安全与环境管理

【情境导入】

11·24 丰城电厂施工平台坍塌事故

2016年11月24日,江西丰城发电厂三期扩建工程发生冷却塔施工平台坍塌特别重大事故(图8.1),造成73人死亡、2人受伤,直接经济损失10 197.2万元。

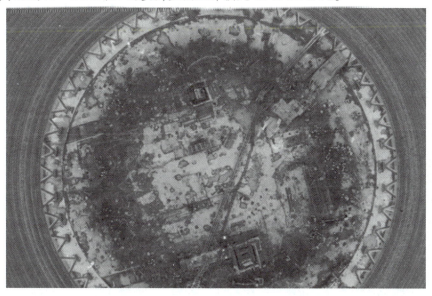

图 8.1 丰城电厂施工平台坍塌事故

国务院调查组查明,冷却塔施工单位河北亿能烟塔工程有限公司施工现场管理混乱,未按要求制订拆模作业管理控制措施,对拆模工序管理失控。事发当日,在7号冷却塔第50节筒壁混凝土强度不足的情况下,违规拆除模板,致使筒壁混凝土失去模板支护,不足以承受上部荷载,造成第50节及以上筒壁混凝土和模架体系连续倾塌坠落。

调查组认定,工程总承包单位中南电力设计院有限公司对施工方案审查不严,对分包施工单位缺乏有效管控,未发现和制止施工单位项目部违规拆模等行为。其上级公司中国电力工程顾问集团有限公司和中国能源建设集团(股份)有限公司未有效督促其认真执行安全生产法规标准。监理单位上海斯耐迪工程咨询有限公司未按照规定要求细化监理措施,对拆模工序等风险控制点失管失控,未纠正施工单位违规拆模行为。其上级公司国家核电技术有限公司对其安全质量工作中存在的问题督促检查不力。建设单位江西丰城三期发电厂及其上级公司江西赣能股份有限公司和江西省投资集团公司未按规定组织对工期调整的安全影响进行论证和评估;项目建设组织管理混乱。中国电力企业联合会所属电力工程质量监督总站违规使用建设单位人员组建江西丰城发电厂三期扩建工程质量监督项目站,未能及时发现和纠正压缩合理工期等问题。国家能源局电力安全监管司、华中监管局履行电力工程质量安全监督职责存在薄弱环节,对电力工程质量监督总站的问题失察。丰城市政府及其相关职能部门违规同意及批复设立混凝土搅拌站,对违法建设、生产和销售预拌混凝土的行为失察。

国务院责成江西省政府向国务院作出深刻检查,并对江西省相关领导在贯彻落实国家有关安全生产方针政策、法律法规中领导不力,未有效指导督促相关部门和省属企业落实安全生产责任的问题,依法依纪给予通报。由相关地方和部门对其他47名责任人员依法依纪给予党纪政纪处分、诫勉谈话、通报、批评教育。另外,司法机关已对31名责任人依法采取刑事强制措施。同时,依法吊销施工单位河北亿能烟塔工程有限公司建设工程施工总承包一级资质和安全生产许可证,并对工程总承包、监理等单位和相关人员给予相应的行政处罚。

【项目简介】

随着人类社会进步和科技发展,职业健康安全与环境问题越来越备受关注。严峻的职业健康安全和环境问题要求我们在解决这类问题时不能单单依靠技术手段,而应重视生产过程中的管理以及对人们职业健康安全和环境意识的教育。本项目从职业健康安全和环境的基本概念、影响因素、理论分析、管理与责任等方面展开论述,主要包括以下4个方面的内容:建设工程职业健康安全与环境管理概述、建设工程安全生产管理、建设工程生产安全事故处理及建设工程施工现场管理。

【学习目标】

(1)了解职业健康安全与环境管理的特点和要求;

(2)掌握安全生产管理基本制度;(重点)

(3)理解施工安全技术措施和安全技术交底;

(4)掌握安全生产检查监督;(重点)

(5)掌握生产安全事故的分类及处理办法;(重点、难点)

(6)了解建设工程现场文明施工与工程现场环境管理的相关要求。

任务8.1　建设工程职业健康安全与环境管理概述

在满足了基本生存的物质要求之后,人们普遍对生活提出了更高层次的需求。重视职业健康安全、重视环境保护已成为一个全社会的普遍共识,也已成为一种国家意识。因此,建设工程从业人员应牢固树立两个基本理念:一是适量的安全投资有助于项目利润目标的实现;二是以人为本,保护弱者。

1)建设工程职业健康安全与环境管理的目的

职业健康安全管理的目的是在生产活动中,通过职业健康安全生产的管理活动,对影响生产的具体因素进行状态控制,使生产因素中的不安全行为和状态尽可能减少或消除,且不引发事故,以保证生产活动中人员的健康和安全。对于建设工程项目,职业健康安全管理的目的是防止和尽可能地减少生产安全事故,保护产品生产者的健康与安全,保障人民群众的生命和财产免受损失;控制影响或可能影响工作场所内的员工或其他工作人员(包括临时工和承包方员工)、访问者或任何其他人员的健康安全的条件和因素;避免因管理不当对在组织控制下工作的人员健康和安全造成危害。

环境保护是我国的一项基本国策。环境管理的目的是保护生态环境,使社会经济发展与人类的生存环境相协调。对建设工程项目,环境保护主要是指保护和改善施工现场的环境。企业应遵照国家和地方的相关法律法规以及行业和企业自身的要求,采取措施控制施工现场的各种粉尘、废水、废气、固体废弃物以及噪声、振动对环境的污染和危害,同时要注意节约资源和避免资源的浪费。

2)建设工程职业健康安全与环境管理的特点

需要特别指出的是,建设工程职业健康安全与环境管理不仅是项目实施阶段的要求,而且应贯穿于建设工程项目的全寿命周期。考虑建设工程项目自身的诸多特性,建设工程职业健康安全与环境管理具有以下特点:

(1)复杂性

建设项目的职业健康安全和环境管理涉及大量的露天作业,受气候条件、工程地质和水文地质、地理条件和地域资源等不可控因素的影响较大。

(2)多变性

一方面是项目建设现场材料、设备和工具的流动性大;另一方面是由于技术进步,项目不断引入新材料、新设备和新工艺,从而加大了相应的管理难度。

(3)协调性

项目建设涉及的工种甚多,包括大量的高空作业、地下作业、用电作业、爆破作业、施工机械、起重作业等较危险的工程,并且各工种经常需要交叉或平行作业。

(4)持续性

项目建设一般具有建设周期长的特点,从设计、实施直至投产阶段,诸多工序环环相扣。前一道工序的隐患,可能在后续的工序中暴露,酿成安全事故。

(5)经济性

产品的时代性、社会性与多样性决定了环境管理的经济性。

(6)多样性

产品的时代性和社会性决定了环境管理的多样性。

3)建设工程职业健康安全与环境管理的要求

(1)建设工程项目决策阶段

建设单位应按有关建设工程法律法规的规定和强制性标准的要求,办理各种有关安全与环境保护方面的审批手续。对需要进行环境影响评价或安全预评价的建设工程项目,应组织或委托有相应资质的单位进行建设工程项目环境影响评价和安全预评价。

(2)建设工程项目设计阶段

设计单位应按有关建设工程法律法规的规定和强制性标准的要求,在充分考虑施工安全和防护需要的基础上,进行环境保护设施和安全设施的设计并对防范生产安全事故提出指导意见,防止因设计考虑不周而导致生产安全事故的发生或对环境造成不良影响。

（3）建设工程项目施工阶段

建设单位在申请领取施工许可证时,应提供建设工程有关安全施工措施的资料。对依法批准开工报告的建设工程,建设单位应自开工报告批准之日起 15 日内,将保证安全施工的措施报送至建设工程所在地的县级以上人民政府建设行政主管部门或其他有关部门备案。

施工企业在其经营生产的活动中必须对本企业的安全生产负全面责任。企业的代表人是安全生产的第一负责人,项目经理是施工项目生产的主要负责人。施工企业应具备安全生产的资质条件,取得安全生产许可证的施工企业应设立安全机构,配备合格的安全人员,提供必要的资源;要建立健全职业健康安全体系以及有关的安全生产责任制和各项安全生产规章制度。对项目要编制切合实际的安全生产计划,制订职业健康安全保障措施;实施安全教育培训制度,不断提高员工的安全意识和安全生产素质。

建设工程实行总承包的,由总承包单位对施工现场的安全生产负总责并自行完成工程主体结构的施工。分包单位应接受总承包单位的安全生产管理,分包合同中应明确各自的安全生产方面的权利、义务。分包单位不服从管理导致生产安全事故的,由分包单位承担主要责任,总承包和分包单位对分包工程的安全生产承担连带责任。

（4）建设工程项目验收试运行阶段

建设工程项目竣工后,建设单位应向审批建设工程项目环境影响报告书、环境影响报告或者环境影响登记表的环境保护行政主管部门申请,对环保设施进行竣工验收。环境保护行政主管部门应在收到申请环保设施竣工验收之日起 30 日内完成验收。验收合格后,才能投入生产和使用。对需要试生产的建设工程项目,建设单位应在项目投入试生产之日起 3 个月内向环境保护行政主管部门申请对其项目配套的环保设施进行竣工验收。

任务 8.2　建设工程安全生产管理

安全是指没有危险,不出事故,人不受伤害、物不受损伤。世界上没有绝对安全的事物,任何事物中都包含有不安全的因素,都具有一定的危险性。也就是说,安全是一个相对的概念,不是绝对的概念。如果通过持续的管理控制能将人员伤害和财产损失的风险降低到并保持在人们可接受的水平或其以下,就可认为是安全的。

中华人民共和国安全生产法

安全生产是指在社会生产活动中,通过人、机、材、环境的和谐运作,使生产过程中潜在的各种事故风险和伤害因素始终处于有效控制状态,保证劳动者的生命安全和身体健康及机械设备完好无损。

8.2.1　安全生产管理基本制度

由于建设工程规模大、周期长、参与人数多、环境复杂多变,安全生产的难度很大。因此,通过建立各项制度,规范建设工程的生产行为,对提高建设工程安全生产水平是非常重要的。《建筑法》、《中华人民共和国安全生产法》（以下简称《安全生产法》）、《安全生产许可证条例》、《建设工程安全生产管

建设工程安全生产管理条例

理条例》《建筑施工企业安全生产许可证管理规定》等建设工程相关法律法规和部门规章对政府部门、有关企业及相关人员的建设工程安全生产和管理行为进行了全面规范,确立了一系列建设工程安全生产管理制度。

1) 安全生产责任制度

安全生产责任制是最基本的安全管理制度,是所有安全生产管理制度的核心。安全生产责任制是按照安全生产管理方针和"管生产的同时必须管安全"的原则,将各级负责人员、各职能部门及其工作人员和各岗位生产工人在安全生产方面应做的事情及应负的责任加以明确规定的一种制度。具体来说,就是将安全生产责任分解到相关单位的主要负责人、项目负责人、班组长以及每个岗位的作业人员身上。

按照《建筑施工企业安全生产管理机构设置及专职安全生产管理人员配备办法》的规定,建筑施工企业应设置安全生产管理机构,配备专职安全生产管理人员。安全生产管理机构是指建筑施工企业设置的负责安全生产管理工作的独立职能部门。专职安全生产管理人员是指经建设主管部门或者其他有关部门安全生产考核合格取得安全生产考核合格证书,如图 8.2所示,并在建筑施工企业及其项目从事安全生产管理工作的专职人员。

安全生产责任制度

图 8.2　安全生产考核合格证书

总之,企业实行安全生产责任制必须做到在计划、布置、检查、总结、评比生产时,同时计划、布置、检查、总结、评比安全工作。其内容大致分为纵向和横向两个方面:纵向方面是各级人员的安全生产责任制,即从最高管理者、管理者代表到项目负责人(项目经理)、技术负责人(工程师)、专职安全生产管理人员、施工员、班组长和岗位人员等各级人员的安全生产责任制;横向方面是各部门的安全生产责任制,即各职能部门(如安全环保、设备、技术、生产、财务等部门)的安全生产责任制。只有这样,才能建立健全安全生产责任制,做到群防群治。

2) 安全生产许可证制度

《安全生产许可证条例》规定国家对建筑施工企业实施安全生产许可证制度。其目的是严格规范安全生产条件,进一步加强安全生产监督管理,防止和减少生产安全事故。

省、自治区、直辖市人民政府建设主管部门负责建筑施工企业安全生产许可证的颁发和管理,并接受国务院建设主管部门的指导和监督。企业在进行生产前,应依照该条例的规定向安全生产许可证颁发管理机关申请领取安全生产许可证,并提供该条例第六条规定的相关文件和资料。安全生产许可证颁发管理机关应自收到申请之日起 45 日内审查完毕,经审查符合该条例规定的安全生产条件的,颁发安全生产许可证;不符合该条例规定的安全生产条件的,不予颁发安全生产许可证,书面通知企业并说明理由。

安全生产许可证的有效期为3年。安全生产许可证有效期满需要延期的,企业应于期满前3个月向原安全生产许可证颁发管理机关办理延期手续。

企业在安全生产许可证有效期内,严格遵守有关安全生产的法律法规,未发生死亡事故的,安全生产许可证有效期届满时,经原安全生产许可证颁发管理机关同意,不再审查,安全生产许可证有效期延期3年。企业不得转让、冒用安全生产许可证或者使用伪造的安全生产许可证。

3)安全生产教育培训制度

安全生产教育培训制度

安全生产教育培训的对象主要是管理人员、特种作业人员和企业员工,其主要内容包括安全生产思想、安全生产知识、安全技能和安全生产法规标准4个方面。

(1)管理人员的安全教育

管理人员的安全教育,主要包括企业领导的安全教育,项目经理、技术负责人和技术干部的安全教育,行政管理干部的安全教育,企业安全管理人员的安全教育,班组长和安全员的安全教育,具体内容如图8.3所示。

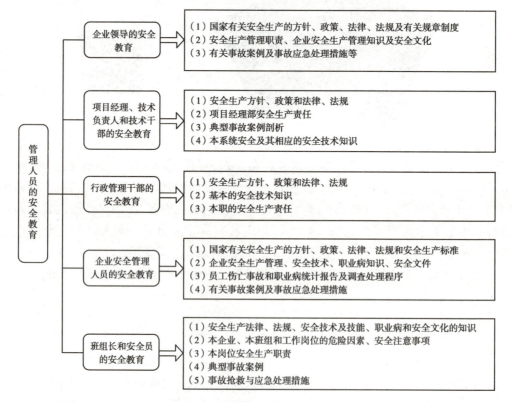

图8.3 管理人员的安全教育

(2)特种作业人员的安全教育

特种作业人员应接受与其所从事的特种作业相应的安全技术理论培训和实际操作培训。

已取得职业高中、技工学校及中专以上学历的毕业生从事与其所学专业相应的特种作业,持学历证明经考核发证机关同意,可免予相关专业的培训。

跨省、自治区、直辖市从业的特种作业人员,可在户籍所在地或从业所在地参加培训。

(3)企业员工的安全教育

企业员工的安全教育主要有新员工上岗前的三级安全教育、改变工艺和变换岗位安全教育、经常性安全教育 3 种形式。

①新员工上岗前的三级安全教育。三级安全教育是每个刚进企业的新工人必须接受的安全生产方面的基本教育。对新工人或调换工种的工人,必须按规定进行安全教育和技术培训,经考核合格,方准上岗。三级安全教育通常是指进厂、进车间和进班组三级。对于建设工程来说,具体指企业(公司)、项目(或工区、工程处、施工队)、班组三级,见表 8.1。

表 8.1　三级安全教育

级别	组织实施人	主要内容
公司级	由企业主管领导负责	企业职业健康安全管理部门会同有关部门组织实施,内容应包括安全生产法律、法规、通用安全技术、职业卫生和安全文化的基本知识、本企业安全生产规章制度及状况、劳动纪律和有关事故案例等内容
项目级	由项目级负责人组织实施	包括工程项目的概况、安全生产状况和规章制度、主要危险因素及安全事项、预防工伤事故和职业病的主要措施、典型事故案例及事故应急处理措施等
班组级	由班组长组织实施	包括遵章守纪、岗位安全操作规程、岗位间工作衔接配合的安全生产事项、典型事故及发生事故后应采取的紧急措施、劳动防护用品(用具)的性能及正确使用方法等内容

②改变工艺和变换岗位时的安全教育。企业(或工程项目)在实施新工艺、新技术或使用新设备、新材料时,必须对有关人员进行相应级别的安全教育,要按新的安全操作规程教育和培训参加操作的岗位员工和有关人员,使其了解新工艺、新设备、新产品的安全性能及安全技术,以适应新的岗位作业的安全要求。

当组织内部员工发生从一个岗位调到另一个岗位,或从某工种改变为另一工种,或因放长假离岗一年以上重新上岗的情况时,企业必须对其进行相应的安全技术培训和教育,以使其掌握现岗位安全生产特点和要求。

③经常性安全教育。无论何种教育都不可能是一劳永逸的,安全教育同样如此,必须坚持不懈、长期不断地进行,这就是经常性安全教育。在经常性安全教育中,安全思想、安全态度教育最重要。进行安全思想、安全态度教育,要通过采取多种多样形式的安全教育活动,激发员工搞好安全生产的热情,促使员工重视和真正实现安全生产。经常性安全教育的形式有每天的班前班后会上说明安全注意事项、安全活动日、安全生产会议、事故现场会、张贴安全生产招贴画、宣传标语及标志等。

4)特种作业人员持证上岗制度

《建设工程安全生产管理条例》第二十五条规定:"垂直运输机械作业人员、安装拆卸工、爆破作业人员、起重信号工、登高架设作业人员等特种作业人员,必须按照国家有关规定经过专门的安全作业培训,并取得特种作业操作资格证书后,方可上岗作业。"

特种作业:指容易发生事故,对操作者本人、他人的安全健康及设备、设施的安全可能造成重大危害的作业。

特种作业人员:指直接从事特种作业的从业人员。

特种作业的范围主要有电工作业、焊接与热切割作业、高处作业、制冷与空调作业、煤矿安全作业、金属非金属矿山安全作业、石油天然气安全作业、冶金(有色)生产安全作业、危险化学品安全、烟花爆竹安全作业、安全监管总局认定的其他作业等。

特种作业人员安全技术培训考核管理规定

特种作业人员应具备的条件:

①年满 18 周岁,且不超过国家法定退休年龄;

②经社区或者县级以上医疗机构体检健康合格,并无妨碍从事相应特种作业的器质性心脏病、癫痫病、美尼尔氏症、眩晕症、癔症、帕金森病、精神病、痴呆症以及其他疾病和生理缺陷;

③具有初中及以上文化程度;

④具备必要的安全技术知识与技能;

⑤相应特种作业规定的其他条件。

5) 专项施工方案专家论证制度

建设单位在申请领取施工许可证或办理安全监督手续时,应提供危险性较大的分部分项工程清单和安全管理措施。施工单位、监理单位应建立危险性较大的分部分项工程安全管理制度。施工单位应在危险性较大的分部分项工程施工前编制专项施工方案。对超过一定规模的危险性较大的分部分项工程,施工单位应组织专家对专项施工方案进行论证。

专项施工方案专家论证制度

危险性较大的分部分项工程是指建设工程在施工过程中存在的、可能导致作业人员群死群伤或造成重大不良社会影响的分部分项工程。危险性较大的分部分项工程安全专项施工方案(以下简称"专项方案"),是指施工单位在编制施工组织(总)设计的基础上,针对危险性较大的分部分项工程单独编制的安全技术措施文件。

(1)专项方案的编制

专项方案编制应包括以下内容:

①工程概况:危险性较大的分部分项工程概况、施工平面布置、施工要求和技术保证条件。

②编制依据:相关法律、法规、规范性文件、标准、规范及图纸(国标图集)、施工组织设计等。

③施工计划:包括施工进度计划、材料与设备计划。

④施工工艺技术:技术参数、工艺流程、施工方法、检查验收等。

⑤施工安全保证措施:组织保障、技术措施、应急预案、监测监控等。

⑥劳动力计划:专职安全生产管理人员、特种作业人员等。

⑦计算书及相关图纸。

专项方案应由施工单位技术部门组织本单位施工技术、安全、质量等部门的专业技术人员进行审核。经审核合格的,由施工单位技术负责人签字。实行施工总承包的,专项方案应由总承包单位技术负责人及相关专业承包单位技术负责人签字。不需专家论证的专项方案,经施工单位审核合格后报监理单位,由项目总监理工程师审核签字。

危险性较大的分部分项工程安全管理规定

根据《建设工程安全生产管理条例》的规定,需要编制专项施工方案的主要有:基坑支护与降水工程;土方开挖工程;模板工程;起重吊装工程;脚手架工程;拆除、爆破工程;国务院建设行政主管部门或其他有关部门规定的其他危险性较大的工程。对上述所列工程中涉及深基坑、地下暗挖工程、高大模板工程的专项施工方案,施工单位还应组织专家进行论证、审查。实行施工总承包的,由施工总承包单位组织召开专家论证会。

（2）专家论证

参加专家论证会的主要有:

①专家组成员:专家组成员应由 5 名及以上符合相关专业要求的专家组成。本项目参建各方的人员不得以专家身份参加专家论证会。

②建设单位项目负责人或技术负责人。

③监理单位项目总监理工程师及相关人员。

④施工单位分管安全的负责人、技术负责人、项目负责人、项目技术负责人、专项方案编制人员、项目专职安全生产管理人员。

⑤勘察、设计单位项目技术负责人及相关人员。

专家论证的主要内容包括以下几个方面:

①专项方案内容是否完整、可行;

②专项方案计算书和验算依据是否符合有关标准规范;

③安全施工的基本条件是否满足现场实际情况。

专项方案经论证后,专家组应提交论证报告,对论证的内容提出明确的意见,并在论证报告上签字。该报告作为专项方案修改完善的指导意见。

6) 施工起重机械使用登记制度

《建设工程安全生产管理条例》第三十五条规定,施工单位应当自施工起重机械和整体提升脚手架、模板等自升式架设设施验收合格之日起 30 日内,向建设行政主管部门或者其他有关部门登记。登记标志应当置于或者附着于该设备的显著位置。这是对施工起重机械的使用进行监督和管理的一项重要制度,能够有效防止不合格机械和设施投入使用;同时,还有利于监管部门及时掌握施工起重机械和整体提升脚手架、模板等自升式架设设施的使用情况,以利于监督管理。

进行登记应提交施工起重机械有关资料,包括两个方面:一是生产方面的资料,如设计文件、制造质量证明书、检验证书、使用说明书、安装证明等;二是使用的有关情况资料,如施工单位对于这些机械和设施的管理制度和措施、使用情况、作业人员的情况等。

监管部门应对登记的施工起重机械建立相关档案,及时更新,加强监管,减少生产安全事故的发生。施工单位应将标志置于显著位置,便于使用者监督,从而保证施工起重机械的安全使用。

7)"三同时"制度

"三同时"制度是指凡是我国境内新建、改建、扩建的基本建设项目(工程),技术改建项目(工程)和引进的建设项目,其安全生产设施必须符合国家规定的标准,必须与主体工程同时设计、同时施工、同时投入生产和使用。安全生产设施主要是指安全技术方面的设施、职业卫生方面的设施、生产辅助性设施。

《中华人民共和国劳动法》第五十三条规定,新建、改建、扩建工程的劳动安全卫生设施必须与主体工程同时设计、同时施工、同时投入生产和使用。

《安全生产法》第二十八条规定,生产经营单位新建、改建、扩建工程项目的安全设施,必须与主体工程同时设计、同时施工、同时投入生产和使用。安全设施投资应当纳入建设项目概算。

新建、改建、扩建工程的初步设计要经过行业主管部门、安全生产管理部门、卫生部门和工会的审查,同意后方可进行施工;工程项目完成后,必须经过主管部门、安全生产管理行政部门、卫生部门和工会的竣工检验;建设工程项目投产后,不得将安全设施闲置不用,生产设施必须和安全设施同时使用。

除了上述制度外,现阶段正在执行的主要安全生产管理制度还有安全措施计划制度,危及施工安全工艺、设备、材料淘汰制度,安全检查制度,生产安全事故报告和调查处理制度,安全预评价制度,意外伤害保险制度等,其中安全措施计划制度、安全检查制度、生产安全事故报告和调查处理制度将在后文中进行详细论述,在此不再赘述。

8.2.2　施工安全控制

1)施工安全控制概述

安全控制是生产过程中涉及的计划、组织、监控、调节和改进等一系列致力于满足生产安全所进行的管理活动。

（1）施工安全控制的目标

安全控制的目标是减少和消除生产过程中的事故,保证人员健康安全和财产免受损失。主要包括:

施工安全控制概述

①减少或消除人的不安全行为的目标;

②减少或消除设备、材料的不安全状态的目标;

③改善生产环境和保护自然环境的目标。

（2）施工安全控制的特点

建设工程施工安全控制的特点主要有以下几个方面:

①控制面广。由于建设工程规模较大,生产工艺复杂、工序多,在建造过程中流动作业多、高处作业多,作业位置多变,遇到的不确定因素多,因此,安全控制工作涉及范围大、控制面广。

②控制的动态性。由于建设工程项目的单件性,使得每项工程所处的条件不同,所面临的危险因素和防范措施也会有所改变,员工在转移工地后,熟悉一个新的工作环境需要一定的时

间,有些工作制度和安全技术措施也会有所调整,员工同样要有 个熟悉的过程。

由于建设工程项目施工的分散性,现场施工分散于施工现场的各个部位,尽管有各种规章制度和安全技术交底的环节,但是面对具体的生产环境时,仍然需要自己判断和处理,有经验的人员还须适应不断变化的情况。

③控制系统交叉性。建设工程项目是开放系统,受自然环境和社会环境的影响较大,同时也会对社会和环境造成影响,安全控制需要把工程系统、环境系统及社会系统结合起来。

④控制的严谨性。建设工程施工的危害因素复杂、风险程度高、伤亡事故多,因此预防控制措施必须严谨,如有疏漏就可能发展到失控,从而酿成事故,造成损失和伤害。

(3)施工安全的控制程序

建设工程项目施工安全的控制程序,如图 8.4 所示。

①确定每项具体建设工程项目的安全目标。按"目标管理"方法在以项目经理为首的项目管理系统内进行分解,从而确定每个岗位的安全目标,实现全员安全控制。

②编制建设工程项目安全技术措施计划。安全技术措施计划是对生产过程中的不安全因素,用技术手段加以消除和控制的文件,是落实"预防为主"方针的具体体现,是进行工程项目安全控制的指导性文件。

③安全技术措施计划的落实和实施,包括建立健全安全生产责任制,设置安全生产设施,采用安全技术和应急措施,进行安全教育和培训,安全检查,事故处理,沟通和交流信息,通过一系列安全措施的贯彻,使生产作业的安全状况处于受控状态。

④安全技术措施计划的验证是通过施工过程中对安全技术措施计划实施情况的安全检查,纠正不符合安全技术措施计划的情况,保证安全技术措施的贯彻和实施。

⑤持续改进,根据安全技术措施计划的验证结果,对不适宜的安全技术措施计划进行修改、补充和完善。

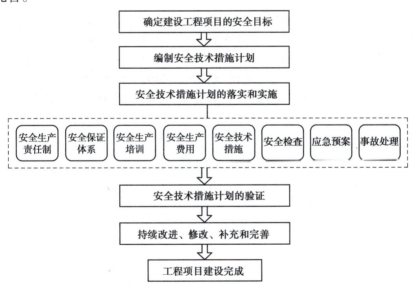

图 8.4　建设工程项目施工安全的控制程序

2）施工安全技术措施

（1）施工安全技术措施的一般要求

①必须在工程开工前制订。施工安全技术措施是施工组织设计的重要组成部分，应在工程开工前与施工组织设计一同编制。为保证各项安全设施的落实，在工程图纸会审时，应特别注意考虑安全施工的问题，并在开工前制订好安全技术措施，使得用于该工程的各种安全设施有较充分的时间进行采购、制作和维护等准备工作。

②要有全面性。按照有关法律法规的要求，在编制工程施工组织设计时，应根据工程特点制订相应的施工安全技术措施。对大中型工程项目、结构复杂的重点工程，除必须在施工组织设计中编制施工安全技术措施外，还应编制专项工程施工安全技术措施，详细说明有关安全方面的防护要求和措施，确保单位工程或分部分项工程的施工安全。对爆破、拆除、起重吊装、水下、基坑支护和降水、土方开挖、脚手架、模板等危险性较大的作业，必须编制专项安全施工技术方案。

③要有针对性。施工安全技术措施是针对每项工程的特点制订的，编制安全技术措施的技术人员必须掌握工程概况、施工方法、施工环境、施工条件等一手资料，并熟悉安全法规、标准等，才能制订有针对性的安全技术措施。

④应力求全面、具体、可靠。施工安全技术措施应把可能出现的各种不安全因素考虑周全，制订的对策措施、方案应力求全面、具体、可靠，这样才能真正预防事故的发生。但是，全面具体不等于罗列一般通常的操作工艺、施工方法以及日常安全工作制度、安全纪律等。这些制度性规定，安全技术措施中不需要再作抄录，但必须严格执行。

对大型群体工程或一些面积大、结构复杂的重点工程，除必须在施工组织总设计中编制施工安全技术总体措施外，还应编制单位工程或分部分项工程安全技术措施，详细制订出有关安全方面的防护要求和措施，确保该单位工程或分部分项工程的安全施工。

⑤必须包括应急预案。由于施工安全技术措施是在相应的工程施工实施之前制订的，所涉及的施工条件和危险情况大都建立在可预测的基础上，而建设工程施工过程是开放的过程，在施工期间的变化是经常发生的，还可能出现预测不到的突发事件或灾害（如地震、火灾、台风、洪水等）。因此，施工安全技术措施计划必须包括面对突发事件或紧急状态的各种应急设施、人员逃生和救援预案，以便在紧急情况下，能及时启动应急预案，减少损失，保护人员安全。

⑥要有可行性和可操作性。施工安全技术措施应能在每个施工工序之中得到贯彻实施，既要考虑保证安全要求，又要考虑现场环境条件和施工技术条件。

（2）施工安全技术措施的主要内容

①进入施工现场的安全规定；

②地面及深槽作业的防护；

③高处及立体交叉作业的防护；

④施工用电安全；

⑤施工机械设备的安全使用；

⑥在采取"四新"技术时，有针对性的专门安全技术措施；

⑦有针对自然灾害预防的安全措施；

⑧预防有毒、有害、易燃、易爆等作业造成危害的安全技术措施；

⑨现场消防措施。

安全技术措施中必须包含施工总平面图,在图中必须对危险的油库、易燃材料库、变电设备、材料和构配件的堆放位置、塔式起重机、物料提升机(井架、龙门架)、施工用电梯、垂直运输设备位置、搅拌台的位置等按照施工需求和安全规程的要求明确定位,并提出具体要求。

结构复杂、危险性大、特性较多的分部分项工程,应编制专项施工方案和安全措施。如基坑支护与降水工程、土方开挖工程、模板工程、起重吊装工程、脚手架工程、拆除工程、爆破工程等,必须编制单项的安全技术措施,并要有设计依据、有计算、有详图、有文字要求。

季节性施工安全技术措施,就是考虑夏季、雨季、冬季等不同季节的气候对施工生产带来的不安全因素可能造成的各种突发性事故,而从防护上、技术上、管理上采取的防护措施。一般工程可在施工组织设计或施工方案的安全技术措施中编制季节性施工安全措施;危险性大、高温期长的工程,应单独编制季节性的施工安全措施。

3)安全技术交底

安全技术交底是一项技术性很强的工作,对贯彻设计意图、严格实施技术方案、按图施工、循规操作、保证施工质量和施工安全至关重要。

安全技术交底主要内容如下:

①本施工项目的施工作业特点和危险点;

②针对危险点的具体预防措施;

③应注意的安全事项;

④相应的安全操作规程和标准;

⑤发生事故后应及时采取的避难和急救措施。

安全技术
交底

安全技术交底的作用:

①让一线作业人员了解和掌握该作业项目的安全技术操作规程和注意事项,减少因违章操作而导致事故发生的可能性;

②是安全管理人员在项目安全管理工作中的重要环节;

③是安全管理内业的内容要求,同时做好安全技术交底也是安全管理人员自我保护的手段。

4)安全生产费用管理

建筑施工企业应按规定储备安全生产所需的费用。安全生产资金包括安全技术措施、安全教育培训、劳动保护、应急救援等,以及必要的安全评价、监测、检测、论证所需费用。安全生产费用管理应包括资金的储备、申请、审核审批、支付、使用、统计、分析、审计检查等工作内容。

依据财政部、应急管理部《企业安全生产费用提取和使用管理办法》(财企〔2012〕16 号),安全生产费用主要用于:

①完善、改造和维护安全防护设施设备支出(不含"三同时"要求初期投入的安全设施),包括施工现场临时用电系统、洞口、临边、机械设备、高处作业防护、交叉作业防护、防火、防爆、防尘、防毒、防雷、防台风、防地质灾害、地下工程有害气体监测、通风、临时安全防护等设施设备支出;

②配备、维护、保养应急救援器材、设备支出和应急演练支出;

③开展重大危险源和事故隐患评估、监控和整改支出；

④安全生产检查、评价（不包括新建、改建、扩建项目安全评价）、咨询和标准化建设支出；

⑤配备和更新现场作业人员安全防护用品支出；

⑥安全生产宣传、教育、培训支出；

⑦安全生产适用的新技术、新标准、新工艺、新装备的推广应用支出；

⑧安全设施及特种设备检测检验支出；

⑨其他与安全生产直接相关的支出。

建筑施工企业各管理层应根据安全生产管理的需要，编制相应的安全生产费用使用计划，明确费用使用的项目、类别、额度、实施单位及责任者、完成期限等内容，经审核批准后执行。建筑施工企业各管理层相关负责人必须在其管辖范围内，按专款专用、及时足额的要求，组织实施安全生产费用使用计划。建设工程施工总承包单位未向分包单位支付必要的安全费用以及承包单位挪用安全费用的，由建设、交通运输、铁路、水利、安全生产监督管理、煤矿安全监察等主管部门依照相关法规、规章进行处理和处罚。建设工程施工企业提取的安全费用列入工程造价，在竞标时，不得删减，列入标外管理。

5）施工设施、设备和劳动防护用品安全管理

施工设施、设备是指用于施工现场生产所需的各类安全防护设施、临时构（建）筑物、临时用电、消防器材等物料及施工机械、检测设备等，包括用于力矩、厚度、尺度、接地电阻、绝缘电阻、噪声等检测的工具和仪器；劳动防护用品包括安全帽、安全带、安全网、绝缘手套、绝缘鞋、防护面罩等。

建筑施工企业施工设施、设备和劳动防护用品的安全管理应包括购置、租赁、装拆、验收、检测、使用、保养、维修、改造和报废等内容。建筑施工企业应根据生产经营特点和规模，配备符合安全要求的施工设施、设备、劳动防护用品及相关的安全检测器具。建筑施工企业各管理层应配备机械设备安全管理专业的专职管理人员。

建筑施工企业应建立并保存施工设施、设备、劳动防护用品及相关的安全检测器具安全管理档案，并记录以下内容：一是来源、类型、数量、技术性能、使用年限等静态管理信息，以及目前使用地点、使用状态、使用责任人、检测、日常维修保养等动态管理信息；二是采购、租赁、改造、报废计划及实施情况。

建筑施工企业应依据企业安全技术管理制度，对施工设施、设备、劳动防护用品及相关的安全检测器具实施技术管理，定期分析安全状态，确定指导、检查的重点，采取必要的改进措施。安全防护设施应标准化、定型化和工具化。

8.2.3 安全生产检查监督

建设工程项目安全检查是安全控制工作的一项重要内容，其目的是清除隐患、防止事故、改善劳动条件及提高员工安全生产意识。通过安全检查可以发现工程中的危险因素，以便有计划地采取措施，保证安全生产。施工项目的安全检查应由项目经理组织，定期进行。

1) 安全生产检查监督的主要类型

（1）全面安全检查

全面安全检查应包括职业健康安全管理方针、管理组织机构及其安全管理的职责、安全设施、操作环境、防护用品、卫生条件、运输管理、危险品管理、火灾预防、安全教育和安全检查制度等内容。对全面安全检查的结果必须进行汇总分析，详细探讨所出现的问题及相应对策。

安全生产检查监督的主要类型

（2）经常性安全检查

工程项目和班组应开展经常性安全检查，及时排除事故隐患。工作人员必须在工作前，对所用的机械设备和工具进行仔细检查，发现问题立即上报；下班前，还必须进行班后检查，做好设备的维修保养和清整场地等工作，保证交接安全。

（3）专业或专职安全管理人员的专业安全检查

操作人员在进行设备检查时，往往是根据其自身的安全知识和经验进行主观判断，因而有很大的局限性，不能反映客观情况，流于形式。而专业或专职安全管理人员则有较丰富的安全知识和经验，通过其认真检查就能得到较为理想的效果。专业或专职安全管理人员在进行安全检查时，必须不徇私情，按章检查，发现违章操作情况要立即纠正，发现隐患及时指出并提出相应防护措施，并及时上报检查结果。

建筑施工安全检查标准

（4）季节性安全检查

要对防风防沙、防涝抗旱、防雷电、防暑防害等工作进行季节性检查，根据各个季节自然灾害的发生规律，及时采取相应的防护措施。

（5）节假日检查

节假日上班的人员较少，往往会放松思想警惕，容易发生意外，而一旦发生意外事故，也难以进行有效的救援和控制。因此，节假日必须安排专业安全管理人员进行安全检查，对重点部位要进行巡视；同时，配备一定数量的安全保卫人员，搞好安全保卫工作，绝不能麻痹大意。

建筑施工安全检查标准

（6）要害部门重点安全检查

对企业要害部门和重要设备必须进行重点检查。由于其重要性和特殊性，一旦发生意外，会造成比较大的伤害，给企业的经济效益和社会效益带来不良影响。为了确保安全，对设备的运转和零件的状况要定时检查，发现损伤立刻更换，绝不能"带病"作业；一过有效年限，即使没有故障，也应该予以更新，不能因小失大。

2) 安全生产检查监督的主要内容

（1）查思想

检查企业领导和员工对安全生产方针的认识程度，对建立健全安全生产管理和安全生产规章制度的重视程度，对安全检查中发现的安全问题或安全隐患的处理态度等。

安全生产检查监督的主要内容

（2）查制度

为了实施安全生产管理制度，工程承包企业应结合本身的实际情况，建立健全一整套本企业的安全生产规章制度,并落实到具体的工程项目施工任务中。在安全检查时,应对企业的施工安全生产规章制度进行检查。

(3)查管理

查管理主要检查安全生产管理是否有效,安全生产管理和规章制度是否真正得到落实。

(4)查隐患

查隐患主要是检查生产作业现场是否符合安全生产要求,检查人员应深入作业现场,检查工人的劳动条件、卫生设施、安全通道,零部件的存放,防护设施状况,电气设备、压力容器、化学用品的储存,粉尘及有毒有害作业部位点的达标情况,车间内的通风照明设施,个人劳动防护用品的使用是否符合规定等。要特别注意对一些要害部位和设备加强检查,如锅炉房,变电所,各种剧毒、易燃、易爆等场所。

(5)查整改

查整改主要是检查对过去提出的安全问题和发生安全生产事故及安全隐患后是否采取了安全技术措施和安全管理措施,进行整改的效果如何。

(6)查事故处理

查事故处理主要是检查对伤亡事故是否及时报告,对责任人是否已经作出严肃处理。在安全检查中必须成立一个适应安全检查工作需要的检查组,配备适当的人力和物力。检查结束后应编写安全检查报告,说明已达标项目、未达标项目、存在问题和原因分析,给出纠正和预防措施的建议。

3)安全考核和奖惩

安全考核和奖惩管理应包括确定考核和奖惩的对象、制订考核内容及奖罚的标准、定期组织实施考核、落实奖罚等内容。安全考核的对象应包括各管理层的主要负责人、相关职能部门及岗位和工程项目的管理人员。安全考核的内容应包括安全目标实现程度、安全职责落实情况、安全行为及安全业绩。

建筑施工企业各管理层、职能部门、岗位的安全生产责任应形成责任书,并经责任部门或责任人确认。责任书的内容应包括安全生产职责、目标、考核奖惩标准等。各管理层的主要负责人应组织对本管理层各职能部门、下级管理层的安全生产责任进行考核和奖惩。建筑施工企业应针对生产经营规模和管理状况,明确安全考核的周期并严格实施。建筑施工企业奖励或惩罚的标准应与考核内容对应,并根据考核结果,及时进行奖励或惩罚处理,并实行安全生产一票否决制。

落实安全生产责任制需要配套建立激励和约束相结合的保证机制,安全考核和奖惩就是一种行之有效的措施。安全考核和奖惩工作,特别是安全生产问责制,应贯穿到企业生产经营的全过程。安全奖励包括物质与精神两个方面,安全惩罚包括经济、行政等多种形式。

8.2.4 安全隐患的处理

1)建设工程安全隐患

建设工程安全隐患包括3个部分的不安全因素:人的不安全因素、物的不安全状态和组织管理上的不安全因素。

(1) 人的不安全因素

人的不安全因素有个人的不安全因素和人的不安全行为,如图 8.5 所示。个人的不安全因素包括人员的心理、生理、能力中所具有的不能适应工作、作业岗位要求的影响安全的因素。人的不安全行为指能造成事故的人为错误,是人为地使系统发生故障或发生性能不良的事件,是违背设计和操作规程的错误行为。

建设工程安全的隐患

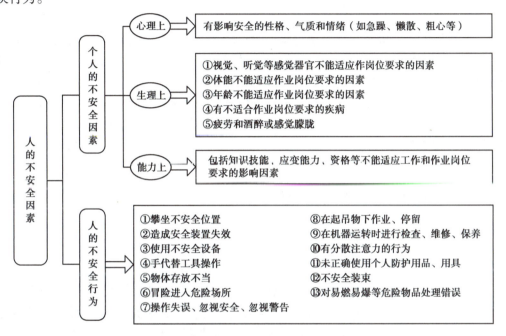

图 8.5　人的不安全因素

(2) 物的不安全状态

物的不安全状态是指能导致事故发生的物质条件,包括机械设备或环境所存在的不安全因素,如图 8.6 所示。

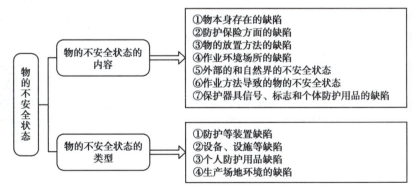

图 8.6　物的不安全状态

(3) 组织管理上的不安全因素

组织管理上的缺陷也是事故潜在的不安全因素,作为间接的原因有以下 6 个方面:

①技术上的缺陷;

②教育上的缺陷；

③生理上的缺陷；

④心理上的缺陷；

⑤管理工作上的缺陷；

⑥学校教育和社会、历史上的原因造成的缺陷。

2) 建设工程安全隐患的处理

在工程建设过程中，安全事故隐患是难以避免的，但要尽可能地预防和消除安全事故隐患的发生。首先需要项目参与各方加强安全意识，做好事前控制，建立健全各项安全生产管理制度，落实安全生产责任制，注重安全生产教育培训，保证安全生产条件所需资金的投入，将安全隐患消除在萌芽之中；其次是根据工程的特点确保各项安全施工措施的落实，加强对工程安全生产的检查监督，及时发现安全事故隐患；再者是对发现的安全事故隐患及时进行处理，查找原因，防止事故隐患的进一步扩大。

任务 8.3　建设工程生产安全事故处理

8.3.1　生产安全事故应急预案

应急预案是对特定的潜在事件和紧急情况发生时所采取措施的计划安排，是应急响应的行动指南。编制应急预案的目的是防止一旦紧急情况发生时出现混乱，能按照合理的响应流程采取适当的救援措施，预防和减少可能随之引发的职业健康安全和环境影响。

应急预案的制订，首先必须与重大环境因素和重大危险源相结合，特别是要与这些环境因素和危险源一旦控制失效可能导致的后果相适应，还要考虑在实施应急救援过程中可能产生的新的伤害和损失。

应急预案应形成体系，针对各级各类可能发生的事故和所有危险源制订专项应急预案和现场应急处置方案，并明确事前、事发、事中、事后的各个过程中相关部门和有关人员的职责。生产规模小、危险因素少的生产经营单位，其综合应急预案和专项应急预案可以合并编写。

1) 综合应急预案

综合应急预案是从总体上阐述事故的应急方针和政策，应急组织结构及相关应急职责，应急行动、措施和保障等基本要求和程序，是应对各类事故的综合性文件。

生产安全事故应急条例

2) 专项应急预案

专项应急预案是针对具体的事故类别（如基坑开挖、脚手架拆除等事故）、危险源和应急保障而制订的计划或方案，是综合应急预案的组成部分，应按照综合应急预案的程序和要求组织制订，并作为综合应急预案的附件。专项应急预案应制订明确的救援程序和具体的应急救援措施。

3）现场处置方案

现场处置方案是针对具体的装置、场所或设施、岗位所制订的应急处置措施。现场处置方案应具体、简单、针对性强。现场处置方案应根据风险评估及危险性控制措施逐一编制，做到事故相关人员应知应会、熟练掌握，并通过应急演练，做到迅速反应、正确处置。

8.3.2　生产安全事故

1）职业伤害事故的分类

职业健康安全事故分两大类型，即职业伤害事故与职业病。职业伤害事故是指因生产过程及工作原因或与其相关的其他原因造成的伤亡事故。职业病是指企业、事业单位和个体经济组织等用人单位的劳动者在职业活动中，因接触粉尘、放射性物质和其他有毒、有害物质等因素而引起的疾病。

（1）按照事故发生的原因分类

按照我国《企业职工伤亡事故分类》（GB 6441—86）的规定，职业伤害事故分为 20 类，其中与建筑业有关的有以下 12 类：物体打击、车辆伤害、机械伤害、起重伤害、触电、灼烫、火灾、高处坠落、坍塌、火药爆炸、中毒和窒息、其他伤害。在建设工程领域中最常见的是高处坠落、物体打击、机械伤害、触电、坍塌、中毒、火灾 7 类。

（2）按事故严重程度分类

我国《企业职工伤亡事故分类》（GB 6441—86）规定，按事故严重程度分类，事故分为：

①轻伤事故：是指造成职工肢体或某些器官功能性或器质性轻度损伤，能引起劳动能力轻度或暂时丧失的伤害的事故，一般每个受伤人员休息 1 个工作日以上（含 1 个工作日），105 个工作日以下。

②重伤事故：一般指受伤人员肢体残缺或视觉、听觉等器官受到严重损伤，能引起人体长期存在功能障碍或劳动能力有重大损失的伤害，或者造成每个受伤人损失 105 工作日以上（含 105 个工作日）的失能伤害的事故。

③死亡事故：其中重大伤亡事故指一次事故中死亡 1~2 人的事故；特大伤亡事故指一次事故死亡 3 人以上（含 3 人）的事故。

（3）按事故造成的人员伤亡或者直接经济损失分类

依据 2011 年 9 月 1 日修订的《生产安全事故报告和调查处理条例》中的规定，按生产安全事故（以下简称"事故"）造成的人员伤亡或者直接经济损失，将事故分为：

①特别重大事故：是指造成 30 人以上死亡，或者 100 人以上重伤（包括急性工业中毒，下同），或者 1 亿元以上直接经济损失的事故；

②重大事故：是指造成 10 人以上 30 人以下死亡，或者 50 人以上 100 人以下重伤，或者 5 000 万元以上 1 亿元以下直接经济损失的事故；

③较大事故：是指造成 3 人以上 10 人以下死亡，或者 10 人以上 50 人以下重伤，或者 1 000 万元以上 5 000 万元以下直接经济损失的事故；

④一般事故：是指造成 3 人以下死亡，或者 10 人以下重伤，或者 1 000 万元以下直接经济损失的事故。

上述所称的"以上"包括本数,所称的"以下"不包括本数。目前,在建设工程领域中,判别事故等级较多采用的是《生产安全事故报告和调查处理条例》。

2)生产安全事故的处理原则

生产安全
事故报告

一旦事故发生,应立刻实施应急预案,尽可能地防止事态扩大和减少事故损失。在实事求是、尊重科学、公正公开的基础上,还应做到"四不放过"。其具体内容如下:

①事故原因未查清不放过;

②事故责任人未受到处理不放过;

③事故责任人和周围群众没有受到教育不放过;

④事故没有制订切实可行的整改措施不放过。

3)生产安全事故报告

生产安全事
故报告和调
查处理条例

生产安全事故报告应及时、准确和完整,任何单位和个人对事故不得迟报、漏报、谎报或瞒报。

事故发生后,事故现场有关人员应立即向本单位负责人报告;单位负责人接到报告后,应于1小时内向事故发生地县级以上人民政府安全生产监督管理部门和负有安全生产监督管理职责的有关部门报告,并有组织、有指挥地抢救伤员、排除险情;应防止人为或自然因素的破坏,便于事故原因的调查。

建设行政主管部门是建设安全生产的监督管理部门,对建设安全生产实行的是统一的监督管理,因此,各个行业的建设施工中出现了安全事故,都应向建设行政主管部门报告。对专业工程的施工中出现生产安全事故的,由于有关的专业主管部门也承担着对建设安全生产的监督管理职能,因此,专业工程出现安全事故,还需向有关行业主管部门报告。

①情况紧急时,事故现场有关人员可直接向事故发生地县级以上人民政府安全生产监督管理部门和负有安全生产监督管理职责的有关部门报告。

②安全生产监督管理部门和负有安全生产监督管理职责的有关部门接到事故报告后,应依照下列规定上报事故情况,并通知公安机关、劳动保障行政部门、工会和人民检察院:

a.特别重大事故、重大事故逐级上报至国务院安全生产监督管理部门和负有安全生产监督管理职责的有关部门;

b.较大事故逐级上报至省、自治区、直辖市人民政府安全生产监督管理部门和负有安全生产监督管理职责的有关部门;

c.一般事故上报至设区的市级人民政府安全生产监督管理部门和负有安全生产监督管理职责的有关部门。

安全生产监督管理部门和负有安全生产监督管理职责的有关部门依照前款规定上报事故情况,应同时报告本级人民政府。国务院安全生产监督管理部门和负有安全生产监督管理职责的有关部门以及省级人民政府接到发生特别重大事故、重大事故的报告后,应立即报告国务院。必要时,安全生产监督管理部门和负有安全生产监督管理职责的有关部门可以越级上报事故情况。

安全生产监督管理部门和负有安全生产监督管理职责的有关部门逐级上报事故情况,每级上报的时间不得超过 2 小时。事故报告后出现新情况的,应及时补报。

4) 生产安全事故调查

(1) 组织调查组,开展事故调查

①特别重大事故由国务院或者国务院授权有关部门组织事故调查组进行调查。重大事故、较大事故、一般事故分别出事故发生地省级人民政府、设区的市级人民政府、县级人民政府负责调查。省级人民政府、设区的市级人民政府、县级人民政府可直接组织事故调查组进行调查,也可授权或者委托有关部门组织事故调查组进行调查。未造成人员伤亡的一般事故,县级人民政府也可委托事故发生单位组织事故调查组进行调查。

②事故调查组有权向有关单位和个人了解与事故有关的情况,并要求其提供相关文件和资料,有关单位和个人不得拒绝。事故发生单位的负责人和有关人员在事故调查期间不得擅离职守,并应随时接受事故调查组的询问,如实提供有关情况。事故调查中发现涉嫌犯罪的,事故调查组应及时将有关材料或其复印件移交司法机关处理。

(2) 现场勘查

事故发生后,调查组应迅速到达现场,进行及时、全面、准确和客观的勘查,包括现场笔录、现场拍照和现场绘图。

(3) 分析事故原因

通过调查分析,查明事故经过,按受伤部位、受伤性质、起因物、致害物、伤害方法、不安全状态、不安全行为等;查清事故原因,包括人、物、生产管理和技术管理等方面的原因。通过直接和间接地分析,确定事故的直接责任者、间接责任者和主要责任者。

(4) 制订预防措施

根据事故原因分析,制订防止类似事故再次发生的预防措施。根据事故后果和事故责任者应负的责任提出处理意见。

(5) 提交事故调查报告

事故调查组应自事故发生之日起 60 日内提交事故调查报告;特殊情况下,经负责事故调查的人民政府批准,提交事故调查报告的期限可适当延长,但延长的期限最长不超过 60 日。事故调查报告应包括下列内容:

①事故发生单位概况;

②事故发生经过和事故救援情况;

③事故造成的人员伤亡和直接经济损失;

④事故发生的原因和事故性质;

⑤事故责任的认定以及对事故责任者的处理建议;

⑥事故防范和整改措施。

生产安全
事故调查

(6) 事故的审理和结案

重大事故、较大事故、一般事故,负责事故调查的人民政府应自收到事故调查报告之日起 15 日内作出批复;特别重大事故,30 日内作出批复,特殊情况下,批复时间可适当延长,但延长的时间最长不超过 30 日。

有关机关应按照人民政府的批复,依照法律、行政法规规定的权限和程序,对事故发生单位和有关人员进行行政处罚,对负有事故责任的国家工作人员进行处分。事故发生单位应按照负责事故调查的人民政府的批复,对本单位负有事故责任的人员进行处理。

负有事故责任的人员涉嫌犯罪的,依法追究刑事责任。

事故处理的情况由负责事故调查的人民政府或者其授权的有关部门、机构向社会公布,依法应保密的除外。事故调查处理的文件记录应长期完整地保存。

任务8.4 建设工程施工现场管理

8.4.1 施工现场文明施工

文明施工是指保持施工现场良好的作业环境、卫生环境和工作秩序。因此,文明施工也是保护环境的一项重要措施。文明施工主要包括:规范施工现场的场容,保持作业环境的整洁卫生;科学组织施工,使生产有序进行;减少施工对周围居民和环境的影响;遵守施工现场文明施工的规定和要求,保证职工的安全和身体健康。

文明施工可适应现代化施工的客观要求,有利于员工的身心健康,有利于培养和提高施工队伍的整体素质,促进企业综合管理水平的提高,提高企业的知名度和市场竞争力。

1)建设工程现场文明施工的要求

根据我国相关标准,文明施工的要求主要包括现场围挡、封闭管理、施工场地、材料堆放、现场住宿、现场防火、治安综合治理、施工现场标牌、生活设施、保健急救、社区服务11项内容。总体上应符合以下要求:

①有整套的施工组织设计或施工方案,施工总平面布置紧凑,施工场地规划合理,符合环保、市容、卫生的要求;

②有健全的施工组织管理机构和指挥系统,岗位分工明确,工序交叉合理,交接责任明确;

③有严格的成品保护措施和制度,大小临时设施和各种材料构件、半成品按平面布置堆放整齐;

④施工场地平整,道路畅通,排水设施得当,水电线路整齐,机具设备状况良好,使用合理,施工作业符合消防和安全要求;

⑤搞好环境卫生管理,包括施工区、生活区环境卫生和食堂卫生管理;

⑥文明施工应贯穿施工结束后的清场。

实现文明施工,不仅要抓好现场的场容管理,而且还要做好现场材料、机械、安全、技术、保卫、消防和生活卫生等方面的工作。

2)建设工程现场文明施工的措施

(1)加强现场文明施工的管理

①建立文明施工的管理组织。应确立项目经理为现场文明施工的第一责任人,以各专业工程师、施工质量、安全、材料、保卫等现场项目经理部人员为成员的施工现场文明管理组织,共同负责本工程现场文明施工工作。

②健全文明施工的管理制度。包括:建立各级文明施工岗位责任制,将文明施工工作考核

列入经济责任制;建立定期的检查制度,实行自检、互检、交接检制度;建立奖惩制度;开展文明施工立功竞赛,加强文明施工教育培训等。

(2)落实现场文明施工的各项管理措施

针对现场文明施工的各项要求,落实相应的各项管理措施。

①施工平面布置。施工总平面图是现场管理、实现文明施工的依据。施工总平面图应对施工机械设备、材料和构配件的堆场,现场加工场地,以及现场临时运输道路、临时供水供电线路和其他临时设施进行合理布置,并随工程实施的不同阶段进行场地布置和调整。

②现场围挡、标牌。

a.施工现场必须实行封闭管理,设置进出口大门,制定门卫制度,严格执行外来人员进场登记制度。沿工地四周连续设置围挡,市区主要路段和其他涉及市容景观路段的工地设置围挡的高度不低于 2.5 m,其他工地的围挡高度不低于 1.8 m,围挡材料要求坚固、稳定、统一、整洁和美观。

b.施工现场必须设有"五牌一图",即工程概况牌、管理人员名单及监督电话牌、消防保卫(防火责任)牌、安全生产牌、文明施工牌和施工现场总平面图。

c.施工现场应合理悬挂安全生产宣传牌和警示牌,标牌悬挂牢固可靠,特别是主要施工部位、作业点和危险区域以及主要通道口都必须有针对性地悬挂醒目的安全警示牌。

③施工场地。

a.施工现场应积极推行硬地坪施工,作业区、生活区主干道地面必须用一定厚度的混凝土硬化,场内其他道路地面也应作硬化处理。

b.施工现场道路畅通、平坦、整洁,无散落物。

c.施工现场设置排水系统,排水畅通,不积水。

d.严禁泥浆、污水、废水外流或未经允许排入河道,严禁堵塞下水道和排水河道。

e.在施工现场适当的地方设置吸烟处,作业区内禁止随意吸烟。

f.积极美化施工现场环境,根据季节变化,适当进行绿化布置。

④材料堆放、周转设备管理。

a.建筑材料、构配件和料具必须按施工现场总平面布置图堆放,布置合理。

b.建筑材料、构配件及其他料具等必须做到安全、整齐堆放(存放),不得超高。堆料分门别类,悬挂标牌,标牌应统一制作,标明名称、品种、规格数量等。

c.建立材料收发管理制度,仓库、工具间材料堆放整齐,易燃易爆物品分类堆放,由专人负责,确保安全。

d.施工现场建立清扫制度,落实到人,做到工完料尽场地清,车辆进出场应有防泥带出措施。建筑垃圾及时清运,临时存放现场的也应集中堆放整齐、悬挂标牌。不用的施工机具和设备应及时出场。

e.施工设施、大模板、砖夹等集中堆放整齐,大模板成对放稳,角度正确。钢模及零配件、脚手扣件分类分规格集中存放。竹木杂料分类堆放,规则成方,不散不乱,不作他用。

⑤现场生活设施。

a.施工现场作业区与办公、生活区必须明显划分,确因场地狭窄不能划分的,要有可靠的隔离栏防护措施。

b.宿舍内应确保主体结构安全,设施完好。宿舍周围环境应保持整洁、安全。

c.宿舍内应有保暖、消暑、防煤气中毒、防蚊虫叮咬等措施。严禁使用煤气灶、煤油炉、电饭煲、热得快、电炒锅、电炉等器具。

d.食堂应有良好的通风和洁卫措施,保持卫生整洁,炊事员应持健康证上岗。

e.建立现场卫生责任制,设卫生保洁员。

f.施工现场应设固定的男、女简易淋浴室和厕所,并要保证结构稳定、牢固和防风雨。并实行专人管理,及时清扫,保持整洁,要有灭蚊蝇和防止蚊蝇滋生的措施。

⑥现场消防、防火管理。

a.现场建立消防管理制度,建立消防领导小组,落实消防责任制和责任人员,做到思想重视、措施跟上、管理到位。

b.定期对有关人员进行消防教育,落实消防措施。

c.现场必须有消防平面布置图,临时设施按消防条例有关规定搭设,做到标准规范。

d.易燃易爆物品堆放间、油漆间、木工间、总配电室等消防防火重点部位要按规定设置灭火器和消防沙箱,并有专人负责,对违反消防条例的有关人员进行严肃处理。

e.施工现场用明火做到严格按动用明火规定执行,审批手续齐全。

⑦医疗急救的管理。展开卫生防病教育,准备必要的医疗设施,配备经过培训的急救人员,有急救措施、急救器材和保健医药箱。在现场办公室的显著位置张贴急救车和有关医院的电话号码等。

⑧社区服务的管理。建立施工不扰民的措施。现场不得焚烧有毒、有害物质等。

⑨治安管理。

a.建立现场治安保卫领导小组,由专人管理。

b.新入场的人员做到及时登记,做到合法用工。

c.按照治安管理条例和施工现场的治安管理规定搞好各项管理工作。

d.建立门卫值班管理制度,严禁无证人员和其他闲杂人员进入施工现场,避免安全事故和失盗事件的发生。

(3)建立检查考核制度

对于建设工程文明施工,国家和各地大多制定了标准或规定,也有比较成熟的经验。在实际工作中,项目应结合相关标准和规定建立文明施工考核制度,推进各项文明施工措施的落实。

(4)抓好文明施工建设工作

①建立宣传教育制度。现场宣传安全生产、文明施工、国家大事、社会形势、企业精神、优秀事迹等。

②坚持以人为本,加强管理人员和班组文明建设。教育职工遵纪守法,提高企业整体管理水平和文明素质。

③主动与有关单位配合,积极开展共建文明活动,树立企业良好的社会形象。

8.4.2 施工现场环境保护

建设工程项目必须满足有关环境保护法律法规的要求,在施工过程中注意环境保护,对企业发展、员工健康和社会文明有重要意义。

环境保护是按照法律法规、各级主管部门和企业的要求,保护和改善作业现场的环境,控制现场的各种粉尘、废水、废气、固休废弃物、噪声、振动等对环境的污染和危害。环境保护也是文明施工的重要内容之一。

1）建设工程施工现场环境保护的要求

（1）《中华人民共和国环境保护法》和《中华人民共和国环境影响评价法》的有关规定

建设工程项目对环境保护的基本要求如下：

①涉及依法划定的自然保护区、风景名胜区、生活饮用水水源保护区及其他需要特别保护的区域时，应当符合国家有关法律法规及该区域内建设工程项目环境管理的规定，不得建设污染环境的工业生产设施；建设的工程项目设施的污染物排放不得超过规定的排放标准。已经建成的设施，其污染物排放超过排放标准的，限期整改。

建设项目环境保护管理条例

②开发利用自然资源的项目，必须采取措施保护生态环境。

③建设工程项目选址、选线、布局应当符合区域、流域规划和城市总体规划。

④应满足项目所在区域环境质量、相应环境功能区划和生态功能区划标准或要求。

⑤拟采取的污染防治措施应确保污染物排放达到国家和地方规定的排放标准，满足污染物总量控制要求；涉及可能产生放射性污染的，应采取有效预防和控制放射性污染措施。

⑥建设工程应当采用节能、节水等有利于环境与资源保护的建筑设计方案、建筑材料、装修材料、建筑构配件及设备。建筑材料和装修材料必须符合国家标准。禁止生产、销售和使用有毒、有害物质超过国家标准的建筑材料和装修材料。

⑦尽量减少建设工程施工中所产生的、干扰周围生活环境的噪声。

⑧应采取生态保护措施，有效预防和控制生态破坏。

⑨对环境可能造成重大影响、应编制环境影响报告书的建设工程项目，可能严重影响项目所在地居民生活环境质量的建设工程项目，以及存在重大意见分歧的建设工程项目，环保部门可以举行听证会，听取有关单位、专家和公众的意见，并公开听证结果，说明对有关意见采纳或不采纳的理由。

⑩建设工程项目中防治污染的设施，必须与主体工程同时设计、同时施工、同时投产使用。防治污染的设施必须经原审批环境影响报告书的环境保护行政主管部门验收合格后，该建设工程项目方可投入生产或者使用。防治污染的设施不得擅自拆除或者闲置，确有必要拆除或者闲置的，必须征得所在地的环境保护行政主管部门同意。

⑪新建工业企业和现有工业企业的技术改造，应采取资源利用率高、污染物排放量少的设备和工艺，采用经济合理的废弃物综合利用技术和污染物处理技术。

⑫排放污染物的单位，必须依照国务院环境保护行政主管部门的规定申报登记。

⑬禁止引进不符合我国环境保护规定要求的技术、设备、材料和产品。

⑭任何单位不得将产生严重污染的生产设备转移给没有污染防治能力的单位使用。

（2）《中华人民共和国海洋环境保护法》的有关规定

在进行海岸工程建设和海洋石油勘探开发时，必须依照法律规定，防止对海洋环境的污染损害。

2）建设工程施工现场环境保护的措施

工程建设过程中的污染主要包括对施工场界内的污染和对周围环境的污染。对施工场界内的污染防治属于职业健康安全问题,而对周围环境的污染防治是环境保护的问题。

建设工程环境保护措施主要包括大气污染的防治、水污染的防治、噪声污染的防治、固体废弃物的处理等。

（1）大气污染的防治

①大气污染物的分类。大气污染物的种类有数千种,已发现有危害作用的有100多种,其中大部分是有机物。大气污染物通常以气体状态和粒子状态存在空气中。

②施工现场空气污染的防治措施。

a.施工现场垃圾渣土要及时清理出现场。

b.高大建筑物清理施工垃圾时,要使用封闭式的容器或者采取其他措施处理高空废弃物,严禁凌空随意抛撒。

c.施工现场道路应指定专人定期洒水清扫,形成制度,防止道路扬尘。

d.对细颗粒散体材料（如水泥、粉煤灰、白灰等）的运输、储存要注意遮盖、密封,防止和减少扬尘。

e.车辆开出工地要做到不带泥沙,基本做到不洒土、不扬尘,减少对周围环境污染。

f.除设有符合规定的装置外,禁止在施工现场焚烧油毡、橡胶、塑料、皮革、树叶、枯草、各种包装物等废弃物品以及其他会产生有毒、有害烟尘和恶臭气体的物质。

g.机动车都要安装减少尾气排放的装置,确保符合国家标准。

h.工地茶炉应尽量采用电热水器。若只能使用烧煤茶炉和锅炉时,应选用消烟除尘型茶炉和锅炉,大灶应选用消烟节能回风炉灶,使烟尘降至允许排放的范围为止。

i.大城市市区的建设工程已不容许搅拌混凝土。在容许设置搅拌站的工地,应将搅拌站封闭严密,并在进料仓上方安装除尘装置,采取可靠措施控制工地粉尘污染。

j.拆除旧建筑物时,应适当洒水,防止扬尘。

（2）水污染的防治

①水污染物的主要来源有：

a.工业污染源：指各种工业废水向自然水体的排放。

b.生活污染源：主要有食物废渣、食油、粪便、合成洗涤剂、杀虫剂、病原微生物等。

c.农业污染源：主要有化肥、农药等。

施工现场废水和固体废物随水流流入水体部分,包括泥浆、水泥、油漆、各种油类、混凝土添加剂、重金属、酸碱盐、非金属无机毒物等。

②施工过程水污染的防治措施有：

a.禁止将有毒有害废弃物作土方回填。

b.施工现场搅拌站废水、现制水磨石的污水、电石（碳化钙）的污水必须经沉淀池沉淀合格后再排放,最好将沉淀水用于工地洒水降尘或采取措施回收利用。

c.现场存放油料,必须对库房地面进行防渗处理,如采用防渗混凝土地面、铺油毡等措施。使用时,要采取防止油料跑、冒、滴、漏的措施,以免污染水体。

d.施工现场100人以上的临时食堂,污水排放时可设置简易有效的隔油池,定期清理,防止污染。

e.工地临时厕所、化粪池应采取防渗漏措施。中心城市施工现场的临时厕所可采用水冲式厕所,并有防蝇灭蛆措施,防止污染水体和环境。

f.化学用品、外加剂等要妥善保管,库内存放,防止污染环境。

（3）噪声污染的防治

①噪声的分类。按噪声来源可分为交通噪声（如汽车、火车、飞机等）、工业噪声（如鼓风机、汽轮机、冲压设备等）、建筑施工的噪声（如打桩机、推土机、混凝土搅拌机等）、社会生活噪声（如高音喇叭、收音机等）。噪声妨碍人们正常休息、学习和工作,为防止噪声扰民,应控制人为强噪声。

根据《建筑施工场界环境噪声排放标准》（GB 12523—2011）的要求,对建筑施工过程中场界环境噪声排放限值见表 8.2。

表 8.2　建筑施工过程中场界噪声排放限值

昼间/dB（A）	夜间/dB（A）
70	55

②施工现场噪声的控制措施。噪声控制技术可从声源、传播途径、接收者防护等方面来考虑。

噪声污染的
防治

A.声源控制。

a.声源上降低噪声,这是防止噪声污染的最根本措施。

b.尽量采用低噪声设备和加工工艺代替高噪声设备和加工工艺,如低噪声振捣器、风机、电动空压机、电锯等。

c.在声源处安装消声器消声,即在通风机、鼓风机、压缩机、燃气机、内燃机及各类排气放空装置等进出风管的适当位置设置消声器。

B.传播途径的控制。

a.吸声:利用吸声材料（大多由多孔材料制成）或由吸声结构形成的共振结构（金属或木质薄板钻孔制成的空腔体）吸收声能,降低噪声。

b.隔声:应用隔声结构,阻碍噪声向空间传播,将接收者与噪声声源分隔。隔声结构包括隔声室、隔声罩、隔声屏障、隔声墙等。

c.消声:利用消声器阻止传播。允许气流通过的消声降噪是防治空气动力性噪声的主要装置,如对空气压缩机、内燃机产生的噪声等。

d.减振降噪:对来自振动引起的噪声,通过降低机械振动减小噪声,如将阻尼材料涂在振动源上,或改变振动源与其他刚性结构的连接方式等。

C.接收者的防护。让处于噪声环境下的人员使用耳塞、耳罩等防护用品,减少相关人员在噪声环境中的暴露时间,以减轻噪声对人体的危害。

D.严格控制人为噪声。

a.进入施工现场不得高声喊叫、无故甩打模板、乱吹哨,限制高音喇叭的使用,最大限度地减少噪声扰民。

b.凡在人口稠密区进行强噪声作业时,须严格控制作业时间,一般晚 10 点到次日早上 6

点之间停止强噪声作业。确系特殊情况必须昼夜施工时,尽量采取降低噪声措施,并会同建设单位找当地居委会、村委会或当地居民协调,出安民告示,求得群众谅解。

(4)固体废物的处理

①建设工程施工工地上常见的固体废物。建设工程施工工地上常见的固体废物主要有:

a.建筑渣土:包括砖瓦、碎石、渣土、混凝土碎块、废钢铁、碎玻璃、废屑、废弃装饰材料等。

b.废弃的散装大宗建筑材料:包括水泥、石灰等。

c.生活垃圾:包括炊厨废物、丢弃食品、废纸、生活用具、废电池、废日用品、玻璃、陶瓷碎片、废塑料制品、煤灰渣、废交通工具等。

固体废物的处理

d.设备、材料等的包装材料。

e.粪便。

②固体废物的处理和处置。固体废物处理的基本思想是采取资源化、减量化和无害化的处理,对固体废物产生的全过程进行控制。固体废物的主要处理方法如下:

a.回收利用:是对固体废物进行资源化的重要手段之一。粉煤灰在建设工程领域的广泛应用就是对固体废弃物进行资源化利用的典型范例。例如,发达国家炼钢原料中有70%是利用回收的废钢铁,因此钢材可以看成可再生利用的建筑材料。

b.减量化处理:是对已经产生的固体废物进行分选、破碎、压实浓缩、脱水等减少其最终处置量,减低处理成本,减少对环境的污染。在减量化处理的过程中,也包括和其他处理技术相关的工艺方法,如焚烧、热解、堆肥等。

c.焚烧:用于不适合再利用且不宜直接予以填埋处置的废物,除有符合规定的装置外,不得在施工现场熔化沥青和焚烧油毡、油漆,也不得焚烧其他可产生有毒有害和恶臭气体的废弃物。垃圾焚烧处理应使用符合环境要求的处理装置,避免对大气的二次污染。

d.稳定和固化处理:是利用水泥、沥青等胶结材料,将松散的废物胶结包裹起来,减少有害物质从废物中向外迁移、扩散,使得废物对环境的污染减少。

e.填埋:是固体废物经过无害化、减量化处理的废物残渣集中到填埋场进行处置。禁止将有毒有害废弃物现场填埋,填埋场应利用天然或人工屏障。尽量使需要处置的废物与环境隔离,并注意废物的稳定性和长期安全性。

8.4.3 施工现场职业健康安全卫生

为保障作业人员的身体健康和生命安全,改善作业人员的工作环境与生活环境,防止施工过程中各类疾病的发生,建设工程施工现场应加强卫生与防疫工作。

1)建设工程施工现场职业健康安全卫生的要求

根据我国相关标准,施工现场职业健康安全卫生主要包括现场宿舍、现场食堂、现场厕所、其他卫生管理等内容。基本要符合以下要求:

①施工现场应设置办公室、宿舍、食堂、厕所、淋浴间、开水房、文体活动室、密闭式垃圾站(或容器)及盥洗设施等临时设施。临时设施所用建筑材料应符合环保、消防要求。

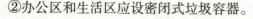

建设工程施工现场环境与卫生标准

②办公区和生活区应设密闭式垃圾容器。

③办公室内布局合理,文件资料宜归类存放,并应保持室内清洁卫生。

④施工企业应根据法律、法规的规定,制订施工现场的公共卫生突发事件应急预案。

⑤施工现场应配备常用药品及绷带、止血带、颈托、担架等急救器材。

⑥施工现场应设专职或兼职保洁员,负责卫生清扫和保洁。

⑦办公区和生活区应采取灭鼠、蚊、蝇、蟑螂等措施,并应定期投放和喷洒药物。

⑧施工企业应结合季节特点,做好作业人员的饮食卫生和防暑降温、防寒保暖、防煤气中毒、防疫等工作。

⑨施工现场必须建立环境卫生管理和检查制度,并应做好检查记录。

2)建设工程施工现场职业健康安全卫生的措施

施工现场的卫生与防疫应由专人负责,全面管理施工现场的卫生工作,监督和执行卫生法规规章、管理办法,落实各项卫生措施。

(1)现场宿舍的管理

①宿舍内应保证有必要的生活空间,室内净高不得小于 2.4 m,通道宽度不得小于 0.9 m,每间宿舍居住人员不得超过 16 人。

②施工现场宿舍必须设置可开启式窗户,宿舍内的床铺不得超过 2 层,严禁使用通铺。

③宿舍内应设置生活用品专柜,有条件的宿舍宜设置生活用品储藏室。

④宿舍内应设置垃圾桶,宿舍外宜设置鞋柜或鞋架,生活区内应提供为作业人员晾晒衣服的场地。

(2)现场食堂的管理

①食堂必须有卫生许可证,炊事人员必须持身体健康证上岗。

②炊事人员上岗应穿戴洁净的工作服、工作帽和口罩,并应保持个人卫生。不得穿工作服出食堂,非炊事人员不得随意进入制作间。

③食堂炊具、餐具和公用饮水器具必须清洗消毒。

④施工现场应加强食品、原料的进货管理,食堂严禁出售变质食品。

⑤食堂应设置在远离厕所、垃圾站、有毒有害场所等污染源的地方。

⑥食堂应设置独立的制作间、储藏间,门扇下方应设置不低于 0.2 m 的防鼠挡板。制作间灶台及其周边应贴瓷砖,所贴瓷砖高度不宜小于 1.5 m,地面应做硬化和防滑处理。粮食存放台距墙和地面应大于 0.2 m。

⑦食堂应配备必要的排风设施和冷藏设施。

⑧食堂的燃气罐应单独设置存放间,存放间应通风良好并严禁存放其他物品。

⑨食堂制作间的炊具宜存放在封闭的橱柜内,刀、盆、案板等炊具应生熟分开。食品应有遮盖,遮盖物品应用正反面标识。各种作料和副食应存放在密闭器皿内,并应有标识。

⑩食堂外应设置密闭式潲水桶,并应及时清运。

(3)现场厕所的管理

①施工现场应设置水冲式或移动式厕所,厕所地面应硬化,门窗应齐全。蹲位之间宜设置隔板,隔板高度不宜低于 0.9 m。

②厕所大小应根据作业人员的数量设置。高层建筑施工超过 8 层以后,每隔 4 层宜设置临时厕所。厕所应设专人负责清扫、消毒,化粪池应及时清掏。

（4）其他临时设施的管理

①淋浴间应设置满足需要的淋浴喷头，可设置储衣柜或挂衣架。

②盥洗设施应设置满足作业人员使用的盥洗池，并应使用节水龙头。

③生活区应设置开水炉、电热水器或饮用水保温桶；施工区应配备流动保温水桶。

④文体活动室应配备电视机、书报、杂志等文体活动设施和用品。

⑤施工现场作业人员发生法定传染病、食物中毒或急性职业中毒时，必须在2小时内向施工现场所在地建设行政主管部门和有关部门报告，并应积极配合调查处理。

⑥现场施工人员患有法定传染病时，应及时进行隔离，并由卫生防疫部门进行处置。

项目小结

本项目从建设工程职业健康安全和环境管理的基本概念、影响因素、基本制度、事故处理等方面展开论述，主要包括以下4个方面的内容：

任务8.1是建设工程职业健康安全与环境管理概述。该部分首先阐明建设工程从业人员应牢固树立两个基本理念，即适量的安全投资有助于企业利润目标的实现和以人为本，保护弱者（社会公平的要求）；然后分别论述了建设工程职业健康安全管理的目的是防止和尽可能地减少生产安全事故、保护产品生产者的健康与安全、保障人民群众的生命和财产免受损失；建设工程项目环境管理的目的主要是指保护和改善施工现场的环境。最后介绍了建设工程职业健康安全与环境管理的特点。

任务8.2是建设工程安全生产管理。该部分首先介绍了十几种常见的安全生产管理基本制度，其中特别详细地强调了安全生产责任制度、安全生产许可证制度、安全生产教育培训制度和专项施工方案专家论证制度；其次从施工安全技术措施，安全技术交底，安全生产费用管理，施工设施、设备和劳动防护用品安全管理4个方面论述了施工安全控制的方法和途径；接着详细介绍了安全生产检查监督的6个主要类型（全面安全检查、经常性安全检查、专业或专职安全管理人员的专业安全检查、季节性安全检查、节假日检查、要害部门重点安全检查）以及6个方面的主要内容（查思想、查制度、查管理、查隐患、查整改、查事故处理）；最后完整地介绍了建设工程的安全隐患，具体来说，主要包括3个部分的不安全因素：人的不安全因素、物的不安全状态和组织管理上的不安全因素。

任务8.3是建设工程生产安全事故处理。该部分主要包括生产安全事故应急预案和生产安全事故两大部分。第一部分简要论述了综合应急预案、专项应急预案、现场处置方案3种生产安全事故应急预案类型；第二部分首先介绍了职业伤害事故的分类并特别强调了生产安全事故分类；接着强调了生产安全事故的"四不放过"处理原则；然后完整地介绍了生产安全事故报告的程序；最后介绍了生产安全事故调查的基本程序。

任务8.4是建设工程施工现场管理。该部分结合现场实际工程案例，从施工现场文明施工、施工现场环境保护和施工现场职业健康安全卫生3个方面分别详细介绍了施工现场的一些基本要求。

本项目旨在通过相关的理论学习加深学生对生产过程中职业健康安全和环境管理重要性的认识，培养学生在职业健康安全和环境管理方面的意识。

练习题

一、单选题

1.(　　)是最基本的安全管理制度,是所有安全生产管理制度的核心。

A.安全生产教育培训制度　　　　　　B.安全生产责任制

C.安全检查制度　　　　　　　　　　D.专家论证制度

2.施工单位应当设立安全生产管理机构,配备(　　)安全生产管理人员。

A.兼职　　　　　　B.专职　　　　　　C.业余　　　　　　D.代理

3.(　　)根据各个季节自然灾害的发生规律,及时采取相应的防护措施。

A.全面安全检查　　　　　　　　　　B.经常性安全检查

C.季节性安全检查　　　　　　　　　D.要害部门重点安全检查

4.检查企业领导和员工对安全生产方针的认识程度,对建立健全安全生产管理和安全生产规章制度的重视程度,对安全检查中发现的安全问题或安全隐患的处理态度等,是安全生产检查的一个重要内容(　　)。

A.查思想　　　　B.查制度　　　　C.查管理　　　　D.查整改

5.(　　)是针对具体的事故类别(如基坑开挖、脚手架拆除等事故)、危险源和应急保障而制订的计划或方案,是综合应急预案的组成部分,应按照综合应急预案的程序和要求组织制订,并作为综合应急预案的附件。专项应急预案应制订明确的救援程序和具体的应急救援措施。

A.综合应急预案　　　　　　　　　　B.专项应急预案

C.现场处置方案　　　　　　　　　　D.事故调查报告

6.2016年11月24日,江西丰城发电厂三期扩建工程发生冷却塔施工平台坍塌事故,造成73人死亡、2人受伤,直接经济损失10 197.2万元,这一事故属于(　　)。

A.特别重大事故　　　　　　　　　　B.重大事故

C.较大事故　　　　　　　　　　　　D.一般事故

7.事故发生地县级以上人民政府安全生产监督部门和负有安全生产监督管理职责的有关部门接到报告后,较大事故应逐级报告至(　　)。

A.国务院有关部门

B.省/自治区/直辖市人民政府有关部门

C.设区的市级人民政府相关部门

D.县级人民政府相关部门

8.三级安全教育是每个刚进企业的新工人必须接受的首次安全生产方面的基本教育,三级安全教育是指(　　)这三级。

A.公司、项目、班组　　　　　　　　B.公司、项目、宿舍

C.项目、班组、培训班　　　　　　　D.项目、班组、宿舍

9.建设工程施工工地上常见的固体废物主要有建筑渣土、废弃的散装大宗建筑材料、生活垃圾、设备、材料等。对这些固体废物的处理方法有很多,其中粉煤灰在建设工程领域的广泛应用就是对固体废弃物进行资源(　　)的典型范例。

A.回收利用　　　　　B.减量化处理　　　　　C.焚烧　　　　　　　　D.稳定和固化

10.在施工现场,(　　)是施工项目安全生产的第一责任者。

A.项目经理　　　　　　　　　　　B.施工员

C.专职安全生产管理人员　　　　　D.企业法定代表人

二、多选题

1.企业员工的安全生产教育主要有(　　　)3种形式。

A.节假日的安全教育　　　　　　　B.新员工上岗前的三级安全教育

C.改变工艺和变换岗位的安全教育　D.全面安全教育

E.经常性安全教育

2.建设工程安全生产教育培训一般包括对(　　　)的安全教育。

A.管理人员　　　　　　　　　　　B.政府部分的监督人员

C.企业员工　　　　　　　　　　　D.特种作业人员

E.周边群众

3."三同时"制度是指凡是我国境内的基本建设项目其安全生产设施必须符合国家规定的标准,必须与主体工程(　　　)。

A.同时招标　　　　　　　　　　　B.同时设计

C.同时施工　　　　　　　　　　　D.同时投入生产和使用

E.同时维修

4.我们国家对生产安全事故采取"四不放过"处理原则,具体内容包括(　　　)。

A.事故原因没有查清不放过　　　　B.事故责任者没有受到处理不放过

C.事故没有及时报告不放过　　　　D.事故防范措施没有落实不放过

E.事故责任者和周围群众没有受到教育不放过

5.2015年10月16日,某地在建住宅楼工程在脚手架搭设过程中发生一起倒塌事故,所幸未造成人员伤亡,但直接经济损失近200万元,针对这起生产安全事故可以采取的调查方案有(　　　)。

A.市级人民政府必须直接组织事故调查组进行调查

B.县级人民政府可以直接组织事故调查组进行调查

C.县级人民政府必须直接组织事故调查组进行调查

D.县级人民政府可以授权或者委托有关部门组织事故调查组进行调查

E.县级人民政府可以委托事故发生单位组织事故调查组进行调查

三、简答题

1.简述建设工程职业健康安全管理与环境管理的目的。

2.请列举常见的安全生产管理基本制度。(至少5种)

3.简述安全技术交底的主要内容及意义。

4.简述建设工程常见的安全隐患。

5.简述生产安全事故报告的基本程序。

6.简述生产安全事故调查的基本程序。

项目 9
建设工程项目资源管理

【情境导入】

嘉峪关上的"定城砖"传说

嘉峪关位于甘肃省河西走廊的西端，是明长城的西端起点，也是古丝绸之路上的交通要塞。嘉峪关始建于明洪武五年，先后经168年的修建，它与东端的山海关遥相呼应，成为明代万里长城沿线的最为壮观的关城，因此，也被称为"天下第一雄关"，如图9.1所示。

图9.1 嘉峪关

在古代简陋的建筑条件下，嘉峪关的修建不是一件简单的事，由此便演绎出了一段段动人的传说，其中就有一个关于"定城砖"的传说。相传明朝正德年间，朝廷下令修筑嘉峪关，有一位叫作易开占的著名工匠精通九九算法，但凡修房造屋，只要经他预算，用工用料就十分准确和节省。朝廷监督修关的监事官故意刁难易开占，要求他准确计算出修嘉峪关的用砖数量。当易开占计算出需要九万九千九百九十九块砖时，监事官很不服气并且呵斥道，要是多一块或者少一块不仅要砍掉易开占的脑袋，而且还要罚众工匠劳役3年。几年后工程竣工了，还真的多出一块砖来。但易开占不慌不忙地对监事官说，这块砖是定城砖，如若搬动，城楼就会坍塌，一下子就把监事官吓住了，从此再也没有追究此事。后来人们把这块砖叫"定城砖"，放在西瓮城阁楼的后檐台上。虽然这只是一个传说，但是不可否认的是，它反映了古代劳动人民的智慧和勤劳,还为雄壮的嘉峪关增添了一丝神秘色彩。

在遥远的古代没有计算机建模,没有计算器,仅仅靠工程经验和算术技巧就能将数据整合到如此地步,不得不说是奇迹,这种奇迹在计算机科学技术非常发达的当代都不一定能完成。这也说明有效合理的资源管理是古往今来建设工程技术人员矢志不渝的美好追求。

【项目简介】

在建设工程项目运转过程中,劳动力、材料、机械设备、技术和资金等生产要素对施工项目的顺利进行起着十分重要的作用。有效地计划、组织、协调、控制各生产要素,使之在项目中合理流动,有利于实现建设工程项目的保值和增值。本项目从建设工程项目资源管理的概念与意义、人力、材料、机械设备、技术及资金等资源方面展开论述,主要包括以下6个方面的内容:建设工程项目资源管理概述、建设工程项目人力资源管理、建设工程项目材料管理、建设工程项目机械设备管理、建设工程项目技术管理及建设工程项目资金管理。

【学习目标】

(1)掌握建设工程项目资源管理的意义和主要内容。

(2)熟悉人力资源管理计划,掌握团队的建设、团队的动态管理、团队的培训和考核。

(3)了解材料的分类及材料需用量的计算方法;掌握材料的采购、进场验收、储存保管使用的方法。

(4)了解机械设备管理的内容及要求,掌握机械设备的需求、使用、保养计划;掌握机械设备使用、安全管理、验收及保养与维修。

(5)了解技术管理的作用、任务及基本要求;熟悉技术管理制度;了解技术管理职责。

(6)了解项目资金管理的原则及要点;掌握资金的来源、运用;熟悉资金的业务管理;了解资金管理职责。

任务9.1　建设工程项目资源管理概述

9.1.1　建设工程项目资源管理的概念与意义

1)项目资源管理的概念

(1)项目资源

项目资源是对项目实施过程中使用的人力资源、材料、机械设备、技术、资金等的总称。资源是人们创造出产品所需要的各种要素,即生产要素。

(2)项目资源管理

项目资源
管理概述

项目资源管理是对项目所需的各种资源进行的计划、组织、指挥、协调和控制等系统活动。项目资源管理极其复杂,主要表现如下:

①工程项目实施所需资源的种类多、需用量大;

②建设过程对资源的消耗不平衡;

③资源供应受外界影响大,具有一定的复杂性和不确定性,且资源经常需要在多个项目间进行调配;

④资源对项目成本的影响最人。

2)项目资源管理的意义

项目资源管理的最根本意义在于节约活劳动和物化劳动,其具体意义如下:

①进行资源的优化配置,即实时、适量、比例适当、位置适宜地组织并投入资源,以满足需要。

②进行资源的优化组合,即资源投入搭配适当、协调,有效地形成生产力。

③在项目运行过程中,实现资源的动态管理。动态管理的基本内容就是按照项目的内在规律,有效计划、组织、协调、控制各种资源,使之在项目实施过程中合理流动,在动态中求平衡。

9.1.2　项目资源管理的主要内容

1)人力资源管理

随着国家建筑业用工制度的改革,建筑企业逐步形成了多种形式的用工制度,而且已经形成了弹性结构。在施工任务增大时,可以多用合同工或农村建筑队;在施工任务减少时,可以少用合同工或农村建筑队,以避免窝工,改变了队伍结构,提高了施工项目的用工质量,促进了劳动生产率的提高。农民工到企业中来,既不增加企业的负担,也不增加城市和社会的负担,因而大大节省了福利费用,减轻了国家和企业的负担,适应了建筑施工和施工项目用工弹性和流动性的要求。现在国家规定在建筑企业中设置劳务分包企业序列,分专业设立 13 类劳务分包企业,并进行分级,确定了等级和作业分包范围,要求大部分技术工人持证上岗率 100%,这就给施工总承包企业和专业承包企业的作业人员有了可靠的来源保证。按合同由劳务分包公司提供作业人员,主要依靠劳务分包公司进行劳动力管理,项目经理部协助管理,这必将大大提高劳动力的管理水平和管理效果。

施工项目中的劳动力,关键在使用,使用的关键在提高效率,提高效率的关键是如何调动职工的积极性,调动积极性的最好办法是加强思想政治工作和给予恰当的激励。

2)材料管理

建筑材料按在生产中的作用可分为主要材料、辅助材料和其他材料。其中,主要材料是指在施工中被直接加工,构成工程实体的各种材料,如钢材、水泥、木材、砂、石等。辅助材料是指在施工中有助于产品的形成,但不构成实体的材料,如促凝剂、脱模剂、润滑物等。其他材料是指不构成工程实体,但又是施工中必需的材料,如燃料、油料、砂纸、棉纱等。另外,周转材料(如脚手架、模板等)、工具、预制构配件、机械零配件等,都因在施工中有独特作用而自成一类,其管理方式与材料基本相同。

建筑材料还可按其自然属性分类,包括金属材料、硅酸盐材料、电器材料、化工材料等。它们的保管、运输各有不同要求,需分别对待。

项目材料管理的重点在现场、在使用、在节约和核算。就节约来讲,其潜力是最大的。

3)机械设备管理

施工项目机械设备主要是指作为大型工具使用的大、中、小型机械,既是固定资产,又是劳动手段。施工项目机械设备管理的环节,包括选择、使用、保养、维修、改造和更新。其关键在于使用,使用的关键是提高机械效率,提高机械效率必须提高利用率和完好率。我们应通过机械设备管理,寻找提高利用率和完好率的措施。利用率的提高靠人,完好率的提高在于保养与维修。

4)技术管理

技术的含义很广,指操作技能、劳动手段、劳动者素质、生产工艺、试验检验、管理程序和方法等。随着生产力的发展,技术水平也在不断提高,技术在生产中的地位和作用也就越来越重要。施工项目技术管理,是对各项技术工作要素和技术活动过程的管理。技术工作要素包括技术人才、技术装备、技术规程、技术资料等;技术活动过程是指技术计划、技术运用、技术评价等。技术作用的发挥,除决定于技术本身的水平外,极大程度上还依赖于技术管理水平。没有完善的技术管理,先进的技术是难以发挥作用的。

施工项目技术管理的任务有4项:

①正确贯彻国家和行政主管部门的技术政策,贯彻上级对技术工作的指示与决定;

②研究、认识和利用技术规律,科学地组织各项技术工作,充分发挥技术的作用;

③确立正常的生产技术秩序,进行文明施工,以技术保工程质量;

④努力提高技术工作的经济效果,使技术与经济有机地结合。

5)资金管理

施工项目的资金,从流动过程来讲,首先是投入,即筹集到的资金投入施工项目上;其次是使用,也就是支出。资金管理也就是财务管理,主要有以下环节:编制资金计划、筹集资金、投入资金(施工项目经理部收入)、资金使用(支出)、资金核算与分析。施工项目资金管理的重点是收入与支出问题,收支之差涉及核算、筹资、贷款、利息、利润、税收等问题。

9.1.3 项目资源管理的过程

项目资源管理非常重要,而且比较复杂,全过程包括以下4个环节:

①编制资源管理计划。计划是优化配置和组合的手段,目的是对资源投入量、投入时间、投入步骤作出合理安排,以满足项目实施的需要。

②资源配置、优化。配置是指按照编制的计划,从资源的供应到投入再到项目实施,保证项目需要。优化是资源管理目标的计划预控,通过项目管理实施规划和施工组织设计予以实现。

③资源控制。控制是指根据每种资源的特性,设计合理的措施,进行动态配置和组合,协调投入,合理使用,不断纠正偏差,以尽可能少的资源满足项目要求,达到节约资源的目的。动态控制是资源管理目标的过程控制,包括对资源利用率和使用效率的监督、闲置资源的清退、资源随项目实施任务的增减变化及时调度等,通过管理活动予以实现。

④资源处置。处置是在各种资源投入、使用与产出核算的基础上,进行使用效果分析,一方面对管理效果进行总结,找出经验和问题,评价管理活动;另一方面又为管理提供储备和反馈信息,以指导下一阶段的管理工作,并持续改进。

任务 9.2　建设工程项目人力资源管理

项目人力资源管理可定义为根据项目目标,采用科学的方法,对项目组织成员进行合理的选拔、培训、考核、激励,使其融合到组织之中,并充分发挥其潜能,从而保证高效实现项目目标的过程。

项目人力资源管理的主要内容有:

①编制人力资源管理计划:根据项目目标及工作内容的要求确定项目组织中角色、权限和职责的过程。

②组建项目团队:确定项目整个生命期内各个阶段所需的各类人员的数量和技能,并通过招聘或其他方式,获得项目所需人力资源,从而构建成一个项目组织或团队的过程。

③管理项目团队:对项目组织或团队成员进行必要的考核、培训激励,从而实现充分发挥团队成员个人或集体的创造性和潜力,提高项目团队整体工作绩效的过程。

9.2.1　项目人力资源管理计划

项目人力资源的高效率使用,关键在于制订合理的人力资源使用计划。通过编制项目人力资源计划,确定项目的角色、职责以及汇报关系,并编制人员配备管理计划。

管理部门应审核项目经理部的进度计划和人力资源需求计划,并做好以下工作:

①在人力资源需求计划的基础上编制工种需求计划,防止漏配。必要时根据实际情况对人力资源计划进行调整。

②人力资源配置应贯彻节约原则,尽量使用自有资源。

③人力资源配置应有弹性,让班组有超额完成指标的可能,激发工人的劳动积极性。

④尽量使项目使用的人力资源在组织上保持稳定,防止频繁变动。

⑤为保证工作需要,工种组合、能力搭配应适当。

⑥应使人力资源均衡配置以便于管理,达到节约的目的。

1)组织结构图和职位描述

可使用多种形式描述项目的角色和职责,最常用的有 3 种:层次结构图、责任分配矩阵和文本格式。

(1)层次结构图

传统的组织结构图就是一种典型的层次结构图,它用图形的形式从上至下地描述团队中的角色和关系。

(2)责任分配矩阵

责任分配矩阵是一种将项目所需完成的工作落实到项目有关部门或个人,并明确表示出他们在组织中的关系、责任和地位的一种方法和工具,见表9.1。它将人员配备工作与项目工作分解结构相联系,明确表示出工作分解结构中的每个工作单元由谁负责、由谁参与,并表明每个人或部门在整个项目中的地位。

(3)文本格式

角色：

职责：

授权：

表 9.1　责任矩阵

项目编码	项目名称	部门						
		技术进度	工程质量	文档信息	材料采购	安全环境	财务	项目经理
100	晨东花园							
110	土建							P
111	地下工程	F	J	C	C	C	C	
112	裙楼	F	J	C	C	C	C	
113	塔楼	F	J	C	C	C	C	
114	外装饰	F	J	C	C	C	C	
120	机电							P
121	机电机房					C	C	
122	机电管路					C	C	
123	机电末端					C	C	
130	消防	F	J	C	C	C		P
140	装修							P
141	粗装	F	J	C	C	C	C	
142	精装	F	J	C	C	C	C	
150	项目管理	C	C	C	C	C	C	F

注：表中 P 表示批准；F 表示负责；C 表示参与；J 表示监督。

2)人力资源需求计划

应根据岗位编制人力资源需求计划，参考类似工程经验确认管理人员、技术人员需求。在人员需求中，应明确需求的职务名称、人员需求数量、知识技能等方面的要求，招聘的途径、选择的方法和程序，希望到岗的时间等，最终形成一个有员工数量、招聘成本、技术要求、工作类别以及为满足管理需要的人员数量和层次的分列表。

管理人员需求计划编制的前提是一定要做好工作分析。工作分析是指通过对特定的工作职务作出明确规定，并规定这一职务的人员应具备什么素质的过程，具体包括工作内容、责任者、工作位置、工作时间、如何操作、为何要做。根据工作分析的结果，编制工作说明书，制定工作规范。表格形式见表9.2。

表 9.2　管理人员需求计划表

工种	按工程施工阶段投入劳动力(含技术人员)情况		
	线缆铺设阶段	设备安装与端接测试阶段	调试开通阶段
项目经理	1	1	1
技术负责人	2	2	2
专业工程师	4	6	6
现场施工组	50	40	20
质量/安全组	2	4	2
技术支持组	6	10	6
材料/成本组	2	2	2
后勤/服务组	2	2	2
资料/进度组	2	2	2

　　劳动力需求计划是依据施工进度计划、工程量和劳动生产率,依次确定专业工种、进场时间、劳动量和工人数,然后汇集成表格形式,它可作为现场劳动力调配的依据。其表格形式见表 9.3 和表 9.4。

表 9.3　劳动力需求计划表

序号	分项工程名称	工种	需要量		需要时间						备注
			单位	数量	×月			×月			
					上旬	中旬	下旬	上旬	中旬	下旬	

表 9.4　主要劳动力计划表

工种级别		按工程施工阶段投入劳动力情况			
		基础工程	主体工程	装饰工程	竣工清理
瓦工	技工	15	60	40	
	普工	10	40	20	
木工	技工	20	35	15	
	普工	10	15	5	
钢筋工	技工	15	40		
	普工	15	25		

9.2.2 项目团队组织建设

项目团队组织建设的目的是提高项目相关人员的技能、改进团队协作、全面改进项目环境,其目标是提高项目的绩效。项目经理应去招募、建设、维护、激励、领导、启发项目团队以获得团队的高绩效,并达到项目的目标。

(1)成功的项目团队的特点

①团队的目标明确,成员清楚自己的工作对目标的贡献。

②团队的组织结构清晰,岗位明确。

③有习惯的工作流程和方法,而且流程简明有效。

④项目经理对团队成员有明确的考核和评价标准,工作结果公正公开、奖罚分明。

⑤共同制订并遵守的组织纪律。

⑥协同工作,也就是一个成员工作需要依赖于另一个成员的结果,善于总结和学习。

(2)项目团队建设的主要目标

①提高项目团队成员的个人技能,以提高他们完成项目活动的能力,同时降低成本、缩短工期、改进质量并提高绩效。

②提高项目团队成员之间的信任感和凝聚力,降低冲突,促进团队合作。

③创建动态的、团队合作的团队文化。

(3)使项目成员全身心投入于项目"团队"的方法

①成员交流经常化,使他们感觉团队的存在。

②确保参与团队可以实现成员个人需要。

③使每个成员知道项目的重要性,每个成员不希望成为"失败者"。

④所有成员共享团队目标。

9.2.3 项目人力资源管理控制

1)人力资源动态管理

人力资源动态管理是指根据生产任务和施工条件的变化对人力资源进行跟踪平衡、协调,以解决劳务失衡、劳务与生产要求脱节的动态过程。其目的是实现人力资源动态的优化组合。劳动管理部门对人力资源的动态管理起主导作用。项目经理部是项目施工范围内人力资源动态管理的直接责任者。

人力资源动态管理应包括下列内容:

①按计划要求向企业劳务管理部门申请派遣劳务人员,并签订劳务合同。

②按计划在项目中分配劳务人员,并下达施工任务单或承包责任书。

③在施工中不断进行人力资源平衡和调整,解决施工要求与人力资源数量、工种、技术能力相互配合中存在的矛盾,在此过程中,按合同与企业劳务部门保持信息沟通、人员使用和管理的协调。

④按合同支付劳动报酬。

⑤解除劳动合同后,将人员遣归内部劳务市场。

⑥项目经理部应加强对人力资源的教育培训和思想管理,加强对劳务人员作业质量和效

率的检查。

2) 人力资源培训

人力资源培训主要是指对拟使用的人力资源进行岗前培训。人力资源培训的内容包括管理人员的培训和工人的培训,见表9.5。

表 9.5　人力资源培训的内容

培训类型	培训内容
管理人员	岗位培训、继续教育、学历教育
工人	班组长培训、技术工人等级培训、特种作业人员的培训、对外埠施工队伍的培训

3) 人力资源考核与激励

(1)人员考核

人力资源管理考核应以有关管理目标或约定为依据,对人力资源管理方法、组织规划、制度建设、团队建设、使用效率和成本管理等进行分析和评价。

对人力资源管理的考核应定期举行,一般可分为月度、季度、半年、年度考核,月度考核以考勤为主。对特别事件,可举行不定期专项考核。

项目经理部根据施工人员的相应职责进行考核,对管理人员的考核,主要是根据其德、才、能进行定性和定量考核;对生产班组主要是根据产值、质量及材料消耗 3 个方面进行定量考核。

(2)人员激励

激励方法有 3 类,即物质激励、精神激励和生涯发展激励。物质激励的手段有薪金、奖励、红利、股权、奖品等,这是一种正面激励的手段,目的是肯定员工的某些行为,以调动员工的积极性。精神激励是从创造良好的工作氛围和人际环境,提高员工觉悟的角度去激发员工的动机,从而引导其行为。生涯发展激励就是通过帮助员工规划个人的职业生涯计划,并为其提供成才的机会,以此提高员工的忠诚度、工作的积极性和创造性。生涯发展激励侧重于通过员工个人成长,促使其努力工作,以便在实现个人目标的同时完成组织目标。

任务 9.3　建设工程项目材料管理

项目管理中材料费用在整个工程的流动资金和工程成本中所占的比重最大,加强材料管理是提高施工企业经济效益、保证工程质量的最主要途径。

施工项目材料管理的目的是贯彻节约原则,节约材料费用,保证材料质量,降低工程成本。

9.3.1　材料资源管理计划

1）材料分类

（1）按材料在生产中的作用分

①主要材料：指构成工程实体的大宗性材料。

②辅助材料：也是直接构成工程实体，但比重较少的材料。

③周转材料：指在施工中能反复周转使用的工具性材料。

（2）按材料的价值在工程中所占的比重分类

根据库存材料的品种、资金占用等因素，通过排队分类，分为 A，B，C 三类，见表9.6。

表9.6　物资分类

物资分类	占全部品种百分比/%	占用资金百分比/%
A 类	10~20	70~80
B 类	20	20
C 类	70~80	10~20
合计	100	100

分类后的管理措施包括：

①A 类材料占用资金较多，要严格控制订货量，减少库存，实行重点管理；

②B 类材料控制库存，按经济批量订货，按储备定额储备；

③C 类材料可简化管理，定期检查，组织一起订货或加大订货批量，以节省订货费用。

2）材料需用量计划

材料需用量计划是根据工程项目设计文件及施工组织设计编制的，反映完成施工项目所需的各种材料的品种、规格、数量和时间要求，是编制其他各项计划的基础。材料需用量计划一般包括整个工程项目的需用量计划和各计划期的需用量计划，准确确定材料需用量是编制材料计划的关键。它反映整个施工项目及各分部分项工程材料的需用量，也称施工项目材料分析。

（1）材料需用量的计算方法

①定额计算法。此方法计算的材料需要量比较准确，适用于规定有消耗定额的各种材料。首先计算项目各分部、分项工程的材料需用量，最后汇总各分部、分项工程的材料需用量，求得整个项目各种材料的总需用量。

分部、分项材料需用量。其计算公式为

$$某项材料需用量 = 某分项工程量 \times 该项材料消耗定额$$

②比例计算法。多用来确定无消耗定额，但有历史消耗数据，以有关比例关系为基础来确定材料需用量。其计算公式为

$$某种材料需用量 = 对比期材料实际耗用量 \times \frac{计划期工程量}{此期实际完成工程量} \times 调整系数$$

式中,调整系数一般可根据计划期与对比期生产技术组织条件的对比分析来确定。

③类比计算法。多用于计算新产品对某些材料的需用量。它是以参考类似产品的消耗定额来确定该产品或该工艺的材料需用量的一种方法。其计算公式为

$$某种材料需用量=某分项工程量×类似产品的材料消耗定额×调整系数$$

式中,调整系数可根据该种产品与类似产品在质量、结构、工艺等方面的对比分析来确定。

④经验估计法。此方法是根据计划人员以往的经验来估算材料需用量的一种方法。此方法科学性差,只限于无法用其他方法时的情况。

(2)计划期材料需用量计划的编制

计划期材料需用量编制的主要依据是项目的一次性材料用量计划、计划期的施工进度计划及有关材料消耗定额。计划期材料需用量计划按计划期的长短分为年度、季度和月度计划。工程项目主要采用的是月度材料需用量计划。编制计划期材料需用量有以下两种方法:

①计算法。根据施工进度计划中各分部、分项工程量获取相应的材料消耗定额,求得各分部、分项的材料需用量,然后再汇总,求得计划期各种材料的总需用量。

②卡段法。根据计划期施工进度的形象部位,从工程项目一次性材料用量计划中摘出与施工进度相应部分的材料需用量,然后汇总,求得计划期各种材料的总需用量。

9.3.2　材料资源管理控制

材料资源管理控制包括材料供应单位选择及采购供应合同订立、出厂或进场验收、储存管理、使用管理及不合格处置等。施工过程是劳动对象加工、改造的过程,是材料使用和消耗的过程。在此过程中材料管理的中心任务就是检查,保证进场施工材料的质量,保管进场的物资,严格、合理地使用各种材料,降低消耗,保证实现管理目标。

1)材料订购采购

为保证供应材料的合格性,确保工程质量,要对生产厂家及供货单位进行资格审查,审查内容有生产许可证、产品鉴定证书、材质合格证明、生产历史、经济实力等。采购合同的内容除双方的责权利外,还应包括采购对象的规格、性能指标、数量、价格和必要的说明。

材料现场管理

材料的订货有以下3种方式:

(1)定期订货

它是按事先确定好的订货时间组织订货,每次订货数量等于下次到货并投入使用前所需材料数量减去现有库存量。其计算公式为

$$每期订货数量=(订货或供货间隔天数+保险储备天数)×平均消耗量-实际库存量-已订在途量$$

(2)定量订货

它是在材料的库存量由最高储备降到最低储备之前的某一储备量水平时,提出订货的一种订货方式。订货的数量是一定的,一般是批量供给,是一种不定期的订货方式。

订货点储备量的确定有两种情况:

①材料消耗和采购期固定不变时,计算公式为

$$订货点储备量=材料采购期×材料平均消耗量+保险储备量$$

式中,采购期是指材料备运时间,包括订货到使用前加工准备的时间。

②在材料消耗和购货期有变化时,计算公式为

订货点储备量＝平均备运时间×材料平均日消耗量+保险储备量+考虑变动因素增加的储备量

（3）材料经济订货量的确定

所谓材料经济订货量,是指用料企业从自己的经济效果出发,确定材料的最佳订货批量,以使材料的存储费达到最低。材料存储费用主要包括下列两项:

①订购费。主要指与材料申请,订货和采购有关的差旅费、管理费等费用。它与材料的订购次数有关,而与订购数量无关。

②管理费。主要包括被材料占用资金应付的利息、仓库和运输工具的维修折旧费,物资存储损耗等费用。它主要与订购批量有关,而与订购次数无关。从节约订购费出发,应减少订购次数,增加订购批量;从降低保管费出发,则应减少订购批量,增加订购次数。因此,应确定一个最佳的订货批量,使存储总费用最小,如图9.2所示。

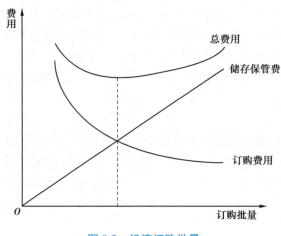

图 9.2　经济订购批量

2）材料进场验收

材料进场验收的目的是划清企业内部和外部经济责任,防止进料中的差错事故和因供货单位、运输单位的责任事故造成企业不应有的损失。

（1）材料进场验收的要求

①材料验收必须做到认真、及时、准确、公正和合理。

②严格检查进场材料的有害物质含量检测报告,按规范应复验的必须复验,无检测报告或复验不合格的应予退货。

③材料进场前,应根据平面布置图进行存料场地及设施的准备。在材料进场时必须根据进料计划、送料凭证、质量保证书或产品合格证进行质量和数量验收。

（2）材料进场抽查检验

应配备必要的计量器具,对进场、入库、出库材料严格计量把关,并做好相应的验收记录和发放记录。对有包装的材料,除按包件数实行全数验收外,属于重要的、专用的易燃易爆、有毒物品应逐项逐件点数、验尺和过磅。属于一般通用的,可进行抽查,抽查率不得低于10%。

砂石等大堆材料按计量换算验收,抽查率不得低于10%。

水泥等袋装材料按袋点数,袋重抽查率不得低于10%。散装的除采取措施卸净外,按磅

单抽查。

构配件实行点件、点根、点数和验尺的验收方法。

3)材料的存储与保管

材料存储管理应合理确定材料的经济存储量、经济采购批量、安全存储量、订购点等参数。进场的材料应建立台账,记录使用和节超状况;入库的材料应按型号、品种分区堆放;施工现场的材料放置应按总平面布置图实施,做到位置正确、保管处置得当、符合堆放保管制度;现场的材料必须防火、防盗、防雨、防变质、防损坏,要日清、月结、定期盘点,账物相符。

4)材料使用管理

材料领发标志着料具从生产储备转入生产消耗,必须严格执行领发手续,明确领发责任。凡实行项目法施工的工程,都应实行限额领料。限额领料是指生产班组在完成施工生产任务中所使用的材料品种、数量应与所承担的生产任务相符合。限额领料是现场材料管理的中心环节,是合理使用、减少损耗、避免浪费、降低成本的有效措施。

有定额的工程用料,原则上都实行限额领料。限额领料单是施工任务书的组成部分。它是根据材料消耗定额计算班组的用料并核算经济效果,也是班组现场领用材料的凭证,应随同施工任务书同时下达和结算。

(1)材料使用监督

现场材料管理责任者应对现场材料的使用进行分工监督。监督是否合理用料,是否严格执行配合比,是否认真执行领发料手续,是否做到工完、料清、场清,是否做到按平面图堆料,是否按要求保护材料等。检查是监督的手段,检查要做到情况有记录,问题有分析,责任要明确,处理有结果。

(2)材料的回收

班组余料应回收,并及时办理退料手续,处理好经济关系。设施用料、包装物及容器在使用周期结束后组织回收,并建立回收台账。

5)周转材料的管理

(1)管理范围

①模板:大模板、滑模、组合钢模、异形模、木胶合板、竹模板等。

②脚手架:钢管、钢架管、碗扣、钢支柱、吊签、竹塑板等。

③其他周转材料:卡具、附件等。

(2)堆放

①大模板应集中码放,采取防倾斜等安全措施,设置区域围护并标识。

②组合钢模板、竹木模板应分规格码放,便于清点和发数,一般码十字交叉垛,高度应控制在 180 cm 以下,并标识。

③钢脚手架管、钢支柱等应分规格顺向码放,周围用围栏固定,减少滚动,便于管理,并标识。

④周转材料零配件应集中存放,装箱、装袋,便于转运,减少散失并标识。

（3）使用

周转材料如连续使用的,每次使用完都应及时清理、除污、涂刷保护剂、分类存放;对不再使用的,应及时回收、整理和退场,并办理退租手续。

任务 9.4　建设工程项目机械设备管理

9.4.1　机械设备管理概述

1) 机械设备管理的概念

项目机械设备主要是指作为大型工具使用的大、中、小型机械。机械设备管理,就是对机械设备使用全过程的管理,即从选购机械设备开始,投入生产领域使用、磨损、补偿直至报废退出生产领域为止的全过程的管理。

2) 机械设备管理的意义

机械设备管理是对设备进行综合管理,科学地选好、用好、管好、养好、修好机械设备,在设备使用寿命期内保持设备完好,提高设备利用率和劳动生产率,不断地改善企业的技术装备素质。施工机械设备管理在于按照机械设备运转的客观规律,通过对施工所需要的机械设备进行合理配置,优化组合,严密地组织管理,充分发挥设备的效能,从而达到用少量的机械去完成尽可能多的施工任务,实现节约资源、提高企业经济效益的目的。

3) 机械设备管理的特点

机械设备管理的特点包括以下几个方面:
①频繁搬迁和拆装;
②易受自然条件的不利影响和尘污的侵蚀;
③稳定性差;
④装备的配套性差。

4) 机械设备管理的内容

①建立健全机械设备管理体系;
②编制施工项目机械设备使用计划;
③施工项目机械设备的组织供应;
④机械设备的使用管理。

5) 机械设备管理的要求

机械设备管理要紧紧围绕企业经营生产中心,建立健全企业机械设备现代化管理体制,运用科学的技术管理手段,走设备专业化配置与一般设备社会化租赁相结合的设备配置使用思路。实行以集中管理为主,集中管理与分散管理相结合的办法,大力发展机械设备社会专业化大协作,充分发挥机械设备利用效率,使设备得到充分利用,提高企业施工机械化施工水平,使企业在竞争中赢得更大的经济份额。

9.4.2　施工机械设备管理计划

施工机械设备管理计划主要包括机械设备需求计划、机械设备使用计划和机械设备保养计划。

1)机械设备需求计划

机械设备需求计划用于确定施工机具设备的类型、数量和进场时间。它一般由项目经理部机械设备管理员负责编制,中小型机械设备一般由项目部主管项目经理审批,大型机械设备经主管项目经理审批后还需报企业有关部门审批方可实施运作。将施工进度计划表中的每一个施工过程每天所需的机械类型、数量和施工日期进行汇总即得到施工机械需求量计划,见表9.7。

机械设备
管理计划

表 9.7　施工机械设备需求量计划表

序号	机械名称	类型、型号	单位	数量	货源	使用	备注

2)机械设备使用计划

机械设备使用计划由机械设备管理员负责编制,重点体现出用什么样的设备才能最合理、最有效地保证工期和质量,降低生产成本。可用使用计划表、施工横道图或施工网络图表达,见表9.8和图9.3、图9.4所示。

表 9.8　主要机械设备使用计划表

序号	机械或设备名称	型号规格	数量/台	制造年份/年	额定功率/kW	生产能力	进场计划
1	塔吊	TC5516	6	2015	44		开工进场
2	人货两用电梯	SC2000	11	2014	11		住宅一层完进场
3	混凝土输送泵	HBT80	6	2014	110	80 m³/h	地下室施工前进场
4	钢筋成型机	HGS-40B	6	2014	12		地下室施工前进场
5	平板振动器	ZB5	15	2015	0.5	285 次/min	地下室施工前进场
6	钢筋调直机	GJ4-4/14	4	2016	9	54 m/min	地下室施工前进场
7	钢筋切断机	GQ-40	4	2016	3	32 次/min	地下室施工前进场

序号	名称	数量	单位	台班数量	机械化施工进度/月										备注
					1	2	3	4	5	6	7	8	9	10	
0	准备工作	2 714	m³	90	2										载重车
1	汽车运材料	6 147	m³	2 140					11						载重车
2	集中土方开挖	53 471	m³	182			2								挖掘机
3	汽车运土石方	63 714	m³	1 452			12								自卸车
4	桥梁混凝土	1 436	m³	120				1							自卸车
5	管涵安装	625	m³	68					1						起重机
6	板涵安装	382	m³	45					1						起重机
7	沿线设施安装	253.5	m³	120									1		电焊机

图 9.3　某工程主导机械施工横道图计划

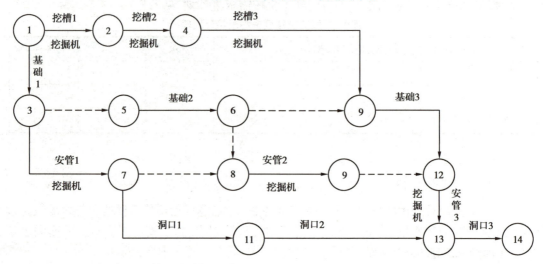

图 9.4　某工程主导机械施工网络计划

3)机械设备保养计划

机械设备在使用过程中,随着运行工时的增加,各零部件由于受到摩擦、腐蚀、磨损、振动、冲击、碰撞及事故等诸多因素的影响,技术性能逐渐变坏。为使机械保持良好的工作状态,减少机械磨损,延长机械使用寿命,提高机械完好率,制订维修保养计划,及时维修保养十分重要。维修保养计划见表9.9。

表 9.9　主要施工机械维修保养计划

序号	设备名称	规格型号	维修保养内容				备注
			例行保养	一级保养	二级保养	三级保养	
1	柴油发电机	120 kV·A	每天	1次/每月	1次/每月	1次/每月	
2	混凝土输送泵(结构用)	SY5121THB90	每天	1次/每月	1次/每月	1次/每月	
3	混凝土输送泵(基础用)	SY5121THB90	每天	1次/每月	1次/每月	1次/每月	

续表

序号	设备名称	规格型号	维修保养内容				备注
			例行保养	一级保养	二级保养	三级保养	
4	汽车泵	SY5313THB43	每天	1次/每月	1次/每月	1次/每月	
5	塔吊	QTZ40	每天	1次/每月	1次/每月	1次/每月	
6	直流电焊机	ZXE1-500	每天	1次/每月	1次/每月	1次/每月	
7	汽车起重机	30 t	每天	1次/每月	1次/每月	1次/每月	
8	钢筋切割机	GQ-40	每天	1次/每月	1次/每月	1次/每月	
9	钢筋弯曲机	WQ-40	每天	1次/每月	1次/每月	1次/每月	
10	钢筋调直机	JK-3	每天	1次/每月	1次/每月	1次/每月	

9.4.3 施工机械设备管理控制

1) 工程项目机械设备的来源及选择

（1）工程项目机械设备的来源

①购置。购置新施工机具（包括从国外引进新装备）是较常采用的方式，其特点是需要较高的初始投资，但选择余地大，质量可靠，维修费用小，使用效率较稳定，故障率低。企业购置施工机具，应由企业设备管理部门或设备管理人员提出有关设备的可靠性和有利于设备维修等要求。进口设备应备有设备维修技术资料和必要的维修配件。进口设备到达后，应认真验收，及时安装、调试和投入使用，发现问题应在索赔期内提出索赔。

机械设备的
管理控制

②租赁。根据工程需要，还可向租赁公司或有关单位租用施工机具。其特点是不必马上花大量的资金，先用后还，钱少也能办事；而且时间上比较灵活，租赁可长可短。当企业资金缺乏时，还可以长期租赁形式获得急需的施工机具，只要按照规定分期偿还租赁费和名义货价后，就可取得设备的所有权。这种方式对加速建筑业的技术改造好处极大。

（2）机械设备来源的选择

根据以上两种方式分别计算施工机械的等值年成本，从中挑选等值年成本最低的方式作为选择的对象，总的选择原则为：技术安全可靠，费用最低。

①购置。其计算公式为

等值年成本 = （施工机械原值-残值）×资金回收系数+残值利息+施工机械年使用费+其他费用

$$资金回收系数 = \frac{i(1+i)^n}{(1+i)^n-1}$$

式中 i——利率；

n——资金回收年限。

②租赁。其计算公式为

等值年成本 = 租赁费+年使用费+其他费用

【例9.1】 某企业要进行一项大型工程建设,施工组织设计基本完成后,发现本企业现有的机械设备均不能满足需要,故需要作出是购买设备还是租赁设备的决策。经测算,表9.10中的资料可供决策。

表9.10 设备市场信息表

方案	一次投资/元	年使用费/元	使用年限/年	残值/元	年复利率/%	年租金/元
购置	200 000	40 000	10	20 000	10	
租赁		20 000				40 000

【解】 (1)自购机械的年折算费用计算如下:

$$(200\ 000-20\ 000)元 \times \frac{0.10 \times (1+0.10)^{10}}{(1+0.10)^{10}-1} + 20\ 000\ 元 \times 0.10 + 40\ 000\ 元 \approx 71\ 295\ 元$$

(2)年租金及使用费用:20 000 元+40 000 元=60 000 元

故租赁比较合算。

2)机械设备的使用

使用是施工机械设备管理中的一个重要环节。正确合理地使用施工机械,可以减少故障率,保持良好的工作性能和应有的精度,充分发挥施工机械的生产效率,延长其使用寿命。

为把施工机械用好、管好,企业应建立健全设备操作、使用、维修规程和岗位责任制;设备的操作和维修人员必须严格遵守设备操作、使用的维修规程。

(1)定人定机定岗位

机械设备使用的好坏,关键取决于直接使用的驾驶、操作人员,而他们的责任心和技术素质又决定着设备的使用状况。

定人定机定岗位、机长负责制的目的,是把人机关系相对固定,把使用、维修、保管的责任落实到人。其具体形式如下:

①多人操作或多班作业的设备,在定人的基础上,任命一位机长全面负责。

②一人使用保管一台设备或一人管理多台设备者,即为机长,对所管设备负责。

③掌控有中、小型机械设备的班组,不便于定人定机时,应任命机组长对所管设备负责。

操作人员的主要职责:

①四懂三会,对操作技术要精益求精,要求懂得设备的构造、原理、性能和操作规程,会正确操作、维修保养和排除故障。

②严守制度。要严守操作规程,执行保养制度和岗位责任制度等各项规章制度,并杜绝违章作业确保安全生产;认真执行交接班制度,及时准确地填写设备的各项原始记录和统计表。

③谨慎操作、完成任务。要服从指挥搞好协作,优质、高效、低耗地完成作业任务。

④保管好原机的零部件、附属设备、随机工具,做到完整齐全,不无故损坏。

⑤机长、机组长除以上职责外,还要负责组织、指导和监督设备的安全使用、保养维修,并负责审查、汇总原始记录资料和统计报表以及组织技术学习、经验交流等。

(2)合理使用机械设备

合理使用就是要正确处理好管、用、养、修四者的关系,遵守机械运转的自然规律,科学地使用施工机具。

①新购、新制、经改造更新或大修后的机械设备,必须按技术标准进行检查、保养和试运转等技术鉴定,确认合格后,方可使用。

②对选用机械设备的性能、技术状况和使用要求等应作技术交底。要求严格按照使用说明书的具体规定正确操作,严禁超载、超速等拼设备的野蛮作业。

③任何机械都要按规定执行检查保养。机械设备的安全装置、指示仪表要确保完好有效,若有故障应立即排除,不得带病运转。

④机械设备停用时,应放置在安全位置。设备上的零部件、附件不得任意拆卸,应保证设备的完整配套。

3)机械设备的安全管理

机械设备安全管理的内容:

①施工组织设计或施工方案的安全措施中有切实可行的机械设备使用安全技术措施,尤其起重机械及现场临时施工用电等要有明确的安全要求。

②机械设备投入使用前必须按原厂使用说明书的要求和建设部相关规定进行试运转,并填写试验记录,试验合格,办理验收交接手续后方可使用。起重机械、施工升降机等垂直运输机械设备必须按《起重机安全技术检验大纲》进行自检,并报请当地有关部门检验,取得"准用证"。

③机械设备的各种限位开关、安全保护装置应齐全、灵敏、可靠,做到一机、一闸、一漏、一箱。

④机械设备旁应悬挂岗位责任制、安全操作规程和责任人标牌。

⑤主要机械设备操作人员、指挥人员必须持证上岗;特殊工种作业人员应持当地有关部门颁发的操作证;其他机械操作人员也应经培训考核合格后上岗,并建立人员花名册。

⑥开展机械安全教育和安全检查。

4)机械设备验收与技术文件管理

进入施工现场的机械设备应具有以下技术文件:

①设备安装、调试、使用、拆除及试验程序和详细文字说明书;

②各种安全保险装置及行程限位器装置调试和使用说明书;

③维护保养及运输说明书;

④配件及配套工具目录;

⑤安全操作规程;

⑥产品鉴定证书、合格证书;

⑦其他重要的注意事项等。

5)机械设备的保养与维修

(1)机械设备的保养

保养是预防性的措施,其目的是使机械保持良好的技术状况,提高其运转的可靠性和安全性、减少零部件的磨损以延长使用寿命、降低消耗,提高机械施工的经济效益。

①例行保养(日常保养)。由操作人员每日按规定项目和要求进行保养,主要内容是清洁、润滑、紧固、调整、防腐及更换个别零件。

②强制保养(定期保养)。即每台设备运转到规定的期限,不管其技术状态如何,都必须按规定进行检查保养。一般分为一、二、三级保养;个别大型机械可实行四级保养。

(2)机械设备的修理

机械设备的修理是修复因各种因素而造成的设备损坏,通过修理和更换已磨损或腐蚀的零部件,使其技术性能得到恢复。

①小修:以维修工人为主,对设备进行全面清洗、部分解体检查和局部修理。

②中修:要更换修复设备的主要零件和数量较多的其他磨损零件,并校正设备以恢复和达到规定的精度、功率和其他技术要求。

③大修:对设备进行全面解体,并修复和更换全部磨损零部件,恢复设备原有的精度、性能和效率,其费用由大修基金支付。

任务 9.5　建设工程项目技术管理

9.5.1　建设工程项目技术管理概述

1)建设工程项目技术管理的概念

建设工程项目技术管理是对所承包的工程各项技术活动和构成施工技术的各项要素进行计划、组织、指挥、协调和控制的总称。主要内容包括:

①属于技术准备阶段的:投标工程技术方案的编制,中标文件的熟悉和审查,图纸的熟悉、审查及会审,设计交底,编制施工组织设计及技术交底。

②属于工程实施阶段的:工程变更及洽商,技术措施,技术检验,材料及半成品的试验与检测,技术问题处理,规范、规程的贯彻以及季节性施工技术措施等。

③属于技术开发活动的:科学研究、技术改造、技术革新、新技术试验以及技术培训等。

此外,还有技术装备、技术情报、技术资料、技术档案、技术标准和技术责任制等,这些都属于工程项目技术管理的范畴。

2)技术管理的作用

①保证施工过程符合技术规律的要求,保证施工按正常秩序进行。

②通过技术管理,使施工建立在先进的技术基础上,从而保证工程质量。

③通过技术管理,充分发挥设备潜力、材料性能,完善劳动组织,从而不断提高劳动生产率,完成计划任务,降低工程成本,提高经济效果。

④通过技术管理,不断更新和开发新技术,促进技术现代化,提高竞争能力。

3)技术管理的任务及基本要求

正确贯彻执行国家的各项技术政策法令,科学地组织技术工作,建立正常的生产技术秩序,充分发挥技术人员和技术装备的作用,不断推进技术进步,保证工程质量,降低工程成本和加快施工进度,从而保证提高企业的经济效益,提高竞争能力。

技术管理的基本要求:

①要按科学技术的规律办事;

②要认真贯彻执行国家的各项技术政策和法令;

③要讲究技术管理工作的经济效益。

9.5.2　技术管理制度

1)图纸会审制度

图纸会审是施工前的一项重要技术准备工作。会审前要认真熟悉图纸,了解设计意图,对各专业施工图中的疑难问题和差错分别做好记录,准备好会审意见。项目技术负责人与项目经理要预先组织各专业的技术人员就各专业的问题进行汇总与梳理,并要有预见性地将一些可能发生的设计变更、技术签证内容纳入图纸会审中。

图纸会审工作应在开工之前完成,一般由施工单位发起,建设单位组织,勘察、设计、监理和施工单位参加。图纸会审时决定的问题,由现场项目技术负责人填写图纸会审记录和工程洽商单。图纸会审记录要由建设单位、勘察单位、设计单位、监理单位、施工单位 5 方签字盖章。会审记录填写要详细、准确,并注明参加会审的人员和时间。

图纸会审的主要内容有:

①设计是否符合国家的有关政策和规定;

②设计计算的假定条件和采用的处理方法是否切合实际,是否影响安全施工;

③建筑、结构与设备安装之间的关系是否处理得当;

④图纸及说明是否齐全、清楚和明确;

⑤设计中提出的新技术、新结构、新材料及特殊工程要求实现的可能性及采取的必要措施;

⑥研究各单位在图纸会审中提出的其他问题及其解决办法和处理方法。

2)施工组织设计管理制度

施工组织设计是以一个施工项目或建筑群体为编制对象,用以指导各项施工活动的技术、经济、组织、协调和控制的综合性文件。施工组织设计管理的目的是加强施工管理,提高公司施工组织设计的编制水平,达到科学合理地组织施工,实现标准化、规范化管理。

项目负责人负责组织施工组织设计的编制,各有关部室协助,分部工程施工方案、特殊工程施工方案和分项工程技术交底由各段技术负责人编制。施工组织设计是组织施工生产的依据,有关人员必须认真贯彻执行,变更施工组织设计中选定的方案必须经过审批,对擅自行事、违反施工组织设计造成损失者要追究其责任,施工组织设计未经审批不得施工。

3)技术交底制度

技术交底是指在工程开工之前,由各级技术负责人将有关工程的各项技术要求逐级向下贯彻,直到施工现场。

（1）技术交底的内容

①图纸交底；

②施工组织设计交底；

③设计变更和洽商交底；

④分项工程技术交底。

（2）技术交底的分工（分级进行）

重点工程、大型工程和技术复杂的工程，由企业总工程师组织有关科室向工程处和有关施工单位交底；凡是由工程处编制的中小型施工组织设计，由工程处主任工程师向工程处有关职能人员、项目经理部及施工队交底；在施工现场，由项目工程师向工长、班组长及职能人员进行交底，交底要细致、齐全。

施工企业内部的技术交底都必须是书面形式的。技术交底必须经过检查与审核，应留底稿，字迹清楚，有签发人、审核人、接受人的签字。

4）工程测量管理制度

为做好施工技术准备、保证工程施工顺利进行、确保工程质量，应切实做好工程测量管理。

工程测量工作在各级技术主管的领导下，实行公司、项目经理部二级管理。各级工程测量人员须坚持测量工作程序，遵循施工测量工作流程。施工准备阶段，要认真熟悉图纸，根据移交的测量资料做好复测、方案编制等工作；施工阶段，要严格控制测量精度，并做好测量记录；工程竣工阶段，应做好竣工测量，及时准确地提出测量成果，以满足竣工验收的需要。

测量工作必须做好原始记录，坚持复核和签字制度，不得随意涂改和损坏，工程测量资料和测量成果资料应妥善归档保管，装订成册。

建立测量日志制度。工程测量是先导，测量工作必须有序，坚持填写测量日志，做到一天一总结，一天一计划，这样有利于安排工作，提高工作效率和质量。

5）工程洽商管理制度

为加强对工程设计变更、洽商的管理，保证工程质量及建筑使用功能，任何施工条件或设计条件发生变动等情况，均通过工程洽商予以解决。工程洽商一般由各段技术负责人经办，但对影响主要结构、建筑标准、增减工程内容的洽商，应由项目负责人报公司总工程师批准后方可办理。工程洽商内容若超出合同范围，须经项目经理部核实，报公司领导批准，方能签订。

属设计和业主提出办理工程洽商时，须经经理部经营副经理对变更洽商进行评审后方能办理，不能贸然行事。工程洽商必须签字齐全，属施工图变更的洽商应由建设、设计和施工单位及工程监理部门4方签字。洽商办完后，经办人须及时将洽商文件送至资料员处存档，并由资料员及时分发给各有关部门。工程洽商不得涂改。经济洽商必须在办理技术洽商时同时办理，并准确及时交经营副经理备案。

6）计量管理制度

为了加强和完善公司计量工作的监督与管理，认真贯彻执行国家计量法，保证量值传递的准确和统一，进而提高工程质量、降低各种消耗、提高经济效益、保证安全生产，应认真学习和贯彻国家计量法规、方针、政策及上级有关规章制度，切实做好计量管理工作。具体来说，应按要求建立本单位计量器具台账、卡片,每月进行一次账物核对工作,确保账物相符;编制本单位计量器具的配备、购置、封存、报废计划并按申报手续上报审批;对在用器具进行标志管理,封存器具贴封存证;做好计量器具自检、修理、调整等记录;做好施工现场的计量法规的宣传,监督并指导计量器具的正确使用和维护保养,确保计量器具处于良好状态;对各大宗物料进出单位及消耗必须认真进行检查,做好原始记录,并按品种、规格进行月、季、年度汇总,装订成册,每月定期将物资计量数据报材料部。经理部根据统计技术应用的有效性每季度总结一次,做到有奖有罚。

7) 施工实验制度

为了规范施工现场实验管理,应建立健全实验员岗位责任制,实验员必须持证上岗,尽职尽责,确保实验的科学性和实验数据的真实可靠性;建立健全各种实验台账,准确、及时地为工程提供真实可靠的数据;实验员必须每天同技术、材料部门人员碰头,明确施工部位及材料供应情况,为实验提供准备工作;实验员每天必须对商品混凝土的质量进行 2~3 次监督,后台供料应有黑板显示各材料的用量,并按规范要求取样;每天对养护池的温度、湿度进行不少于 3 次的测定,并做好记录;根据工程施工方案、工程的进展部位,按规范对水泥、钢筋、砂、石了及时取样送检;对不合格的材料和实验中出现的问题,要及时向领导汇报,杜绝质量事故的发生。

8) 技术档案管理制度

技术档案包括 3 个方面,即工程技术档案、施工技术档案和大型临时设施档案。工程技术档案必须真实地反映工程实际情况,按系统归类整理,保证完整准确。施工技术档案应随施工进度随时汇集整理,所需表格按有关规范、规定的相应格式认真填写,做到清楚规整、项目齐全、准确真实,签字手续必须齐全,严禁伪造和后补资料。大型临时设施档案主要包括临时房屋、库房、工棚、围墙、临时水、电管线设置的平面布置图和施工图,以及施工记录等,应保证完整准确。

9.5.3　项目技术管理职责

1) 项目技术负责人的技术职责

①主持项目的技术管理;
②主持制订项目技术管理的工作计划;
③组织有关人员熟悉与审查图纸,主持编制项目管理实施规划的施工方案并组织落实;
④负责"技术交底";
⑤组织做好测量及其核定;
⑥指导质量检验和试验;
⑦审定技术措施计划并组织实施;
⑧参加工程验收,处理质量事故;
⑨组织各项技术资料的签证、收集、整理和归档;
⑩组织技术学习,交流技术经验;
⑪组织专家进行技术攻关。

2)项目经理部的技术职责

①项目经理部在接到工程图纸后,按过程控制程序文件的要求进行内部审查,并汇总意见。

②项目技术负责人应参与发包人组织的设计会审,提出设计变更意见,进行一次性设计变更洽商。

③在施工过程中,如发现设计图纸中存在问题,或因施工条件变化必须补充设计,或需材料代用,可向设计人提出工程变更洽商书面资料。工程变更洽商应由项目技术负责人签字。

④编制施工方案。

⑤技术交底必须贯彻施工验收规范、技术规程、工艺标准、质量检验评定标准等要求。书面资料应由签发人和审核人签字,使用后归入技术资料档案。

⑥项目经理部应将分包人的技术管理纳入技术管理体系,并对其施工方案的制订、技术交底、施工试验、材料试验、分项工程预检和隐检、竣工验收等进行系统的过程控制。

⑦对后续工序质量起决定作用的测量与放线、模板、翻样、预制构件吊装、设备基础、各种基层、预留孔、预埋件、施工缝等应进行施工预验并做好记录。

⑧各类隐蔽工程应进行隐检,做好隐蔽验收记录,办理隐蔽验收手续,参与各方责任人应确认、签字。

⑨项目经理部应按项目管理实施规划和企业的技术措施纲要实施技术措施计划。

⑩项目经理部应设技术资料管理人员,做好技术资料的收集、整理和归档工作,并建立技术资料台账。

任务 9.6　建设工程项目资金管理

建设工程项目资金管理是指项目经理部根据工程项目施工过程中资金运动的规律,进行的资金收支预测、编制资金计划、筹集投入资金(施工项目经理部收入),以及资金使用(支出)、资金核算与分析等一系列资金管理工作。

建设工程项目的资金,从流动过程来讲,首先是投入,即将筹集到的资金投入项目上;其次是使用,也就是支出。资金管理也就是财务管理,它主要有以下环节:编制资金计划、筹集资金、资金投入、资金使用、资金核算与分析。

建设工程项目资金管理的重点是资金的收入与支出问题,收支之差涉及核算、筹款、贷款、利息、利润、税收等问题。

9.6.1　项目资金管理概述

1)项目资金管理原则

项目资金管理的基本原则:集中管理、统一使用、以收定支、加快周转、开源节流、提高效益。项目资金管理实行"收支两条线"管理办法,即项目工程款回收后全额转入公司账户,项目各项支出由公司按计划统一支付,零星支出实行定额备用金制度。对远离公司所在地单独开设银行账户的项目,则由公司根据审定的资金需用计划划拨给项目,由项目按计划支付。

2)项目资金管理要点

①项目资金管理应保证收入、节约支出、防范风险和提高经济效益。

②企业财务部门统一管理资金。为保证项目资金使用的独立性,承包人应在财务部门设立项目专用账号,所有资金的收支均按财会制度由财务部门统一对外运作。资金进入财务部门后,按承包人的资金使用制度分流到项目,项目经理部负责责任范围内项目资金的直接使用管理。

③项目资金计划的编制、审批。项目经理部应根据施工合同、承包造价、施工进度计划、施工项目成本计划、物资供应计划等编制年、季、月度资金收支计划,上报企业主管部门审批后实施。

④项目资金的计收。项目经理部应按企业授权配合企业财务部门及时进行资金计收。

⑤项目资金的控制使用。项目经理部应按企业下达的用款计划控制资金使用,以收定支,节约开支;应按会计制度规定设立财务台账,记录资金支出情况,加强财务核算,及时盘点盈亏。

⑥项目的资金总结分析。项目经理部应坚持做好项目的资金分析,进行计划收支与实际收支对比,找出差异,分析原因,改进资金管理。

3)资金管理的意义

(1)保证收入

①生产的正常进行需要一定的资金来保证,项目经理部资金的来源,包括公司拨付资金、向发包人收取工程进度款和预付备料款,以及通过公司获取银行贷款等。

②我国工程造价多数采用暂定量或合同价款加增减账结算。抓好工程预算结算,以尽快确定工程价款总收入,是施工单位工程款收入的保证。开工后,随着工、料、机的消耗,生产资金陆续投入,必须随工程施工进展抓紧抓好已完工程的工程量确认及变更、索赔、奖励等工作,及时向建设单位办理工程进度款的支付。

③在施工过程中,特别是工程收尾阶段,注意抓好消除工程质量缺陷、保证工程款足额拨付工作,因为工程质量缺陷暂扣款有时需占用较大资金。同时还要注意做好工程保修,以利于质量保证金在保修期满后及时回收。

(2)提高经济效益

①项目经理部在项目完成后要进行资金运用状况分析,确定项目经济效益。项目效益的好坏,在很大程度上取决于能否管好用好资金。

②必须合理使用资金,在支付工、料、机生产费用上,考虑货币的时间因素,签好有关付款协议,货比三家,压低价格。承揽任务、履行合同的最终目的是取得利润,只有通过"销售"产品收回了工程价款,取得了赢利,成本得到补偿,资金得到增值,企业再生产才能顺利进行。

③一旦发生呆账、坏账,应收工程款只停留在财务账面上,利润就不实了,为此,抓资金管理,就投入生产循环往复不断发展来讲,既是起点也是终点。

(3)节约支出

抓好开源节流,组织好工程款回收,控制好生产费用支出,保证项目资金正常运转,在资金周转中使投入能得到补偿并增值,才能保证生产持续进行。项目经理部对项目资金的收入和支出要做到合理的预测,对各种影响因素进行正确评估,才能最大限度地避免资金的收入和支出风险。

9.6.2 资金管理内容

1)资金来源管理

①项目经理部组建后,均在企业财务部门开立"内部账号",办理有关开户手续。项目经理部开户资金的来源有:预收工程备料款、工程进度款、工程结算款、工程保修款等;财务部借款;承诺垫资或贷款工程的项目经理部,由企业免息注入开户资金,垫资期间和垫资额度内的借款利息由企业承担。

②项目经理部的生产资金定向使用,不足时向企业财务部门借款补充。借款时填写"贷款项目批准书"经企业部经理或财务总监(总会计师)审批后,由财务部门办理借款手续。

③项目经理部收取的备料款、进度款、工程结算款等资金全部存入企业财务部门。财务部门根据允许的项目经理部开支范围和额度分配资金使用比例。

④项目经理部解体后,其善后工作组将该工程的还款协议和相关结算资料移交给财务部(企业设清欠部门的移交到清欠部门),财务部(或清欠部门)负责按协议约定收取工程尾款和工程保修费。

2)资金运用管理

①项目经理部于每月20日前编制下月资金收支计划,于12月20日编制下年度资金收支计划,报送企业财务部门。企业职能部门同时向财务部门编报月度(年度)费用开支计划,财务部于每月25日前编制完成下月资金收支计划,每年12月25日前编制完成下一年度资金收支计划。年度资金计划由企业审核通过后实施,月度资金在年度计划内控制实施。

②项目经理部按规定使用资金时,向企业财务部门提交支票借取单、内部转账(现金)支票和有效结算凭证,由财务部核对其计划和存款额度后,开具同等数额的外部银行支票对外结算。项目经理部于取得外部支票之日起5日内将发票提交到财务部销账。

③支付工程分包、劳务分包费时,由项目经理部向企业财务部门提交工程分包、劳务分包合同及经企业合同预算管理部门核准的结算单、内部转账(现金)支票等有效票证,财务部依据票证结算并支付。

④支付材料费时,由项目经理部向企业财务部门提交规定票证、物资供应合同、材料验收单及经企业物资管理部门核准的结算单,财务部门依据票证结算并支付。

⑤支付机械台班费,由项目经理部向企业财务部门提交规定票证、机械租赁合同和经企业机电管理部门核准的机械台班使用预(结)算单,财务部门依据票证结算并支付。

⑥其他费用的支付由项目经理部向企业财务部门提交规定票证、相关合同(协议)、其他有效凭证及经企业相关部门核准的结算单,财务部门依据票证结算并支付。

3)资金业务管理

①企业财务部门存贷利率统一执行外部银行同期利率,并于每季度最后一个月的25日填制财务部存(借)款利息通知单划转存贷款利息。

②项目经理部与其他内部单独核算单位之间的经济往来,通过内部转账支票结算,由债权方向债务方提供相关结算资料和"内部收据",债务方于当日开具"内部转账支票"提交债权方,由债权方于当日或次日存入本单位企业财务部门账户。

③企业财务部门与项目经理部之间往来账目于每季度最后一个月的 25 日进行核对,财务部按月编制银行存款调节表。

④企业财务部门对项目经理部的贷款于贷款到期之日通知借款单位归还借款。若借款单位存款账户内的资金足以归还借款,财务部门通知借款单位的同时以划拨形式偿还借款;若借款方因特殊情况不能归还时,应于贷款到期日前 7 天内提出书面报告重新申请续贷,经总经理或财务总监审批后办理续贷手续。

⑤项目经理部须按照事业部现金管理制度,在现金开支范围内使用现金。项目经理部在收取现金时,应于当日或次日存入财务部门,对坐支现金的单位要予以处罚,并报请企业追究其领导和当事人的责任。

⑥项目经理部在企业财务部门领取票据(内部支票、内部收据)后,于使用当日如实登记支票使用登记簿和收据使用登记簿。收据使用完后 3 日内连同收据使用登记簿归还财务部。

9.6.3　项目资金管理职责

各级财务部门是本单位项目资金管理的职能部门,负责本单位项目资金回收及使用的日常工作,向本单位负责人负责,并接受上级主管部门的检查和监督。

项目经理部是项目资金管理的直接责任单位,负责项目工程款回收与项目资金收支计划的编制。

①项目经理是项目工程款回收第一责任人,领导和管理项目资金工作,对项目资金回收、合理使用负责。

②项目内业技术员(或预算员、统计员)负责在合同规定时间内完成对业主报量及工程进度款的申报,并催促业主在规定时间内审定,为项目回收工程款提供可靠依据。

③项目预算员负责编制和办理工程预结算、索赔、变更及签证等工作,协助项目内业技术员办理每月工程进度款和向业主报量的核对工作。

④项目成本员负责按月编制资金收支计划,并办理收取工程款相关手续。

项目小结

项目资源管理即施工项目各生产要素的管理,是指投入施工项目的人力资源、材料、机械设备、技术、资金等要素,项目资源管理是完成施工任务的重要手段,也是工程项目目标得以实现的重要保证。本项目从施工项目的人力资源管理、材料管理、机械设备管理、技术管理及资金管理等方面展开论述,主要包括以下 6 个方面的内容:

任务 9.1 是建设工程项目资源管理概述。该部分首先介绍了项目资源管理的概念、意义,然后简要介绍了项目资源管理的主要内容,即人力资源管理、材料管理、机械设备管理、技术管理和资金管理,最后论述了资源管理的过程。

任务 9.2 是建设工程项目人力资源管理。该部分首先详细论述了项目人力资源管理计划的编制,然后介绍了项目团队组织建设,最后从人力资源动态管理、培训、考核与激励等方面阐述了人力资源的管理控制。

任务 9.3 是建设工程项目材料管理。该部分首先详细阐述了材料的分类方法及材料需用量计划的编制,然后从材料订购采购、进场验收、储存与保管、使用管理等方面讲述了材料资源的管理控制。

任务 9.4 是建设工程项目机械设备管理。该部分首先介绍了机械设管理的概念、意义、特点、内容和要求,然后详细讲述了机械设备的需求计划、使用计划和保养计划,最后从机械设备的来源、使用、安全管理、验收、保养、维修等方面详细阐述了机械设备的管理控制。

任务 9.5 是建设工程项目技术管理。该部分首先简单介绍了技术管理的概念、作用、任务及基本要求;然后详细介绍了技术管理的相关制度,即图纸会审制度、施工组织设计管理制度、技术交底制度、工程测量管理制度、工程洽商管理制度、计量管理制度、施工实验制度、技术档案管理制度等;最后简要介绍了项目技术负责人和项目经理部的技术职责。

任务 9.6 是建设工程项目资金管理。该部分阐述了资金管理原则、要点和意义;然后详细讲述了资金管理的主要内容,即资金来源管理、资金运用管理、资金业务管理;最后简单介绍了财务部门、项目经理部及相关人员的项目资金管理职责。

练习题

一、填空题

1.项目资源包括_____、_____、_____和资金。
2.项目资源管理的过程包括_____、_____、_____和资源处置。
3.材料按照生产中的作用分为_____、_____和_____。
4.A 类材料占用资金较多,要严格控制订货量,减少库存,实行_____。
5.工程项目机械设备的来源包括_____和_____。

二、简答题

1.什么是项目资源管理?
2.按材料的价值在工程中所占比重,工程材料应如何分类? 分别采取什么管理措施?
3.材料资源管理控制的内容有哪些?
4.建设工程项目技术管理制度包括哪些内容?
5.项目资金有哪些来源?

三、计算题

某企业要进行一项大型工程的建设,施工组织设计基本完成后,发现本企业现有的机械设备均不能满足需要,故需做出是购买设备还是租赁设备的决策,方案见表 9.11。请你帮该企业选择最佳方案。

表 9.11　设备市场信息表

方案	一次投资/元	年使用费/元	使用年限/年	残值/元	年复利率/%	年租金/元
购置	300 000	30 000	10	30 000	10	
租赁		20 000				50 000

项目 *10*
建设工程项目风险管理

【情境导入】

我国某工程联合体(某央企+某省公司)在非洲承建了某公路项目,该项目业主是非洲国家的工程和能源部,出资方为非洲开发银行和该国政府,项目监理是英国某监理公司。由于风险管理不当,造成工程严重拖期,亏损严重,同时也影响了中国承包商的声誉。在项目实施的4年多时间里,中方遇到了极大的困难,尽管投入了大量的人力、物力,但由于种种原因,合同于2005年7月到期后,实物工程量只完成了35%。2005年8月,项目业主和监理工程师不顾中方反对,单方面启动了延期罚款,金额每天高达5 000美元。为了防止国有资产的进一步流失,维护国家和企业的利益,中方承包商在我国驻该国大使馆和经商处的指导和支持下,积极开展外交活动,最终合同终止,但亏损巨大。分析原因主要有以下几个方面:

原因之一:项目所在地土地全部为私有,土地征用程序及纠纷问题极其复杂,地主阻工的事件经常发生,当地工会组织活动活跃;当地天气条件恶劣,可施工日很少,一年只有1/3的可施工日;该国政府对环保有特殊规定,任何取土场、采沙场和采石场的使用都必须事先进行相关环保评估并最终获得批准方可使用,而政府机构办事效率极低,这些都给项目的实施带来了巨大困难。

原因之二:中方公司在招投标前期做的工作不够充分,对招标文件的熟悉和研究不够深入,现场考察也未能做好,对项目风险的认识不足,低估了项目的难度和复杂性,对可能造成工期严重延误的风险并未做出有效的预测和预防,造成了投标失误,给项目的最终失败埋下隐患。

原因之三:英国某监理公司非常熟悉当地情况,将合同中几乎所有可能存在的对业主的风险全部转嫁给了承包商,包括雨季计算公式、料场情况、征地情况。合同条款先天就对中方承包商极其不利,造成了中方索赔工作成效甚微。

原因之四:在项目执行过程中,由于中方内部管理不善,野蛮使用设备,没有建立质量管理保证体系,现场人员素质不能满足项目的需要,现场的组织管理沿用国内模式,不适合该国的实际情况,对项目质量也产生了一定的影响。这一切都造成了项目进度严重滞后,成本大大超支,工程质量也不如意。

【项目简介】

在市场不确定性增加的环境下,企业的风险管理成为企业应对经济危机的核心。施工过程中及时对风险因素进行评估、预测、防范,有助于减少风险的发生,有利于制订应对风险的有效措施,有利于实现项目在成本、时间、质量和安全方面的预期目标。本项目从风险的基本概念、风险识别、风险评估及风险响应、风险监控等方面展开论述,主要包括以下两个方面的内容:风险管理概述和风险管理程序。

【学习目标】
(1)掌握工程项目风险、风险量、风险等级的基本概念以及风险类型;
(2)了解风险识别的概念,熟悉风险识别的步骤和方法;
(3)了解风险评估的概念,熟悉风险评估的步骤和方法;
(4)了解风险响应的概念,掌握风险响应的措施;
(5)了解风险监控的概念,熟悉风险监控的步骤。

任务 10.1 风险管理概述

10.1.1 风险管理的基本概念

1)风险

风险是指某种特定的危险事件(事故或意外事件)发生的可能性与其产生的后果的组合。风险是由两个因素共同作用组合而成的,一是该危险事件发生的可能性,即危险概率;二是该危险事件发生后所产生的后果。

《建设工程项目管理规范》(GB/T 50326—2017)对项目风险的解释是:"在企业经营和项目施工过程中存在大量的风险因素,如自然风险、政治风险、经济风险、技术风险、社会风险、国际风险、内部决策与管理风险等。"

风险在任何工程项目中都存在。风险会造成工程项目实施的失控现象,如工期延长、成本增加、计划修改等,最终导致工程项目经济效益降低,甚至失败。

2)风险量

风险量反映不确定的损失程度和损失发生的概率。若某个可能发生的事件其可能的损失程度和发生的概率都很大,则其风险量就很大,如图 10.1 所示的风险区 A。若某事件经过风险评估,它处于风险区 A,则应采取措施,降低其概率,使它移位至风险区 B;或采取措施降低其损失量,使它移位至风险区 C。风险区 B 和风险区 C 的事件则应采取措施,使其移位至风险区 D。

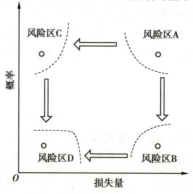

图 10.1 事件风险量区域

3)风险等级

在《建设工程项目管理规范》(GB/T 50326—2017)的条文说明中,所列风险等级评估见表10.1。

表 10.1　风险等级评估

可能性	后果		
	轻度损失	中度损失	重大损失
很大	3(中度风险)	4(重大风险)	5(巨大风险)
中等	2(较大风险)	3(中度风险)	4(重大风险)
极小	1(可忽略风险)	2(较大风险)	3(中度风险)

按表10.1的风险等级划分,图10.1事件风险量区域中的各风险区的风险等级如下.
①风险区 A——5 等风险;
②风险区 B——3 等风险;
③风险区 C——3 等风险;
④风险区 D——1 等风险。

10.1.2　建设工程项目的风险类型

业主方和其他项目参与方都应建立风险管理体系,明确各层管理人员的相应管理责任,以减少项目实施过程中不确定因素对项目的影响。建设工程项目的风险有以下几种类型:
(1)组织风险
①组织结构模式;
②工作流程组织;
③任务分工和管理职能分工;
④业主方(包括代表业主利益的项目管理方)人员的构成和能力;
⑤设计人员和监理工程师的能力;
⑥承包方管理人员和一般技工的能力;
⑦施工机械操作人员的能力和经验;
⑧损失控制和安全管理人员的资历和能力等。
(2)经济与管理风险
①宏观和微观经济情况;
②工程资金供应的条件;
③合同风险;
④现场与公用防火设施的可用性及其数量;
⑤事故防范措施和计划;
⑥人身安全控制计划;
⑦信息安全控制计划等。
(3)工程环境风险
①自然灾害;

②岩土地质条件和水文地质条件；

③气象条件；

④引起火灾和爆炸的因素等。

（4）技术风险

①工程勘测资料和有关文件；

②工程设计文件；

③工程施工方案；

④工程物资；

⑤工程机械等。

任务 10.2   风险管理程序

建设工程项目风险管理是指风险管理主体通过风险识别、风险评估去认识项目风险，使用合理的风险回避、风险自留、风险转移等管理方法、技术和手段对项目风险进行有效控制，妥善处理风险事件造成的不利后果，确保项目总体目标实现的过程。

建设工程项目风险管理程序是指对项目风险进行系统的、循环的工作过程，包括风险识别、风险评估、风险响应及风险监控，它们之间的关系如图 10.2 所示。

图 10.2   风险管理动态循环

10.2.1   风险识别

1）风险识别的概念

风险识别是建设工程项目风险管理的第一步，也是最重要的一步，是指风险发生前，通过分析、归纳和整理各种信息资料，系统全面地认识风险事件并加以适当的归类，对风险的类型、产生的原因、可能产生的后果作出定性估计。

风险识别的内容主要包括 3 个方面：识别并确定项目有哪些潜在的风险；识别引起这些风险的主要因素；识别风险可能引起的后果。

2）风险识别的步骤

风险识别过程包括对所有可能的风险事件来源和结果进行实事求是的调查，一般按以下步骤进行：

①建立风险客观存在思想。不管项目寿命周期的哪一个阶段都会存在风险，完全没有风险的项目根本不存在，应做好风险管理的思想准备。

②收集项目信息，建立初步清单。

③确立各种风险事件并推测其可能产生的结果。

④对潜在风险进行重要性分析和判断。

⑤进行风险事件归类。

通过对风险进行分类,不仅可以加深对风险的认识和理解,而且也辨清了风险的性质,从而有助于制订风险管理的目标。表 10.2 是一个工程项目承包的风险分类表,由 5 个风险目录组成,各个目录列出了典型的风险。

表 10.2　风险事件分类

风险目录	典型的风险
不可预见	洪水、地震、火灾
政治与环境	法律法规的变化、战争、内乱、注册和审批
财务和经济	通货膨胀、汇率浮动、分包商的财务风险
设计	设计失误、忽略、错误、规范不充分
施工	气候、劳动生产率、设计变更、设备缺陷

⑥建立风险目录摘要。通过建立风险目录摘要,将项目可能面临的风险汇总并排列出轻重缓急,不仅能描述风险事件,使项目管理者明确自己所面临的风险,还能预感到项目中各种风险之间的联系和可能发生的连锁反应。风险目录摘要见表 10.3。

表 10.3　风险目录摘要

风险摘要:			编号:		日期:
项目名称:			负责人:		
序号	风险事件	风险事件描述	可能造成的后果	发生的概率	可能采取的措施
1					
2					
3					

3)风险识别的方法

风险常常是隐藏在工程项目实施的各个环节中,或被种种假象所掩盖,因此风险识别要讲究方法,可通过感性认识和经验认识进行风险识别,也可通过对客观事实、统计资料的归纳、整理分析进行风险识别。

风险识别常用的方法有以下几种:

(1)专家调查法

①头脑风暴法:最常用的风险识别方法,它借助于项目管理专家组成的专家小组,利用专家们的创造性思维集思广益,通过会议方式进行项目风险因素的罗列,主持者以明确的方式向所有参与者阐明问题,专家畅所欲言,发表自己对项目风险的直观预测,然后根据风险类型进行风险分类。

②德尔菲法:邀请专家背对背匿名参加项目风险分析,主要通过信函方式来进行。项目风险调查员使用问卷方式征求专家对项目风险方面的意见,再将问卷意见整理、归纳,并匿名反

馈给专家,以便进一步识别。这个过程进行几个来回,可以在主要的项目风险上达成一致意见。

（2）现场风险调查法

现场调查是风险识别不可缺少的手段,现场调查除了要求获取直接资料外,还应设法获取间接资料,而且要对所掌握的资料认真研究以便去伪存真。通过直接考察现场可以发现许多客观存在的静态因素,也有助于预测、判断某些动态因素。例如,工程投标报价前的现场踏勘,可以使承包商对拟投标的工程基本做到心中有数,特别是对工程实施的基本条件和现场及周围环境可以取得第一手材料。

（3）检查表法

检查表法一般从影响施工项目进度、质量、安全、成本等各个目标总体或子项目出发,根据积累的风险管理经验,通过表格形式列出风险影响因素。使用检查表的优点是:它使人们能按照系列化、规范化的要求去识别风险,且简单易行。

（4）财务报表分析法

财务报表有助于确定一个特定的工程项目可能遭受的损失以及在何种情况下会遭受这些损失。通过分析资产负债表、营业报表及有关补充材料,可以识别企业当前的所有资产、责任及人身损失风险,将这些报表和财务预测、预算结合起来,可以发现未来风险。

（5）流程图法

流程图法是将工程项目的全过程,按其内在的逻辑关系制成流程,针对流程中的关键环节和薄弱环节进行调查和分析,找出风险存在的原因,发现潜在的风险威胁,分析风险发生后可能造成的损失和对项目全过程造成的影响有多大等。运用流程图分析,项目人员可以明确地发现项目所面临的风险,但流程图分析仅着重于流程本身,而无法显示发生问题的时间阶段的损失值或损失发生的概率。

10.2.2 风险评估

1）风险评估概念

风险评估就是对将会出现的各种不确定性及其可能造成的各种影响和影响程度进行分析和评估,通过对不确定性的关注、对风险影响的揭示、对潜在风险的分析和对自身能力的评估,采取相应的对策,从而达到降低风险的影响或减少其发生可能性的目的。

风险评估包括定性风险评估和定量风险评估两种方法。定性评估是评估已识别出的项目风险的影响和可能性的过程。这一过程按风险项目目标可能的影响对风险进行排序,一般为高、中、低3档,见表10.4。定量评估是量化分析每一风险的概率及其对项目目标造成的后果,并得出每种风险大小及其严重程度的一种方法,见表10.5。实际运用中往往是两种方法结合使用。

表 10.4　定性评估

风险事件	可能性	严重性（高、中、低）	发现难度（低、中、高）	发现时间（低、中、高）
系统死机	低	高	高	开始
用户反对	高	中	中	安装后
硬件故障	低	高	高	安装中

表 10.5 定量评估

风险识别		风险评估				排序
风险事件	风险来源	可能性	严重性	可控性	风险级别	
样件未能按时制作出来	生产部	3	8	5	120	4
客户未能按时提供图纸	客户	3	9	6	162	3
客户订单转移	客户	5	10	6	300	1
设计人员辞职	项目小组	5	8	6	240	2
测试设备故障	设备供应商	3	8	5	120	4

2)风险评估步骤

（1）收集信息

风险评估分析时需要收集的信息主要有:积累的工程经验和数据,与工程有关的资料、文件,对上述两种来源的主观分析结果。

（2）对信息进行整理加工

风险评估

根据收集的信息和主观分析加工,列出项目所面临的风险,并将发生的概率和损失的后果列成一个表格,使风险因素、发生概率、损失后果、风险程度一一对应,见表 10.6。

表 10.6 风险程度分析

风险因素	发生概率 $P/\%$	损失后果 $C/$万元	风险程度 $R/$万元
物价上涨	10	50	5
地质特殊处理	30	100	30
恶劣天气	10	30	3
工期拖延罚款	20	50	10
设计错误	30	50	15
业主拖欠工程款	10	100	10
项目管理人员不胜任	20	300	60
合计	—	—	133

（3）评价风险程度

风险程度是风险发生的概率和风险发生后的损失严重性的综合结果。

（4）提出风险评估报告

风险评估报告以文字、图表进行表达说明,作为风险管理的档案。风险评估见表 10.7。

表 10.7　风险评估表

风险编号	风险名称	风险产生的影响	原因	损失		可能性	损失	预防措施	评价等级
				工期	费用				

3) 风险评估方法

风险评估通常凭经验或预测进行,基本方法如下:

（1）列举法

列举法是指通过对同类已完工程项目的环境、实施过程进行调查分析和研究,梳理该类项目的基本风险结构体系,进而可以建立该类项目的风险知识库（经验库）,它包括自身的规律和常见的风险因素。

列举法可以在新项目决策前列出所有可能的风险因素,以引起人们的重视,或作为进一步分析的引导。

（2）专家打分法

专家打分法是一种最常用、最简单、易于应用的分析方法。具体步骤如下:

①组建专家小组,一般 5~9 人最好,专家应有实践经验和代表性。

②识别出某一特定项目可能遇到的所有风险,列出风险调查表。

③利用专家经验,对可能的风险因素的重要性进行评价,确定每个风险因素的权重,以表征其对项目风险的影响程度。

④确定每个风险因素的等级值,按可能性很大、比较大、中等、不大、较小 5 个等级,分别以 1.0、0.8、0.6、0.4、0.2 打分。

⑤将每项风险因素的权数与等级值相乘,求出该项风险因素的得分,再求出此工程项目风险因素的总分,总分越高说明风险越大。

表 10.8 是一个投标风险专家打分法示例。

表 10.8　投标风险专家打分法

风险因素	权重 W	风险因素发生的可能性 P					$P \times W$
		很大 1.0	比较大 0.8	中等 0.6	不大 0.4	较小 0.2	
政局不稳	0.05			√			0.03
物价上涨	0.15		√				0.12
业主支付能力	0.10			√			0.06
技术难度	0.20					√	0.04
工期紧迫	0.15			√			0.09
材料供应	0.15		√				0.12
汇率浮动	0.10			√			0.06
无后续项目	0.10				√		0.04
$\sum P \times W = 0.56$							

（3）其他方法

风险评估尚有许多常用的切实可行的分析评估方法，例如，对历史资料进行统计分析、敏感性分析、头脑风暴法、价值分析法、变量分析法、因果分析图法、流程图法、问卷调查法、综合评分法、层次分析法、模糊分析法、风险图法、PERT 法等。

10.2.3　风险响应

1）风险响应的概念

风险响应是对识别出来的风险，经过估计与评价之后，选择并确定最佳的对策组合，并进一步落实到具体的计划和措施中。在建设工程项目实施过程中，要对各项风险对策的执行情况进行监控，评价各项风险对策的执行效果，并在项目实施条件发生变化时，确定是否需要提出不同的风险处理方案。除此之外，还需检查是否有被遗漏的风险或者发现新的风险，也就是进入新一轮的风险识别，开始新一轮的风险管理过程。

风险响应

2）风险响应的内容

①风险响应的费用预算和事件计划；
②风险分析及其信息处理过程的安排；
③施工项目风险承担人及其应分担的风险；
④施工项目已识别风险的描述，包括风险因素、风险成因和对目标的影响等；
⑤针对每项风险所用应对措施的选择和实施行动计划；
⑥采取措施后，期望残留风险的水平的确定；
⑦处置风险的应急计划和退却计划。

3）风险响应的措施

建设工程项目风险的响应措施包括风险回避、风险减轻、风险自留和风险转移。

（1）风险回避

风险回避是指在完成项目分析与评价后，如果发现项目风险发生的概率很高，而且可能导致的损失也很大，又没有其他有效的对策来降低风险时，应采取放弃项目、放弃原有计划或改变目标等方法，使风险不发生或不再发展，从而避免可能产生的潜在损失。回避风险是对所有可能发生的风险尽可能地规避，这样可以直接消除风险损失。例如，放弃或终止某项活动（放弃某项不成熟工艺），改变某项活动的性质等。回避风险具有简单、易行、全面、彻底的优点，能将风险的概率保持为零。

（2）风险减轻

风险减轻是指针对无法规避的风险，研究制订有效的应对方案，尽量把风险发生的概率和损失量降到最低程度，从而降低风险量和风险等级。例如，在施工中有针对性地制订和落实有效的施工安全保证措施和安全事故应急预案，可以降低安全事故发生的概率和减少事故损失量。

（3）风险自留

风险自留是指承包商将风险留给自己承担，不予转移。这种手段有时是无意识的，即当初并不曾预测的，不曾有意识地采取种种有效措施，以致最后只好由自己承受；但有时也可以是主动的，即经营者有意识、有计划地将若干风险主动留给自己。

（4）风险转移

当有些风险无法回避、必须直接面对，而以自身的承受能力又无法有效地承担时，风险转移就是一种十分有效的选择。适当、合理的风险转移是一种高水平管理的体现。风险转移主要包括非保险转移和保险转移两大类。

①非保险转移：一般是通过签订合同的方式将项目风险转移责任和风险转移给对方当事人。例如，承包商进行项目分包；第三方担保，如业主付款担保，承包商履约、预付款担保，分包商付款担保和工资支付担保等。

②保险转移：通常直接称为工程保险。通过购买保险，业主或承包商作为投保人将本应由自己承担的项目风险（包括第三方责任）转移给保险公司，从而使自己免受风险损失。需要说明的是，保险转移并不能转移工程项目的所有风险，一方面是因为存在不可保风险，另一方面则是因为有些风险不宜保险。因此，对于工程风险，应将保险转移与风险回避、分散和风险自留结合起来运用。

10.2.4　风险监控

1）风险监控的概念

风险监控就是对工程项目风险的监视和控制。

（1）风险监视

在实施风险响应计划的过程中，人们对风险的响应行为必然会对风险和风险因素的发展产生响应的影响。风险监视的目的在于通过观察风险的发展变化，评估响应措施的实施效果和偏差，改善和细化应对计划，获得反馈信息，为风险控制提供依据。风险监控的过程是一个不断认识风险和不断修订风险管理计划和行为的过程，这个过程是实时、连续的过程。

（2）风险控制

风险控制根据风险监视过程中反馈的信息，在风险发生时实施预定的风险响应措施；当项目的情况发生变化时，重新对风险进行分析，并确定更有效的新的响应措施。

2）风险监控的步骤

（1）建立风险监控体制

在项目开始前，根据项目风险识别和风险评估报告，制订出项目风险控制的方针、风险监控程序、风险监控的管理制度。

（2）确定要监控的具体项目风险

根据项目风险识别和风险评估报告中所认定的项目具体风险的后果严重程度和发生概率的大小，以及项目组织的风险监控资源情况，确定哪些项目风险要进行控制，哪些项目风险可以容忍并放弃对它们的控制。

（3）确定项目风险监控责任

所有需要控制的风险都必须落实负责控制的具体人员，同时规定他们所负的具体责任，原则上，项目风险监控应由专人负责。

（4）确定项目风险监控的具体时间

根据工程项目的进度计划和管理计划确定项目风险监控的时间安排、规定解决项目风险问题的时间表及时间限制。

（5）制订各具体项目风险的监控方案

由负责项目风险监控的人员根据项目不同阶段的风险事件的特性制订相应的控制方案，控制方案要求进行可行性研究，最终确定的方案要切实可行。

（6）实施项目风险监控方案

按照项目风险控制方案，实施项目风险控制活动，注意对预先制订的项目风险控制方案进行适时修订。

（7）跟踪项目风险的控制结果

这一步贯穿项目风险管理的全过程，目的是收集对项目风险控制有用的信息。

（8）判断项目风险是否已经消除

如果判定项目某项风险已经解除，则该控制结束；如果判定项目某项风险仍未解除，则应对该风险进行重新识别和制订新的监控方案。

风险监控流程如图 10.3 所示。

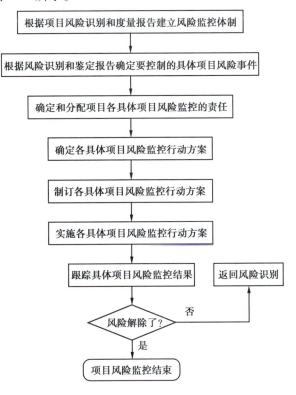

图 10.3　风险监控流程图

项目小结

任务 10.1 是风险概述。该部分首先详细阐述了 3 个基本概念，即风险、风险量、风险等级，然后介绍了一些常见的建设工程项目风险类型。

任务 10.2 是风险管理程序。该部分主要阐述了建设工程项目风险管理程序，即风险识别、风险评估、风险响应及风险监控。具体来说，首先论述了风险识别的概念、步骤和方法；接着论述了风险评估的概念、步骤和方法；然后介绍了风险响应的概念、内容和措施，并重点论述了风险响应措施，即风险回避、风险减轻、风险自留和风险转移；最后简单介绍了风险监控的概念和步骤。

练习题

一、单选题

1. 水利工程施工中因发生洪水或地震而造成的工程损害、材料和器材损失,属于( )。
   A. 自然风险　　　　B. 人为风险　　　　C. 经济风险　　　　D. 组织风险
2. 下列建设工程项目风险中,属于技术风险的是( )。
   A. 人身安全控制计划　　　　　　　　B. 施工机械操作人员的能力
   C. 防火设施的可用性　　　　　　　　D. 工程设计文件
3. 质量责任单位向保险公司投保适当的险种,把质量风险全部或部分移交给保险公司,就是合理采用( )策略应对可能的风险。
   A. 风险回避　　　　B. 风险减轻　　　　C. 风险转移　　　　D. 风险自留
4. 对一些发生概率很小,并且发生后影响也很小的风险,可以采用( )策略应对可能的风险。
   A. 风险回避　　　　B. 风险减轻　　　　C. 风险转移　　　　D. 风险自留
5. 一家著名的化学品公司曾经计划在某一小镇周围的农村进行一系列的试验,在准备试验的过程中,研究人员发现,他们的试验可能对该地区的财产造成巨大的损失。公司的风险经理受命为这种可能的损失购买保险,但几乎没有一家保险公司愿意为其承保,保险公司的应对行为属于( )。
   A. 风险回避　　　　B. 风险转移　　　　C. 风险减轻　　　　D. 风险自留

二、多选题

1. 风险管理的过程包括( )。
   A. 风险识别　　　　　　B. 风险评估　　　　　　C. 风险响应
   D. 风险回避　　　　　　E. 风险监控
2. 风险评估方法包括( )。
   A. 定量评估　　　　　　B. 定时评估　　　　　　C. 定性评估
   D. 实时评估　　　　　　E. 阶段评估
3. 根据风险损失程度和损失发生的概率,将风险划分为( )。
   A. 中度风险　　　　　　B. 特大风险　　　　　　C. 重大风险

D.较大风险　　　　　　　E.可忽略风险

4.风险指的是损失的不确定性。风险量主要是反映损失的(　　　)。

A.概率　　　　　　　B.时间　　　　　　　C.程度

D.地点　　　　　　　E.责任人

5.常用的风险响应对策包括(　　　)。

A.风险回避　　　　　　B.风险减轻　　　　　　C.风险自留

D.风险监控　　　　　　E.风险转移

项目 **11**
建设工程项目信息管理

【情境导入】

上海中心大厦

上海中心大厦(图 11.1)坐落于上海浦东陆家嘴金融贸易区核心区,主体建筑总高度为632 m,是一座集办公、酒店、会展、商业、观光等功能于一体的垂直城市。自 2008 年开工,历时73 个月,参建单位 500 余家,参建人员近万人。

图 11.1　上海中心大厦

上海中心大厦作为标志性的超高层建筑体,存在机电系统数量庞大,大型数量设备多、分布广,设备垂直关联关系复杂、设备管理组织困难,空间相互交叉、各专业间需相互协调管理等一系列问题。通过引入全周期的建筑信息模型(BIM),不仅在设计、施工阶段大量采用 BIM 信息化技术进行项目的管理,更是在运维管理阶段将 BIM 模型与综合集成管理系统(IBMS)、设施设备管理系统、物业管理系统相整合,构建成绿色智慧的运营管理平台,形成集结构、系统、服务、管理于一体的、新型的超高层运维管理服务模式,实现了对设施设备的 4D 实时动态监控管理,提高了工作管理效率。通过 BIM 模型及静态属性信息、设施设备管理信息、设施设备实时状态信息、物业工作流程管理信息的融合,通过信息对比、分析、统计、数据挖掘等技术,为物业运营管理提供决策支持。构建运维 BIM 模型,根据运维需求定义各要素之间的专业逻辑关系,通过大数据分析,提供楼宇运行自适应解决方案等,提高运营管理效率。最终形成高效、绿色、节能、智慧、人文的超高层建筑管理模式。

BIM 在项目的策划、设计、施工及运营管理等各阶段的深入应用,为项目团队提供了一个信息、数据平台,有效地改善了业主、设计、施工等各方的协调沟通。同时,帮助施工单位进行施工决策,以三维模拟的方式减少施工过程的错、漏、碰、撞,提高一次安装成功率,减少施工过程中的时间、人力、物力浪费,为方案优化、施工组织提供科学依据,从而为这座被誉为上海新地标的超高层建筑成为绿色施工、低碳建造典范提供有力保障。

【项目简介】

在建设工程项目管理的过程中,做好信息管理不仅有利于项目的目标控制,也有利于项目建成后的运行,有利于提高建设工程项目的经济效益和社会效益,有利于实现为项目建设增值的目的。本项目从信息管理、信息化系统和发展趋势 3 个方面展开详细论述,主要包括以下 3 个方面的内容:信息管理概述、建设工程项目管理信息化系统和建设工程项目管理信息化发展趋势。

【学习目标】

(1)理解建设工程项目信息管理的目的;

(2)掌握建设工程项目信息管理的主要环节;(重点)

(3)理解建设工程项目管理信息化的内涵和意义;

(4)了解建设工程项目管理信息化系统;

(5)了解建设工程项目管理信息化发展趋势。

任务 11.1　信息管理概述

信息是指用口头的方式、书面的方式或电子的方式传输的知识和新闻,或可靠的或不可靠的情报。声音、文字、数字和图像等都是信息表达的形式。

建设工程项目的信息包括在项目决策过程、实施过程(设计准备、设计、施工和物资采购过程等)和运行过程中产生的信息,以及其他与项目建设有关的信息,它包括组织类信息、管理类信息、经济类信息、技术类信息和法规类信息。

11.1.1　建设工程项目信息管理

建设工程项目信息管理是指对建设工程项目信息进行的收集、整理、分析、处置、储存和使用等活动。随着现代化的建设项目规模越来越大、技术越来越复杂、施工组织分工越来越细,工程建设管理工作不仅对信息的及时性和准确性提出了更高的要求,而且对信息的需求量也大大增加,这些都对信息的组织和管理工作提出了更高要求。也就是说,信息管理变得越来越重要,信息管理是当前建设工程项目管理中不可或缺的内容。

1）建设工程项目信息管理的目的

建设工程项目信息管理的目的是通过对各个系统、各项工作和各种数据的管理，使项目的信息能方便和有效地获取、存储、存档、处理和交流。也就是说，通过有效的建设工程项目信息管理为工程项目建设增值。

在建设工程项目管理过程中，做好信息管理不只是方便建设项目施工、提高管理的效率和规范性，真正的目的是通过有效的信息管理，优化资源配置，发挥信息沟通协调的优势，为项目建设的增值服务，也就是说，信息管理要能够为项目建设带来实实在在的效益。

2）建设工程项目信息管理的主要环节

建设工程项目信息管理的主要环节有项目信息收集、传输、存储、应用和评价过程等。

（1）信息收集

首先要根据建设工程项目管理的目标，确定信息收集的范围；接着建立信息收集的组织机构；然后确定信息收集的人员、时间、方法等。需要注意的是，建设工程项目信息收集时要注意信息的时效性、准确性和完整性。

（2）信息传输

明确信息传递的路径和方式，确保项目信息在建设工程项目管理的各个任务方、各个部门之间及时、准确、完整和安全地传递。

（3）信息存储

信息存储的目的是方便后期的信息处理，以备后续使用。在信息存储方式上，建议采用数据库进行信息的结构化存储，以实现数据的统计分析。在选用数据库时，应充分考虑数据的访问速度要求、存储空间容量以及可靠性要求。

（4）信息应用

需充分利用项目的大量信息，及时掌握项目实施各方面的实际情况，与计划进行对比，分析偏差情况，然后通过计划任务的调整安排，对偏差进行控制调整，促使计划与实际的一致性。

（5）信息评价

在信息管理过程中，需定期进行评价，持续提高信息管理的效益。

11.1.2 建设工程项目资料管理

建设工程项目资料管理是建设工程项目信息管理的重要组成部分。工程项目资料是建筑工程合法身份与合格质量的证明文件，是在整个工程建设中，包括从立项、审批、施工到竣工验收等一系列活动中形成的文字、图表、声像等各种形式的记录资料。工程资料管理是指工程建设人员按一定原则将工程项目建设过程中产生的及与之相关的各种资料进行收集、填写、编制、审核、审批、整理、分类、组卷、归档并将整个建设工程的历史记录移交城建档案部门的活动。

1）建设工程项目资料的分类

建设工程项目资料是建设工程项目信息的一个重要载体。按照建设工程项目的基本建设程序，可将建设工程项目资料大致作如下分类：

①工程准备阶段资料:立项文件,建设用地、拆迁文件,勘察、设计文件,招投标及承包合同文件,开工审批文件,工程造价文件,工程建设基本信息等。

②监理资料:监理管理文件、施工监理文件、监理验收文件等。

③施工资料:施工管理文件、施工技术文件、进度造价文件、施工物资文件、测量检测资料、施工记录文件、施工试验记录及检测文件、施工质量验收文件、施工验收文件等。

④竣工验收资料:工程竣工总结,竣工验收记录,相关财务文件,声像、缩微和电子档案。

2) 建设工程项目资料管理的意义

建设工程项目资料作为工程项目建设的依据,资料管理的情况直接影响工程项目的竣工验收及结算。建设工程项目资料的完整性直接影响项目的开工、施工过程、竣工验收各道环节、工序的进展,为此必须按相关规范、规定,将资料编制到位、收集齐全,并且要分门别类地整理归档保存好。一般来说,建设工程项目资料管理的意义主要有以下几个方面:

①搜集和整理好建筑工程资料是建筑施工中的一项重要工作,是工程质量管理的组成部分。

②它是竣工验收,以及对建筑物进行检查、维修、管理、使用和改建的最原始依据。

③它是施工及建筑物质量有关标准规定的实质性反映,对工程质量具有否决权。

任务 11.2　建设工程项目管理信息化系统

11.2.1　建设工程项目管理信息化系统概述

信息化是指信息资源及信息技术的开发和利用。信息化是继人类社会农业革命、城镇化和工业化的又一个新的发展时期的重要标志。

1) 建设工程项目管理信息化的概念

建设工程项目管理信息化是指建设工程项目信息资源及信息技术在建设工程项目管理中的开发和应用,包括在项目决策阶段的开发管理、实施阶段的项目管理和使用阶段的设施管理中开发和应用的信息技术。工程管理信息化属于领域信息化的范畴,它和企业信息化也有联系。我国建筑业和基本建设领域应用信息技术与工业发达国家相比,尚存在较大的差距,它反映在信息技术应用的观念上,也反映在有关的知识管理上,还反映在有关技术的应用方面。在建设一个新的工程项目时,应重视开发和充分利用国内和国外同类或类似工程项目的有关信息资源。

2) 建设工程项目管理信息化的意义

通过开发和利用建设工程项目的各类信息资源,可及时充分吸取相关建设工程项目正反两方面的经验和教训。也就是说,建设工程项目管理信息化有助于项目决策期多种可能方案的选择,有利于项目实施期的项目目标控制,也有利于项目建成后的运行,还有利于提高建设工程项目的经济和社会效益,以及实现为项目建设增值的目的。

3）建设工程项目管理信息化的系统构成

建设工程项目管理是以成本、进度、质量、安全四大控制为目标，以合同管理为核心的动态控制系统。因而，建设工程项目管理信息化系统一般包括成本管理、进度管理、质量管理、安全管理、合同管理、资料管理6个子系统，如图11.2所示。

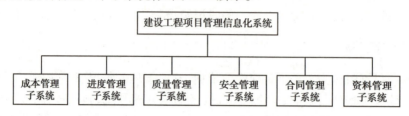

图 11.2　建设工程项目管理信息化的系统构成

11.2.2　建设工程项目管理软件介绍

1）国内项目管理信息系统软件介绍

在工程建设快速发展的大背景下，国内项目管理信息软件也得到长足进步，涌现出大量的项目管理软件。限于篇幅，接下来主要介绍常见的斯维尔项目管理软件和广联达项目管理软件，如图11.3所示。

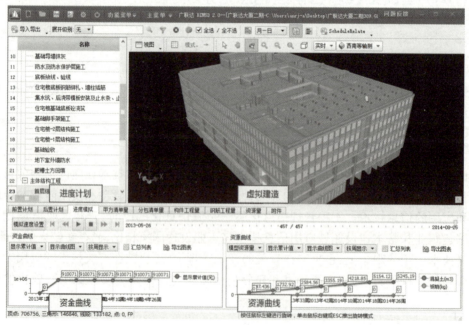

图 11.3　广联达项目管理软件

（1）斯维尔项目管理软件

斯维尔项目管理软件将网络计划及优化技术应用于建设项目的实际管理中，以国内建设行业普遍采用的横道图、双代号时标网络图作为项目进度管理与控制的主要工具。通过挂接各类工程定额实现对项目资源、成本的精确分析与计算。不仅能从宏观上控制工期、成本，还能从微观上协调人力、设备、材料的具体使用。具体来说,斯维尔项目管理软件主要有控制方便、制图高效、输出精美、灵活易用、专业实用、接口标准等特点。

(2)广联达项目管理软件

以 BIM 平台为核心,集成土建、机电、钢构、幕墙等各专业模型,并以集成模型为载体,关联施工过程中的进度、合同、成本、质量、安全、图纸、物料等信息,利用 BIM 模型的形象直观、可计算分析的特性,为项目的进度、成本管控、物料管理等提供数据支撑,协助管理人员有效决策和精细管理,从而达到减少施工变更,缩短工期、控制成本、提升质量的目的。

2)国外项目管理信息系统软件介绍

国外项目管理信息系统软件主要有微软公司的 Microsoft Project、Primavera 公司的 Primavera Project Planner(简称"P3")、CA-Super Project、Scitor 公司的 Project Scheduler、Symantec 公司的 Time Line 等。

任务 11.3　建设工程项目管理信息化发展趋势

11.3.1　BIM 技术

BIM(Building Information Modeling)技术是 Autodesk 公司在 2002 年率先提出的,目前已经在全球范围内得到业界的广泛认可,它可以帮助实现建筑信息的集成,从建筑的设计、施工、运行直至建筑全寿命周期的终结,各种信息始终整合于一个三维模型信息数据库中,设计团队、施工单位、设施运营部门和业主等各方人员可以基于 BIM 进行协同工作,有效提高工作效率、节省资源、降低成本,以实现可持续发展。常用的 BIM 建模软件有:

①Autodesk 公司的 Revit 建筑、结构和设备软件。常用于民用建筑。

②Bentley 建筑、结构和设备系列。Bentley 产品常用于工业设计(石油、化工、电力、医药等)和基础设施(道路、桥梁、市政、水利等)领域。

③ArchiCAD 属于一个面向全球市场的产品,应该说是最早的一个具有市场影响力的 BIM 核心建模软件。

1)BIM 技术

BIM 技术是一种应用于工程设计、建造、管理的数据化工具,通过对建筑的数据化、信息化模型整合,在项目策划、运行和维护的全生命周期过程中进行共享和传递,使工程技术人员对各种建筑信息作出正确理解和高效应对,为设计团队以及包括建筑、运营单位在内的各方建设主体提供协同工作的基础,在提高生产效率、节约成本和缩短工期方面发挥重要作用。

BIM 技术的核心是通过建立虚拟的建筑工程三维模型,利用数字化技术,为这个模型提供完整的、与实际情况一致的建筑工程信息库。该信息库不仅包含描述建筑物构件的几何信息、专业属性及状态信息,还包含了非构件对象(如空间、运动行为)的状态信息。借助这个包含建筑工程信息的三维模型,大大提高了建筑工程的信息集成化程度,从而为建筑工程项目的相关利益方提供了一个工程信息交换和共享的平台。

2）BIM 技术的特点

（1）建筑信息模型可视化

可视化即"所见所得"的形式,对于建筑行业来说,可视化的真正运用在建筑业的作用是非常大的。例如,施工图纸只是各个构件的信息在图纸上采用线条绘制表达,但其真正的构造形式就需要建筑业从业人员自行想象。BIM 提供了可视化的思路,将以往的线条式的构件形成一种三维的立体实物图形展示在人们面前。现在建筑行业也有设计方面的效果图,但是这种效果图不含有除构件的大小、位置和颜色以外的其他信息,缺少不同构件之间的互动性和反馈性。而 BIM 提供的可视化是一种能够同构件之间形成互动性和反馈性的可视化,由于整个过程都是可视化的,可视化的结果不仅可以用效果图展示及报表生成,更重要的是,项目设计、建造、运营过程中的沟通、讨论、决策等都能在可视化的状态下进行。

（2）建筑信息模型协调性

协调是建设工程项目管理的重点内容,不管是施工单位,还是业主及设计单位,都在做着协调及相配合的工作。一旦项目的实施过程中遇到了问题,就要将各有关人士组织起来开协调会,寻找各个施工问题发生的原因及解决办法,然后作出变更,作出相应补救措施等来解决问题。在设计时,由于各专业设计师之间的沟通不到位,往往出现各专业之间的碰撞问题。例如,暖通等专业在布置管线时可能在此处正好有结构设计的梁等构件在此阻碍管线的布置,像这样的碰撞问题就只能在问题出现之后再进行协调解决。BIM 的协调性服务就可以帮助处理这种问题,也就是说,BIM 建筑信息模型可在建筑物建造前期对各专业的碰撞问题进行协调,生成协调数据并提供出来。当然,BIM 的协调作用也并不是只能解决各专业间的碰撞问题,它还可以解决如电梯井布置与其他设计布置及净空要求的协调、防火分区与其他设计布置的协调、地下排水布置与其他设计布置的协调等。

（3）建筑信息模型模拟性

模拟性并不是只能模拟出建筑物模型,还可以模拟不能够在真实世界中进行操作的事物。在设计阶段,BIM 可以根据设计需要模拟实验,如节能模拟、紧急疏散模拟、日照模拟、热能传导模拟等;在招投标和施工阶段,可以进行 4D 模拟(三维模型加项目的发展时间),也就是根据施工组织设计模拟实际施工,从而确定合理的施工方案来指导施工,同时还可以进行 5D 模拟(基于 4D 模型加造价控制),从而实现成本控制;后期运营阶段可以模拟日常紧急情况的处理方式,如地震人员逃生模拟及消防人员疏散模拟等。

（4）建筑信息模型优化性

事实上整个设计、施工、运营的过程就是一个不断优化的过程。当然优化和 BIM 也不存在实质性的必然联系,但在 BIM 的基础上可以做更好的优化。优化受 3 种因素的制约:信息、复杂程度和时间。没有准确的信息,做不出合理的优化结果,BIM 提供了建筑物的实际存在的信息,包括几何信息、物理信息、规则信息,还提供了建筑物变化以后的实际存在信息。复杂程度较高时,参与人员本身的能力无法掌握所有的信息,必须借助一定的科学技术和设备的帮助。现代建筑物的复杂程度大多超过参与人员本身的能力极限,BIM 及与其配套的各种优化工具提供了对复杂项目进行优化的可能。

3）BIM 技术在项目管理中的应用

在项目管理过程中,BIM 包含的各种信息为工程项目各参与方提供了协调工作的基础。

BIM 为在项目建设的全生命周期中的协调管理提供了技术支持和新的管理工具,它能有效地支持决策制定,改善项目管理工作情况。将 BIM 这种数据化的工具用于项目管理,对提高建筑质量、节约成本和缩短工期非常重要。

（1）质量管理

传统的表达建筑构件的方式是基于 CAD 绘制出的施工图纸,这种图纸可视化不强,信息不能共享,存在较大的局限性。通过 BIM 可以实现管理内容的可视化。通过 BIM 模型对细节的清晰表达,在 BIM 模型与工程实体的不断对比与纠偏中,每一部分的施工质量都能得到最大限度地保证。通过 BIM 模型的可视化,统一了项目各参与方对同一项目的图纸和设计方案的认识,再通过高度协作,在相同施工的条件下,避免了人为因素的干扰,减少了工程质量差异。对于对施工工艺有严格要求的施工流程,项目各参与方可依据 BIM 中存储的信息,对实际的施工过程进行模拟,对用到建筑材料的信息和产品质量进行实时查询,实现标准操作流程的可视化。

（2）进度管理

BIM 4D 虚拟模型结合进度计划能模拟出工程项目进度情况,为工程进度控制提供依据。可视化的表达更容易理解和解释。工程项目需要根据工程关键节点和总控工期规划工程进度,在进行规划时则需依据工程量清单。根据以往经验,这项工作主要由工程人员手工完成,工作烦琐且精度差。而利用 BIM 技术,可以快捷生成工程量清单且结果精度高并可实时调整。结合相关的规范、规定可以编制出较准确的施工进度规划。与参建各方沟通后可以建立建筑三维与时轴间组成的 4D 虚拟模型,提高了管理效率。

（3）成本管理

BIM 模型是一种参数化模型。在建模时,各类构件就被赋予了材质、尺寸、性能、型号、材料等约束参数,再经过多专业多轮次验证和修改,最后导出的设备和材料的数据可信度很高,因此 BIM 技术导出的工程量数据可直接应用到工程概算、预算、决算中,为造价控制提供可靠的依据。相比以往拿着图纸手工算量的方法,利用 BIM 技术自动生成数据,不仅速度快且准确率高。BIM 模型具备实时和关联的特性,利用 BIM 技术的实时更新功能可以提高造价工程师从事成本控制管理的工作效率,不仅将视线投向了工程项目本身,而且可将管理视野覆盖工程的全寿命周期。项目建设单位可以实现工程造价的动态管理,并可把控全局,从而进行有效的投资。

（4）安全文明管理

在项目中,利用 BIM 技术建立三维模型让各分包管理人员提前对施工面的危险源进行判断,在危险源附近快速地进行防护设施模型的布置,比较直观地将安全死角进行提前排查。将防护设施模型的布置给项目管理人员进行模型和仿真模拟交底,确保现场按照布置模型执行。利用 BIM 技术及相应灾害分析模拟软件,提前对灾害发生过程进行模拟,分析灾害发生的原因,制订相应措施避免灾害的再次发生,并编制人员疏散、救援的灾害应急预案。基于 BIM 技术将智能芯片植入项目现场劳务人员安全帽中,对其进出场控制、工作面布置等方面进行动态查询和调整,有利于安全文明管理。

11.3.2　大数据

大数据是以容量大、类型多、存取速度快、价值密度低为主要特征的数据集合,正快速发展为对数量巨大、来源分散、格式多样的数据进行采集、存储和关联分析,从中发现新知识、创造新价值、提升新能力的新一代信息技术和服务业态。信息技术与经济社会的交汇融合引发了数据迅猛增长,数据已成为国家基础性战略资源,大数据正日益对全球生产、流通、分配、消费活动以及经济运行机制、社会生活方式和国家治理能力产生重要影响。目前,我国在大数据发展和应用方面已具备一定基础,拥有市场优势和发展潜力。

利用大数据分析,能够总结经验、发现规律、预测趋势、辅助决策,充分释放和利用海量数据资源中蕴含的巨大价值,推动新一代信息技术与各行业的深度耦合、交叉创新。大数据的发展将对经济社会发展乃至人们的思维观念带来革命性的影响,同时也能为国家发展提供战略性的机遇。因此,从出现伊始,大数据就受到各方的热切关注。

项目小结

建设工程项目的信息包括在项目决策过程、实施过程和运行过程中产生的信息,以及其他与项目建设有关的信息。建设工程项目信息管理,是指对建设工程项目信息进行的收集、整理、分析、处置、储存和使用等活动。本项目从信息管理、信息化系统和发展趋势3个方面展开详细论述。

任务11.1是信息管理概述。该部分首先详细论述了建设工程项目信息管理的目的和主要环节;然后简单介绍了建设工程项目资料的分类及建设工程项目资料管理的意义。

任务11.2是建设工程项目管理信息化系统。该部分首先介绍了建设工程项目管理信息化的概念、意义及系统构成;然后简单介绍了国内外的建设工程项目管理软件。

任务11.3是建设工程项目管理信息化发展趋势。该部分简单介绍了目前比较重要的两种发展趋势,即BIM技术和大数据。

建设工程项目管理信息化有助于项目决策期多种可能方案的选择,有利于项目实施期的项目目标控制,也有利于项目建成后的运行,有利于提高建设工程项目的经济和社会效益,有利于实现为项目建设增值的目的。

练习题

一、单选题

1.建设工程项目信息管理的目的是(　　　)。
　　A.节约成本　　　　　　　　　　B.加快进度
　　C.节能环保　　　　　　　　　　D.为工程的建设和使用增值

2.下列说法中正确的是(　　　)。
　　A.建设工程项目资料管理是建设工程项目信息管理的重要组成部分
　　B.建设工程项目信息管理是建设工程项目资料管理的重要组成部分
　　C.建设工程项目信息管理就是建设工程项目资料管理
　　D.以上都不对

二、多选题

1.建设工程项目的信息包括(　　　)。

　　A.组织类信息　　　　　　B.管理类信息　　　　　　C.经济类信息

　　D.技术类信息　　　　　　E.法规类信息

2.建设工程项目信息管理的过程中,要特别注意保证信息的(　　　)。

　　A.及时性　　　　　　　　B.安全性　　　　　　　　C.准确性

　　D.完整性　　　　　　　　E.特殊性

三、简答题

1.简述建设工程项目信息管理的主要环节。

2.简述建设工程项目管理信息化系统。

项目 *12*
项目管理沙盘实训

【项目简介】

无论是气势恢宏的鸟巢工程,还是雄浑挺拔的摩天大楼,抑或是玲珑别致的流水别墅;你也许会问这些工程项目是如何拔地而起的,作为一个项目经理或工程项目管理人员会面对哪些工作,怎样最大限度地从工程项目中获取利润!

这些问题也许需要你去四处奔波寻找实习工地,顶着炎炎烈日去跑施工现场,或者初出茅庐的你甚至会冒着项目失败的风险而去亲自体验一个工程项目!

现在,你只需坐在教室里,担任模拟的工作角色,通过模拟的环境、模拟的资源去亲身经历一个模拟的工程项目,所有问题都会迎刃而解。通过项目管理软件的应用,我们能够理论结合实践,更深刻地了解项目管理的全过程管控,让你身临其境。

【学习目标】

(1)了解广联达项目管理沙盘软件;

(2)掌握广联达项目管理沙盘课程的规则;

(3)能独立完成广联达项目管理沙盘课程实训任务。

任务 12.1　广联达项目管理沙盘课程介绍

1)课程渊源

最早的沙盘其实来源于军事,借助兵棋推演的方式来模拟敌我态势,让红、蓝两军从战略、战术角度进行不断地对抗与演练,从而达到检验和锻炼指挥团队作战能力的目的;后被西方发展成为模拟市场竞争、企业运营等培训模式。国内非常成功地引入了企业经营等沙盘,但是在项目管理领域,沙盘模拟还是空白。北京广联达软件股份有限公司推出的"工程项目管理沙盘(PMST)实训"课程正是学习和借鉴了现代沙盘教学形式,借助广联达公司在工程建设领域的强大专业背景,融合工程项目管理方面的最新理论和最佳实践开发而成。它模拟一个工程项目管理的全过程,由参加学习的人员组成几个相互竞争的团队,围绕与培训主题相关的经营活动,完成演练与学习,旨在提升学生的知识和技能,改变学生认知和工作态度。

2)课程定义

工程项目管理沙盘课程(Project Management Simulation Training,PMST)是基于工程施工

单位视角,考虑工程施工项目从工程中标开始直至工程竣工结束的全过程管理,其间学生将围绕工程施工进度计划编制、业务操作、资源合理利用等核心问题开展实践活动,活动过程控制及结果分析由专门的软件程序协助教师完成。

PMST课程教学旨在帮助在校大学生入职前零距离感受施工企业实际的工程项目管理运作过程,让学生通过沙盘去体验工程项目盈亏决策、进度计划编排、资金筹措、资源使用计划、风险管理、工程报量结算、经营核算等一系列活动,如图12.1所示。课程开展是在规定的时间内,在同一间教室里进行,学生将模拟5个不同岗位角色,组建若干个工程项目管理团队,在紧张激烈的竞争氛围中,完成模拟的工程施工项目管理过程,体验施工企业对项目管理的过程,挖掘工程施工项目管理的本质;并且在专门的沙盘分析软件协助下,老师通过对学生实践活动过程的引导和点评,去强化学生对理论知识的理解与应用能力,提升学生在管理层面上的综合素质。

图 12.1　PMST 项目团队角色解析

3) 课程内容

PMST课程围绕两大模拟工程项目,即凯旋门工程和世纪大桥工程展开。

4) 课程特色

相比于传统的工程项目管理课程,PMST课程具有以下鲜明的特色:

①模式新颖。PMST课程借鉴军事领域兵棋推演的形式来模拟工程项目管理过程。

②过程逼真。PMST课程通过模拟的工程项目让每一位参与者直观感受工程项目的工作流、物资流、资金流和信息流。

③角色扮演。PMST课程让每一位参与者切身感受项目团队不同岗位的角色和作业流程,更加强调每个人的团队合作能力。

④决策体验。PMST课程让每一位参与者在真实平台的决策中把握和体验项目管理要点,运筹帷幄,决胜沙盘。

⑤环境透明。PMST课程通过设置统一的沙盘规则及项目可利用的资源等方式形成一个透明的信息环境,让每一个项目团队在课程实施中体会到项目管理真相,强化项目管理知识和技能。

⑥寓教于乐。与传统课程枯燥的理论加案例的模式相比,PMST课程凸显教学过程中的娱乐性,使枯燥的理论变得生动有趣,让活动参与者在游戏中感悟和探寻项目管理的内在规律。

5）课程价值

PMST 课程的核心价值在于强调学生的主动性和积极性,旨在培养学生综合运用已学知识亲自动手解决企业实际问题的能力,可以强化学生的工程项目管理知识、提高动手能力,全面提升学生的综合素质,增强学生的就业竞争优势。

任务 12.2　广联达项目管理沙盘课程教具及规则

12.2.1　PMST 教具

如图 12.2 所示,PMST 课程的基本教具可简单概括为“123456”,即 1———一张盘面,2——两类资料(一类是钢筋劳务班组、模板劳务班组及混凝土劳务班组等 3 种劳务资源卡片,钢筋加工机械、混凝土搅拌机械、6 种规格的发电机组、10 种规格的供水泵机等 4 种机械资源卡片,钢筋原材库房、钢筋成品库房、模板库房、水泥库房、砂石库房、劳务宿舍等 6 种临时设施卡片,共计 13 种资源卡片;一类是贷款/还款申请单、临设申请单、劳务队进场申请单、原材料采购申请/结算单、周转材料租赁申请单、机械租赁申请单、成品订购申请/结算单、出场单、劳务结算单、周转材料结算单、机械结算单、派工单、支付单、甲方报量单共计 14 种过程单据),3——3 道工序(模拟工程项目的每一个构件都简化为支模板、绑钢筋、浇混凝土 3 道工序),4——4 个工程(到目前为止,设置的模拟工程包括凯旋门工程、世纪大桥工程、中国馆工程、天津港工程 4 个),5——5 张胸牌(用于挂在胸前的 5 个角色标牌是项目经理、财务经理、经营经理、生产经理、采购经理),6——6 类“钱币”(即资金币:灰色的现金币和绿色的结算币;水电币:红色的电币,黄色的水币;蓝色的钢筋币;橙色的模板币;紫色的水泥币;粉色的沙石币)。

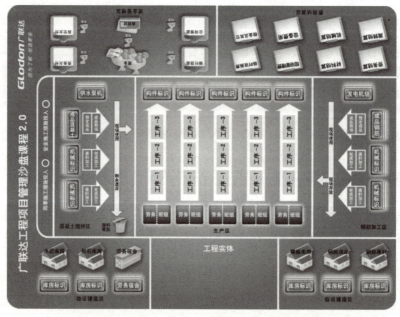

（a）一张盘面

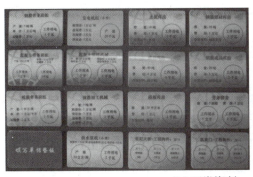

(b)两类资料

工序-1　　工序-2　　工序-3

(c)3 道工序

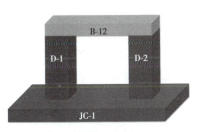

凯旋门工程

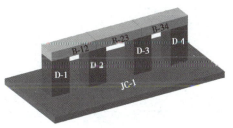

世纪大桥工程

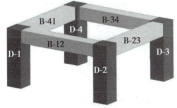

中国馆工程

天津港工程

(d)4 个工程

(e)5 张胸牌

(f)6 类"钱币"

图 12.2　PMST 基本教具

12.2.2 PMST 规则

1）基本假定

①假设工程项目所有构件只有绑钢筋、支模板、浇筑混凝土 3 道工序，并且需要钢筋劳务班组、模板劳务班组、混凝土劳务班组分别进行操作施工。

②假设钢筋加工机械和混凝土加工机械不需要配备人工，便可进行加工操作。

③假设混凝土浇筑完成后便可拆除模板（拆除模板必须先退至库房），不需要养护时间，也不需要配备人员拆除。

④假设所有预定、加工、施工都是以周为最小单位，且本周开始，必须是下周才预定到场、加工完成或施工完成，时间计为一周。

2）沙盘操作规则

学习中，各项目团队将会接到老师派发的工程项目任务，在老师的统一指挥下，项目成员应按照"沙盘操作表"来逐一执行项目的每一项工作。沙盘操作表见表 12.1。

表 12.1 沙盘操作表

字号	任务清单		完成请打"✓"	
	计划阶段：	使用单据/表		第 1～4 周
1	申请公司借款	贷款/还款申请单	□	
2	临时设施搭建	临设申请单	□	
	项目施工阶段（每月）：			
1	申请银行贷款	贷款申请单	□	
2	采购钢筋原材、水泥原材、砂石原材	原材料采购申请/结算单	□	
	项目施工阶段（每周）：			
1	雨季施工措施投入/安全施工措施投入	支付单	□ □ □ □	
2	钢筋加工完成/上周订购的钢筋成品到场		□ □ □ □	
3	混凝土搅拌完成/上周订购的混凝土成品到场		□ □ □ □	
⋮				
12	支出宿舍闲置劳务班组待工费/风险事件判断		□ □ □ □	
	项目施工阶段（月末）：			
1	工程量统计	工程量统计表		□
2	甲方报量/申请项目进度款/支出税金	进度款申请/其他收入单		□
3	资产变卖（竣工后方能进行统一变卖）	进度款申请/其他收入单		□
⋮				
8	欠付还款	支付单		□
9	支付贷款利息/归还贷款	支付单		□
10	期间封账/经营核算	经营核算表格		□

要 点提醒

在操作过程中,切记以下注意事项,做到诚信经营:

①按照操作表序号,从上至下一列为一个周,从左至右四列为一个月,逐一进行操作;

②没有方格的不进行操作,有方格的操作完成后,打"√"或者打"×"进行标记;

③已做决策并操作完成的步骤,不得返回再进行反复操作;

④不得跳步操作,也不得同时进行多步操作。

3)一些费用的支出规则说明

(1)安全施工和雨季施工措施投入

①学生根据不同工程项目资料中所描述风险分析情况来判断是否投入;

②安全施工和雨季施工措施投入分别每周最多只能投入 1 万元;

③只要安全施工或雨季施工措施投入费用累计值人于等于相应的危险等级系数,即叮避免发生意外事件,否则按照风险规则发生风险。

(2)支出税金

在项目部甲方报量而收入工程进度款后,需要按规定向政府缴纳税金,缴纳金额＝当月工程进度款金额×3%,四舍五入,每月 6 万元封顶。

(3)现场管理费

项目每月固定要支出现场管理费,用于日常管理所需,每月支出现场管理费金额＝劳务宿舍容量×2。

4)沙盘风险事件触发规则

如"沙盘操作表"中,每周的最后一步"风险事件判断",届时学生应邀请老师前来检查操作结果,老师将会根据盘面上的学生操作状态及项目安全施工危险系数、天气情况等来判断此项目当周是否有风险事件发生,判断规则见表 12.2。

表 12.2 风险事件判断规则表

序号	风险触发条件	风险发生方法
1	当本周在施工序施工风险等级大于累积的安全施工措施投入时	本施工工序不能开展施工,现场材料退回库房或者加工区
2	当本周的降水等级大于累积的雨季施工措施投入时	所有在施工序不能开展施工,现场材料退回库房或者加工区
3	当自制混凝土成品当周无法使用完毕时	制作完成的混凝土进入垃圾场,作报废处理
4	当自制钢筋成品当周无法使用完毕,并且没有进入成品库房时	成品因保护不当造成 20% 的损失

5)紧急补救措施规则

根据"沙盘操作表"中的规则,已操作完毕的步骤不得回头重复操作,但学生可在任何时间选择"紧急补救措施",在付出代价的前提下使项目能够顺利进行。学生可以选择的紧急补救措施项目见表12.3。

表12.3　紧急补救措施规则表

序号	补救措施	规则说明
1	紧急申请高利贷规则	随时可以申请高利贷,申请额度最少20万元,且月利率为20%,不足一个月按照一个月进行计算
2	紧急申请劳务班组进场	进场运输费增加至市场价的2倍
3	紧急采购钢筋、水泥、砂石	原材料价格增加至市场价的2倍
4	紧急租赁机械规则	进场运输费增加至市场价的2倍
5	紧急租赁周转材料规则	进场运输费增加至市场价的2倍
6	紧急扩容库房/劳务宿舍	变更一次库房,除建造成本外,需额外支出5万元现金,且原库房报废不得变卖

12.2.3　模拟市场的资源信息

模拟市场的基本信息是指工程项目所需资源的基本信息。它包括如下内容:

1)融资渠道

如果你需要资金,这里有3种融资渠道供你选择,见表12.4。

表12.4　融资渠道表

融资方式	月利率	还款要求
公司借款	5%	工程初期申请,每月末支付利息,只能竣工后偿还本金,申请借款数目必须是20万元的整数倍
银行贷款	10%	每月初申请,每月末支付利息,并决定是否偿还本金,申请借款数目必须是20万元的整数倍
高利贷	20%	随时可以申请,每月末支付利息,月末还款,申请借款数目必须是20万元的整数倍

要点提醒

公司借款与银行贷款之间的约束关系取决于月利率的大小和资金周转期的长短。例如,按照PMST设定的市场资源信息,资金周转期大于总工期的1/2时,这部分资金使用公司借款比较划算;反之,则使用银行借款比较划算。

2)临时设施供应商

项目初期需要搭建临时设施,有以下临时设施种类可供选择,见表12.5。

表 12.5 临时设施供应信息表

临时设施名称	基准容量	基准建造单价/(万元·个$^{-1}$)	工作用电/kW	工作用水/m^3
钢筋原材库房	10 t	1	1	
钢筋成品库房	10 t	1	1	
水泥库房	10 t	1	1	
砂石库房	10 t	1	1	
模板库方	10 m^2	1	1	
劳务宿舍	2 班组	2	2	2

结算支付要求：

①库房容量每增加 10 t,建造费用增加 1 万元,工作用电增加 1 kW;

②劳务宿舍每增加 1 个班组,费用增加 1 万元,工作用电用水各增加 1 kW;

③必须一次性全部现金支付,如果不再使用可以按照 50% 折旧变卖,最后竣工后统一变卖,按照四舍五入计算。

3) 劳务班组供应商

此项目需要 3 种劳务班组工种协同作业,其信息见表 12.6。

表 12.6 劳务班组供应信息表

班组名称	产量	单价	工作用电/kW	工作用水/m^3
钢筋工	5 t/周	1 万元/t	1	
模板工	5 m^2/周	1 万元/m^2	1	
混凝土工	10 m^3/周	1 万元/m^3	1	1

结算支付要求：

①每支劳务班组进出场均需要 2 万元的运输费,现金支付,并且施工过程中如果出场,本劳务班组将不再进场。

②如果当周劳务班组闲置待工,则当周现金支付待工费,每周 3 万元。

③每月末按照所完成工程量进行现金支付。

④劳务班组在宿舍期间不需要用水电,派工配置劳务班组时才需要配置水电。

要点提醒

劳务班组进出场取决于劳务班组的进出场费用单价与待工费单价两个因素之间的约束关系。例如,按照 PMST 设定的市场资源信息,如果劳务班组待工 2 周及 2 周以上,不如让劳务班组出场再进场(前提是市场上有可以提供的资源数量)。

4) 原材料供应商

PMST 课程实训中需要使用 3 种原材料,不能直接用于工程项目,而是需要经过机械加工处理之后才能使用,其信息见表12.7。

表 12.7 原材料供应信息表

材料名称	市场价/(万元·t^{-1})	使用说明
钢筋	1	1 t 钢筋经钢筋加工机械加工后,能产出 1 t 钢筋成品
水泥	1	水泥和砂石经过混凝土搅拌机械加工后,能产出成品混凝土,其配比为:1 t 水泥原材+1 t 砂石原材 = 2 m³ 的混凝土成品
砂石	1	

结算支付要求:原材料只能月初采购;采购时,必须 100%现金支付,不允许欠付。

5)成品供应商

PMST 课程实训中,学生如果考虑不用自己租用机械来加工钢筋或搅拌混凝土,也可选择直接订购成品钢筋或者成品混凝土,其信息见表12.8。

表 12.8 成品供应信息表

成品材料名称	基准单价	订购说明
成品混凝土	1.4 万元/m³	须提前一周预订,第二周到场,且必须 5 的倍数
成品钢筋	1.4 万元/t	须提前一周预订,第二周到场,且必须 5 的倍数

结算支付要求:材料采购均采用现金 100%支付,不允许欠付。

6)周转材料租赁供应商

PMST 课程中,模板是唯一的周转材料。所谓周转材料,即该部位混凝土浇筑完成(更新生产区在施工序完成)便可拆除模板,但必须先退至库房,然后才能重复使用该材料,见表12.9。

表 12.9 周转材料租赁信息表

材料名称	基准租赁价	运输要求
模板	0.2 万元/m²/周	进出场均需要运输,且必须是 5 的整倍数,每车次最多 10 m²,价格 2 万元/车次
模板的拆除条件:构件的浇注混凝土工序完成后,即可拆除模板回库房(拆除必须先退至库房),为了简化步骤,不考虑混凝土的凝固周期		

结算支付要求:
①模板的运输费在申请租赁时立即支付;
②计算租赁费时,出场的当周不计租赁费;
③模板的租赁费每月末结算一次,可以选择现金支付,也可以全部或部分选择欠付,若选择欠付,则按照月利率 10%支付欠付利息,且欠付利息最少 1 万元。

![要]点提醒

模板进出场取决于模板的进出场费用单价与闲置费用单价两个因素之间的约束关系。例如,按照 PMST 设定的市场资源信息,如果模板闲置 2 周以内(包括 2 周),则不用出场;如果模板需要闲置 2 周以上,则不如先让其先出场,再进场。

7)机械租赁供应商

PMST 课程教具中共拥有 4 类,6 种不同型号的机械,供学生自由选择,见表 12.10。

表 12.10   机械租赁信息表

机械名称	机械产量	进出场费 /万元	基准租赁价 /(万元·周$^{-1}$)	工作用电 /kW	工作用水 /m^3
钢筋加工	5 t/周	2	1	1	—
混凝土搅拌	10 m^3/周	2	1	1	1
发电机组(小)	20 kW	2	1	—	—
发电机组(大)	40 kW	2	2	—	—
供水泵机(小)	10 m^3	2	1	1	—
供水泵机(大)	20 m^3	2	2	2	—

结算支付要求:
①进出场费在进出场时现金支付,租赁费每月末结算一次,必须现金支付;
②计算租赁费时,出场的当周不计。

任务 12.3   PMST 体验

12.3.1   情境模拟

1)走进模拟情境

现在正式开始进入 PMST 课程实训,熟悉每个模拟的角色。首先,每个学生所在的团队模拟隶属于广联达建筑公司的某个项目部;其次,老师将模拟广联达建筑公司的总经理,除此之外,老师还将模拟项目业主、银行、各种资源的供应商等所有项目建设过程中项目部将接触的相关单位;最后,每个学生将担任项目部里 5 个关键岗位角色,即项目经理、生产经理、经营经理、采购经理、财务经理。

2)组建项目团队

请在老师的指令下,在规定的时间内,完成以下团队组建内容:
①项目团队名称;

①项目团队名称；

②给自己团队设计 LOGO；

③选举项目经理；

④其他岗位角色分工；

⑤给自己项目团队起一个激励口号；

⑥团队组建完成后，请将结果写在纸上，然后粘贴在墙面上；

⑦请各小组项目经理简单阐述自己所在项目团队的组建理念，分享团队组建成果。

接下来，我们将体验第一个工程项目任务，并且在老师的带领下，完成本项目第一个月的操作，以熟悉在沙盘模拟项目中每个业务的操作方法。

12.3.2 工程资料

1）工程概况

工程名称：凯旋门工程。

工期要求：12 周，提前一周奖励 5 万元，延迟一周罚款 10 万元。

工程模型：如图 12.3 所示。

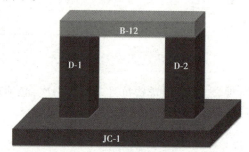

凯旋门工程案例（工程资料交底）

图 12.3 凯旋门工程

2）工程量表

描述此项目每个构件施工工序的工程量，见表 12.11。

表 12.11 凯旋门工程量表

编号	构件名称	工序	单位	工程量
JC-1	基础			
JC-1-1		绑钢筋	t	5
JC-1-2		支模板	m^2	5
JC-1-3		浇注混凝土	m^3	10
D-1	墩-1			
D-1-1		绑钢筋	t	5
D-1-2		支模板	m^2	5
D-1-3		浇注混凝土	m^3	10

编号	构件名称	工序	单位	工程量
D-2	墩-2			
D-2-1		绑钢筋	t	5
D-2-2		支模板	m^2	5
D-2-3		浇注混凝土	m^3	10
B-12	板-12			
B-12-1		支模板	m^2	5
B-12-2		绑钢筋	t	5
B-12-3		浇注混凝土	m^3	10

3)合同预算

合同预算是建设单位和施工单位签署的合同文件的组成部分,也就是双方达成协议的投标报价,是双方支付工程款的依据,见表 12.12。

表 12.12　凯旋门工程合同预算表

工序	报量单价/万元	总工程量	报量价格/万元
绑钢筋	4	20 t	80
支模板	4	20 m^2	80
浇注混凝土	4	40 m^3	160
合计			320

每月统计完成工程量原则:项目工序工程量 100%完成,方可纳入"完成工程量"统计。

4)施工安全危险系数分析(图 12.4)

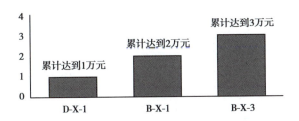

图 12.4　凯旋门工程施工安全危险系数分析

说明:只要安全措施累计投入费用可以预防相应危险系数的施工工序,即可避免发生意外事件。

5)天气分析

通过气象部门预测,施工工期内降水分布及降水等级图如图 12.5 所示。

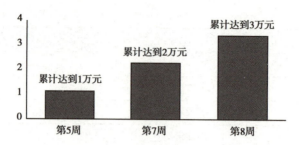

图 12.5　凯旋门工程降水分布及降雨等级图

6)市场资源分析

材料市场价格涨幅预测:通过可靠部门预测,材料市场价格无涨幅。

劳务班组市场可供应数量分析,见表 12.13。

表 12.13　凯旋门工程劳务班组市场供应信息表

劳务班组工种	可供应数量
钢筋劳务班组	3
模板劳务班组	3
混凝土劳务班组	3

说明:每支劳务队在施工过程中如果出场,将不再进场,但是在市场可供应数量足够的情况下,可选择其他劳务班组进场。

凯旋门工程案例(绘制横道图)

凯旋门工程案例(工程量统计)

12.3.3　项目策划

1)项目进度计划——甘特图(表 12.14)

表 12.14　甘特图

编号	项目名称	单位	工程量	班组数量/个	班组产量	每周产量	工期/周	甘特图
1	临设建造							
2	钢筋加工/成品订购	t						
3	JC-1-1	t	5	1	5	5	1	
4	JC-1-2	m²	5	1	5	5	1	
5	JC-1-3	m³	10	1	10	10	1	
6	D-1-1	t	5	1	5	5	1	
7	D-1-2	m²	5	1	5	5	1	
8	D-1-3	m³	10	1	10	10	1	
9	D-2-1	t	5	1	5	5	1	
10	D-2-2	m²	5	1	5	5	1	
11	D-2-3	m³	10	1	10	10	1	
12	B-12-1	m²	5	1	5	5	1	
13	B-12-2	t	5	1	5	5	1	
14	B-12-3	m³	10	1	10	10	1	
15	收尾							

甘特图时间轴：1 月（1、2、3、4 周）、2 月（5、6、7、8 周）、3 月（9、10、11、12 周）

2) 项目进度计划——工程量完成计划（表 12.15）

表 12.15　工程量完成计划

工序名称	施工状态	1月	2月	3月	4月
绑钢筋	完成	5	10	5	
	在施	0	0	0	
支模板	完成	5	10	5	
	在施	0	0	0	
浇筑混凝土	完成	0	20	20	
	在施	10	10	0	

3) 项目风险预防措施计划（表 12.16）

表 12.16　风险预防措施计划

风险项目	1月	2月	3月	4月
安全投入	0	1	2	
雨季投入	0	3	0	
合计	0	4	2	

4) 资源计划

（1）劳务班组进出场计划（表 12.17）

表 12.17　劳务班组进出场计划

班组	进出场	时间															
		1	2	3	4	5	6	7	8	9	10	11	12	13	14	15	16
钢筋劳务班组	进场		1			1					1						
	出场			1				1				1					
模板劳务班组	进场			1			1										
	出场				1						1						
混凝土劳务班组	进场				1			1				1					
	出场					1				1			1				
运输费合计		0	2	4	4	4	2	4	0	2	4	4	2				
月度运输费合计		10				10				12							
说明：每支劳务班组进场、出场均需要 2 万元运输费。																	

（2）材料使用计划（表 12.18）

表 12.18　材料使用计划

材料	数量	时间															
		1	2	3	4	5	6	7	8	9	10	11	12	13	14	15	16
钢筋	使用数量		5			5	5				5						
	月度合计	5				10				5							
混凝土	使用数量				10			10	10			10					
	月度合计	10				20				10							

材料采购计划

材料	数量/金额	时间															
		1	2	3	4	5	6	7	8	9	10	11	12	13	14	15	16
钢筋原材	采购数量																
	采购金额																
水泥原材	采购数量	5				10				5							
	采购金额	5				10				5							
砂石原材	采购数量	5				10				5							
	采购金额	5				10				5							
钢筋成品	采购数量	5			5	5				5							
	采购金额	7			7	7				7							
混凝土成品	采购数量																
	采购金额																

（3）模板使用计划（表 12.19）

表 12.19　模板使用计划

模板（周转材料）	时间															
	1	2	3	4	5	6	7	8	9	10	11	12	13	14	15	16
使用数量			5	5		5	10	5	5	5	5					

模板需用（进出场）计划

材料	数量/费用	时间															
		1	2	3	4	5	6	7	8	9	10	11	12	13	14	15	16
模板	进场数量			5				5									
	出场数量								5				5				
	运输费			2				2	2				2				
	租赁费			1	1	1	1	2	1	1	1	1	0				

（4）机械需用（进出场）计划（表12.20）

表 12.20　机械需用（进出场）计划

机械	进出场	时间															
		1	2	3	4	5	6	7	8	9	10	11	12	13	14	15	16
钢筋加工机械	进场																
	出场																
混凝土机械	进场			1													
	出场											1					
小型发电机组	进场	1															
	出场												1				
大型发电机组	进场																
	出场																
小型供水泵机	进场	1															
	出场												1				
大型供水泵机	进场																
	出场																
运输费合计		4		2								2	4				
租赁费合计		2	2	3	3	3	3	3	3	3	3	2	0				

（5）临时设施建造计划（表12.21）

表 12.21　临时设施建造计划

临时设施名称	容量要求	建造费用	用电量	用水量
钢筋原材库房				
钢筋成品库房				
水泥库房	10	1	1	
砂石库房	10	1	1	
模板库房	10	1	1	
劳务宿舍	2	2	2	2
合计		5	5	2

5) 资金计划

现金测算表(表 12.22)。

表 12.22　现金测算表

项目		第1月	第2月	第3月	第4月	合计
一、报量前现金流入(1+2)		60	20	0		
1	公司借款	60	0	0		
2	银行贷款	0	20	0		
二、月初现金结余[(一)+上月(八)]		60	52	63		
三、报量前现金流出[∑(1~8)]		47	48	39		
1	临设建造	5	0	0		
2	劳务班组进、出场运输费	10	10	12		
3	周转材料(模板)进、出场运输费	2	4	2		
4	机械进、出场运输费	6	0	6		
5	原材料(钢筋、水泥、砂石)采购	10	20	10		
6	风险投入	0	4	2		
7	预定成品钢筋或成品混凝土	14	7	7		
8	支出待工费	0	3	0		
四、月末报量前现金结余[(二)-(三)]		13	4	24		
五、报量后现金流入(1+2)		40	160	123		
1	甲方报量	40	160	120		
2	资产变卖、其他收入	0	0	3		
六、月中现金结余[(四)+(五)]		53	164	147		
七、报量后现金流出[∑(1~9)]		21	101	112		
1	税金支出	1	5	4		
2	劳务结算支付	1	40	30		
3	周转(模板租赁费)结算支付	2	5	3		
4	机械结算支付(租赁费)	10	12	8		
5	现场管理费支出	4	4	4		
6	偿还贷款	0	20	60		
7	贷款利息支出	3	5	3		
8	劳务费、其他费用欠付还款	0	9	0		
9	欠付利息支出	0	1	0		
八、月末现金结余[(六)-(七)]		32	63	35		

注:表中单位均为万元。

任务 12.4 实训任务

12.4.1 基本资料交底

1）工程概况

工程名称：世纪大桥工程。

工期要求：16周，提前一周奖励5万元，延迟一周罚款10万元。

2）工程模型

工程模型如图12.6所示。

图 12.6 世纪大桥工程

3）工程量表

描述此项目每个构件施工工序的工程量，见表12.23。

表 12.23 世纪大桥工程量表

编号	构件名称	工序	单位	工程量
JC-1	基础			
JC-1-1		绑钢筋	t	5
JC-1-2		支模板	m^2	5
JC-1-3		浇注混凝土	m^3	10
D-1	桥墩-1			
D-1-1		绑钢筋	t	5
D-1-2		支模板	m^2	10
D-1-3		浇注混凝土	m^3	10
D-2	桥墩-2			
D-2-1		绑钢筋	t	5

续表

编号	构件名称	工序	单位	工程量
D-2-2		支模板	m^2	10
D-2-3		浇注混凝土	m^3	10
D-3	桥墩-3			
D-3-1		绑钢筋	t	5
D-3-2		支模板	m^2	10
D-3-3		浇注混凝土	m^3	20
D-4	桥墩-4			
D-4-1		绑钢筋	t	10
D-4-2		支模板	m^2	10
D-4-3		浇注混凝土	m^3	10
B-12	板-12			
B-12-1		支模板	m^2	10
B-12-2		绑钢筋	t	10
B-12-3		浇注混凝土	m^3	10
B-23	板-23			
B-23-1		支模板	m^2	10
B-23-2		绑钢筋	t	5
B-23-3		浇注混凝土	m^3	10
B-34	板-34			
B-34-1		支模板	m^2	10
B-34-2		绑钢筋	t	5
B-34-3		浇注混凝土	m^3	10

4) 合同预算

合同预算是建设单位和施工单位签署的合同文件的组成部分,也就是双方达成协议的投标报价,是双方支付工程款的依据,见表 12.24。

表 12.24 世纪大桥工程合同预算表

工序	报量单价/万元	总工程量	报量价格/万元
绑钢筋	4	50 t	200
支模板	3	75 m^2	225
浇注混凝土	3	90 m^3	270
合计			695

每月统计工程量原则:项目工序工程量100%完成,方可纳入"完成工程量"统计。

5)施工安全危险系数分析(图12.7)

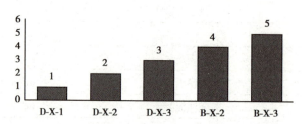

图12.7　世纪大桥工程施工安全危险系数分析

说明:只要安全措施累计投入费用可以预防相应危险系数的施工工序,即可避免发生意外事件。

6)天气分析

通过可靠气象部门预测,施工工期内降水分布及降水等级,如图12.8所示。

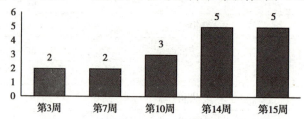

图12.8　世纪大桥工程降水分布及降水等级图

7)市场资源分析

材料市场价格涨幅预测:通过可靠部门预测,材料市场价格无涨幅。
劳务班组市场可供应数量分析,见表12.25。

表12.25　世纪大桥工程劳务班组市场供应信息表

劳务班组工种	可供应数量
钢筋劳务班组	4
模板劳务班组	4
混凝土劳务班组	4

说明:每支劳务队在施工过程中如果出场,将不再进场,但是在市场可供应数量足够的情况下,可以选择其他劳务班组进场。

12.4.2　项目策划

1)项目进度计划——甘特图(表12.26)

表 12.26　甘特图

编号	项目名称	单位	工程量	班组数量/个	班组产量	每周产量	工期/周	1月			2月				3月				4月			
								1	2	3	4	5	6	7	8	9	10	11	12	13	14	15	16

2) 项目进度计划——工程量完成计划（表 12.27）

表 12.27　工程量完成计划

工序名称	施工状态	1月	2月	3月	4月
绑钢筋	完成				
	在施				
支模板	完成				
	在施				
浇筑混凝土	完成				
	在施				

3) 项目风险预防措施计划（表 12.28）

表 12.28　风险预防措施计划

风险项目	1月	2月	3月	4月
安全投入				
雨季投入				
合计				

4) 资源计划

（1）劳务班组进出场计划（表 12.29）

表 12.29　劳务班组进出场计划

班组	进出场	时间															
		1	2	3	4	5	6	7	8	9	10	11	12	13	14	15	16
钢筋劳务班组	进场																
	出场																
模板劳务班组	进场																
	出场																
混凝土劳务班组	进场																
	出场																
运输费合计																	
月度运输费合计																	

说明：每支劳务班组进场、出场均需要 2 万元运输费。

（2）材料使用计划（表12.30）

表 12.30　材料使用计划

材料	数量	时间															
		1	2	3	4	5	6	7	8	9	10	11	12	13	14	15	16
钢筋	使用数量																
	月度合计																
混凝土	使用数量																
	月度合计																

材料采购计划

材料	数量/金额	时间															
		1	2	3	4	5	6	7	8	9	10	11	12	13	14	15	16
钢筋原材	采购数量																
	采购金额																
水泥原材	采购数量																
	采购金额																
砂石原材	采购数量																
	采购金额																
钢筋成品	采购数量																
	采购金额																
混凝土成品	采购数量																
	采购金额																

（3）模板使用计划（表12.31）

表 12.31　模板使用计划

模板（周转材料）	时间															
	1	2	3	4	5	6	7	8	9	10	11	12	13	14	15	16
使用数量																

模板需用（进出场）计划

材料	数量/费用	时间															
		1	2	3	4	5	6	7	8	9	10	11	12	13	14	15	16
模板	进场数量																
	出场数量																
	运输费																
	租赁费																

（4）机械需用（进出场）计划（表12.32）

表 12.32　机械需用（进出场）计划

机械	进出场	时间															
		1	2	3	4	5	6	7	8	9	10	11	12	13	14	15	16
钢筋加工机械	进场																
	出场																
混凝土机械	进场																
	出场																
小型发电机组	进场																
	出场																
大型发电机组	进场																
	出场																
小型供水泵机	进场																
	出场																
大型供水泵机	进场																
	出场																
运输费合计																	
租赁费合计																	

（5）临时设施建造计划（表12.33）

表 12.33　临时设施建造计划

临时设施名称	容量要求	建造费用	用电量	用水量
钢筋原材库房				
钢筋成品库房				
水泥库房				
砂石库房				
模板库房				
劳务宿舍				
合计				

(6)现金测算(表 12.34)

表 12.34 现金测算表

项目		第1月	第2月	第3月	第4月	合计
一、报量前现金流入(1+2)						
1	公司借款					
2	银行贷款					
二、月初现金结余[(一)+上月(八)]						
三、报量前现金流出[∑(1~8)]						
1	临设建造					
2	劳务班组进、出场运输费					
3	周转材料(模板)进、出场运输费					
4	机械进、出场运输费					
5	原材料(钢筋、水泥、砂石)采购					
6	风险投入					
7	预定成品钢筋或成品混凝土					
8	支出待工费					
四、月末报量前现金结余[(二)-(三)]						
五、报量后现金流入(1+2)						
1	甲方报量					
2	资产变卖、其他收入					
六、月中现金结余[(四)+(五)]						
七、报量后现金流出[∑(1~9)]						
1	税金支出					
2	劳务结算支付					
3	周转(模板租赁费)结算支付					
4	机械结算支付(租赁费)					
5	现场管理费支出					
6	偿还贷款					
7	贷款利息支出					
8	劳务费、其他费用欠付还款					
9	欠付利息支出					
八、月末现金结余[(六)-(七)]						

注:表中单位均为万元。

参考文献

[1] 中华人民共和国住房和城乡建设部.建设工程项目管理规范:GB/T 50326—2017[S].北京:中国建筑工业出版社,2018.

[2] 全国一级建造师执业资格考试用书编写委员会.建设工程项目管理[M].北京:中国建筑工业出版社,2018.

[3] 国家市场监督管理总局,国家标准化管理委员会.职业健康安全管理体系要求及使用指南:GB/T 45001—2020[S].北京:中国标准出版社,2020.

[4] 中华人民共和国住房和城乡建设.施工企业安全生产管理规范:GB 50656—2011[S].北京:中国计划出版社,2012.

[5] 中华人民共和国住房和城乡建设部.建设工程施工质量验收统一标准:GB 50300—2013[S].北京:中国建筑工业出版社,2014.

[6] 中国建筑业协会建筑安全分会.建设工程施工现场环境与卫生标准实施指南[M].北京:中国建筑工业出版社,2015.

[7] 李会静,江丽丽.建筑工程项目管理[M].北京:高等教育出版社,2015.

[8] 佚名.特种作业人员安全技术培训考核管理规定[J].林业劳动安全,2010,23(3):3-10.

[9] 国家安全生产监督管理总局.建设工程安全生产管理条例[M].北京:中国物价出版社,2004.

[10] 项建国.建筑工程项目管理[M].北京:中国建筑工业出版社,2005.

[11] 国向云.建筑工程施工项目管理[M].北京:北京大学出版社,2009.

[12] 李玉宝.国际工程项目管理[M].北京:中国建筑工业出版社,2006.

[13] 郭汉丁.工程施工项目管理[M].北京:化学工业出版社,2010.

[14] 刘小平.建筑工程项目管理[M].2版.北京:高等教育出版社,2014.

[15] 罗中,海洋.建设工程项目管理[M].2版.哈尔滨:哈尔滨工业大学出版社,2013.

[16] 危道军.招投标与合同管理实务[M].4版.北京:高等教育出版社,2018.